Prof. Dr. Milan Rýzl
Die biblischen Wunder

Mit diesem Werk legt einer der führenden Pionierforscher der Parapsychologie die Ergebnisse einer wissenschaftlichen Forschungsarbeit vor, die den in der Bibel überlieferten Geschehnissen und im besonderen den Jesus zugeschriebenen Wundern gewidmet war. Was im Rahmen der wissenschaftlich kontrollierten Experimente von sensitiven Versuchspersonen aufgrund außersinnlicher Wahrnehmung (ASW) zu diesem Thema beigesteuert wurde, ist erstaunlich: Das *Alte Testament* kommt der historischen Wahrheit der jüdischen Geschichte ziemlich nahe, es handelt sich allerdings weitgehend um politisches Geschehen. Viele Bezeugungen des *Neuen Testaments* erhalten in der Bedeutung Johannes des Täufers als des geistigen Lehrers Jesu einen neuen Sinn. Jesus selbst, der lange Lehrjahre der Selbsterfahrung durchmachte, verfügte über immense parapsychische Fähigkeiten, vermöge deren er tatsächlich Wunder vollbrachte, insbesondere Heilungen. Ungeachtet des Abbaus des Jesus-Mythos hat die einfache und ewig wahre Botschaft Jesu vom Ideal der gerechten Ordnung und der Nächstenliebe von ihrer Gültigkeit nichts eingebüßt. Doch Jesus Christus selbst wird irdischer, wird menschlicher – im Licht dieser Forschungsarbeit, deren Zeuge Sie werden.

*Prof. Dr. Milan Rýzl* studierte an der Universität Prag Physik und Chemie und arbeitete schon in Prag als Parapsychologe. Seine Forschungs- und Lehrtätigkeit führte ihn durch die ganze Welt. 1963 gewann er den „McDougall Award for Distinguished Work in Parapsychology". 1967 ließ er sich in San Jose, Kalifornien, nieder. Er ist heute als Professor an der John F. Kennedy University in Orinda, Kalifornien, tätig. Sein parapsychologisches Schrifttum wurde in aller Welt veröffentlicht. Prof. Dr. Rýzls Standardwerke sind im Ariston Verlag erschienen: „*Parapsychologie*" (1970), „*Hellsehen in Hypnose*" (1971), „*Telepathie und Hellsehen*" (1973), „*ASW-Training*" (1975), „*ASW-Experimente*" (1979), „*Der Tod und was danach kommt*" (1981) und „*Nutzen Sie Ihre phänomenale Geisteskraft*" (1985).

Prof. Dr. Milan Rýzl

# Die biblischen Wunder

## Deutungsversuche der Parapsychologie

Ariston Verlag · Genf/München

Andere Werke aus unserem Verlagsprogramm
finden Sie am Schluß dieses Buches verzeichnet.

CIP-Titelaufnahme der Deutschen Bibliothek

**Rýzl, Milan:**
Die biblischen Wunder: Deutungsversuche der Parapsychologie / Milan Rýzl. Aus d. Amerikan. von Helga Künzel. – Genf; München: Ariston Verlag 1990
ISBN 3-7205-1626-1

Dieses Werk wurde nach dem in amerikanischer Sprache verfaßten Manuskript ins Deutsche übertragen von
Helga Künzel

Gestaltung des Einbandes:
Atelier Höpfner-Thoma, GraphicDesign BDG, München
Umschlagphoto: The Image Bank, München


Die 1. bis 3. Auflage ist als Hardcover-Ausgabe unter dem Titel „Jesus, größtes Medium aller Zeiten“ im Ariston Verlag erschienen


Vierte Auflage August 1990
Printed in Austria

ISBN 3-7205-1626-1

# Inhaltsverzeichnis

---

# Geleitwort des Verfassers

Manches an diesem Buch klingt wie Science-fiction und liest sich auch so. Doch was Sie auf den folgenden Seiten lesen werden, ist keine Fiktion, ist nichts Erdichtetes oder Erfundenes. Gleichwohl wage ich nicht, den Inhalt dieses Buches als in den Ergebnissen endgültig zu bezeichnen. Zwar steht außer Zweifel, daß bei der Untersuchung der in diesem Buch behandelten Phänomene der biblischen Wunder seriöse Forschungsarbeit – für die noch junge Wissenschaft der Parapsychologie vielleicht sogar wegweisende Arbeit – geleistet wurde, aber sie konnte nicht zu Ende geführt werden – aus Gründen, die ich noch schildern werde.

Ich habe fast ein Vierteljahrhundert gezögert und lange das Für und Wider abgewogen, bevor ich mich überhaupt zu einer Veröffentlichung des Manuskripts entschließen konnte. Sogar jetzt noch, da das Werk gedruckt vorliegt, bin ich nicht sicher, ob die Leserinnen und Leser seine Botschaft richtig verstehen werden. Einige könnten den Inhalt – fälschlicherweise – überschätzen und als unfehlbare Wahrheit nehmen; andere könnten – ebenfalls fälschlicherweise – die große potentielle Bedeutung der bei dieser Forschungsarbeit angewandten wissenschaftlichen Methode übersehen.

Die geschilderten Experimente wurden ursprünglich im großangelegten Rahmen einer umfassend beabsichtigten wissenschaftlichen Forschungsarbeit begonnen. Leider mußten die Experimente und die fast phantastisch anmutenden Ergebnisse fragmentarisch bleiben, weil die Forschungen nicht so lange fortgesetzt werden konnten, wie es wünschenswert gewesen wäre und beabsichtigt war. Diesen fragmentarischen Charakter werden darum die Experimente behalten müssen, bis einmal weitere Forschungen in derselben Richtung angestellt werden, die dann die bisher erzielten Resultate bestätigen und ausweiten, möglicherweise aber auch in Einzelheiten korrigieren könnten.

Populäre Schriften über Erlebnisse außersinnlicher Wahrnehmung (ASW), also Telepathie und Hellsehen, sowie daran angrenzende Themen enthalten oft phantasievolle und absichtlich übertriebene Geschichten, zu viele ehrgeizige Offenbarungen angeblicher „neuer Wahrheiten". Es wäre nicht sinnvoll und widerspräche meiner Lebensarbeit als Forscher, wenn ich solchen journalistischen Reports eine weitere kurzlebige Sensationsgeschichte anfügen würde. Im Gegensatz zu den Verfassern zahlloser unkritischer und wahrhaft okkulter Werke, die derzeit – unter der Flagge und im Aufwind der Parapsychologie – zu Unrecht lanciert werden, bemühen sich die heutigen Parapsychologen, ihr Gebiet auf wissenschaftlichem Niveau zu halten. Für Phantasien und Spekulationen, Leichtgläubigkeit oder Aberglauben ist da kein Raum. Kritik (freilich aufgeschlossene) scheint die größte Tugend auf diesem Gebiet zu sein. Schilderungen gut duchgeführter Experimente besitzen im übrigen für die Wissenschaft größeren Wert als alle verfrühten Spekulationen über theoretische Erklärungen oder mögliche Fortschritte im Lauf der kommenden Jahrzehnte oder gar Jahrhunderte.

Andererseits ist ein Ausblick auf das, was in der Zukunft vor uns liegen könnte, immer nützlich. Wir dürfen tatsächlich hoffen, daß eines Tages die ASW, die nicht durch die Zeitbarriere behindert ist, uns den ersehnten Blick in die Zukunft gewährt. Wenn Sie sich für die mögliche (oder besser: wahrscheinliche) Zukunft der ASW interessieren, dann öffnet Ihnen dieses Buch das Fenster, allerdings nicht vom sicheren Grund bereits streng wissenschaftlich bestätigter Untersuchungen aus.

Leider kann tatsächlich keine der hierin beschriebenen verblüffenden Feststellungen ohne Zögern als bewiesene Tatsache akzeptiert werden. Ich glaube aber, daß die bei den Experimenten angewandte Methode auch streng wissenschaftlich voll gültig ist. Dank ihrer Einfachheit bietet sie große Möglichkeiten der praktischen Anwendung, und sie steht, je nach dem Charakter der einzelnen Anwendungsarten, weiterer Entwicklung und Vervollkommnung offen.

Nichtsdestoweniger möchte ich im Hinblick auf jene Leser, die den sicheren Grund des herkömmlichen wissenschaftlichen Beweises nicht verlassen wollen, einen Vorschlag machen: Einigen wir uns doch darauf, daß das, was hier der freundlichen Aufmerksamkeit des Lesers empfohlen wird, lediglich ein Auftakt für künftige Forschungsarbeit sei; und einigen wir uns ferner darauf, daß dieses Buch jedenfalls dem Anliegen dient, anhand des faszinierenden Themas der biblischen Wunder, die unsere abendländische Kultur mitgeprägt haben, einen Eindruck von den möglichen künftigen Entwicklungen und praktischen Anwendungen der Entdeckungen auf dem Gebiet der ASW – das in Ermangelung eines besseren Ausdrucks „Parapsychologie“ genannt wird – zu gewinnen.

*Milan Rýzl*

# Vorwort

Die Parapsychologen sind sich einig, daß durch objektive, kritische wissenschaftliche Methoden eindeutig die Existenz eines „sechsten Sinnes“ bewiesen wurde, der gewöhnlich als „ASW“ (außersinnliche Wahrnehmung) – „Hellsehen“ und „Telepathie“ – bezeichnet wird. Dieser neu entdeckte Sinn ermöglicht es, Ereignisse um uns wahrzunehmen, die unseren normalen Sinnen nicht zugänglich sind. Wir erlangen Informationen über Gegenstände hinter undurchsichtigen Schirmen oder in undurchsichtigen Behältern, Informationen über Ereignisse, die sich Tausende von Kilometern weit weg zutragen, oder Informationen über die Gedanken eines anderen Menschen – selbst wenn wir unsere normalen Sinne nicht einsetzen können und keine Möglichkeit rationaler Folgerung haben. Eines der seltsamsten Merkmale der ASW ist, daß sie auch unmittelbare Informationen über vergangene und künftige Ereignisse zu liefern vermag (die sogenannte „Retrokognition“ bzw. „Präkognition“).

Für diese seltsame Fähigkeit fand man bis heute keine Erklärung. Wir können uns vorstellen, daß sie auf der Übermittlung irgendwelcher eigenartiger Signale basiert, die von den wahrgenommenen Gegenständen oder Personen ausgehen und von der wahrnehmenden Person empfangen werden – ähnlich wie beim Gesichtssinn, der auf der Übertragung von Lichtquanten, oder beim Gehör, das auf der Übertragung von Schallwellen beruht. Wir wissen jedoch nicht, welche Art Energie bei der ASW die Informationen übermittelt. Wir sind versucht zu sagen, es müsse sich um eine Art Energie handeln, weil wir aus Erfahrung wissen, daß jede Informationsübermittlung auf der Übertragung von Energiesignalen beruht. Diese Art „Energie“ aber muß sich von der Energie im Sinne der Physik stark unterscheiden, da die Zeit allen physikalischen Energieformen Grenzen auferlegt. ASW-Signale dagegen können allem Anschein nach von der Vergangenheit in die Zukunft reisen und umgekehrt, über die „Zeitbarriere“ hinweg. Das vermag keine bekannte physikalische Energie.

Die Parapsychologen sind heute überzeugt, daß die ASW eine Eigenschaft des lebenden Menschen ist. Es fanden sich keinerlei Beweise für die Richtigkeit früherer (vorwissenschaftlicher) Hypothesen, welche die ASW auf die Aktivität von übernatürlichen Wesen oder Geistern der Toten zurückführten. Damit soll keineswegs gesagt werden, das Weiterleben nach dem Tode oder die Reinkarnation seien unmöglich; es bedeutet lediglich, daß weder das eine noch das andere zur Erklärung der beobachteten ASW-Fälle notwendig ist und daß das von den Parapsychologen bis jetzt gesammelte Material keinen unwiderlegbaren Beweis für das Weiterleben nach dem Tode liefert.

Hingegen gilt heute als sicher, daß die ASW nichts Übernatürliches ist: sie ist eine normale Fähigkeit normaler Menschen und im Prinzip nicht geheimnisvoller als das Bewußtsein oder, sagen wir, die Schwerkraft, die Elektronen, das Leben oder die Atomenergie. Sie ist genauso natürlich wie jedes andere Phänomen in der Natur. Und wer hinter ihr eine unheimliche magische Kraft sucht, ist genauso naiv wie der primitive Mensch, der den Regen und den Blitz als Manifestationen einer magischen oder übernatürlichen Kraft ansah.

Die Parapsychologen behaupten, ASW sei eine Eigenschaft *jedes* lebenden Menschen. Das scheint der bekannten Seltenheit bewiesener ASW-Fälle zu widersprechen. Doch ist diese Behauptung in dem Sinne zu verstehen, daß der Mensch *potentiell* über ASW verfügt, als in ihm schlummernder Fähigkeit (genau wie das neugeborene Kind die potentielle Begabung hat, Lesen zu lernen – natürlich später, in der Schule). Die Seltenheit ihres Auftretens ist auf die Tatsache zurückzuführen, daß wir nicht alle entscheidenden Elemente kennen, von denen sie abhängt, und nur selten willentlich die komplexen, delikaten psychologischen und soziologischen Faktoren herbeizuführen vermögen, die ihr Auftreten und ihr Wirken beeinflussen. Dazu kommt, daß die Parapsychologie eine neue, noch in den Kinderschuhen steckende Wissenschaft ist, die bislang erst wenig Wissen ansammeln konnte. Vor nur drei Jahrhunderten wußte Isaac Newton nicht mehr über die Natur des Gesichtssinns, als wir heute über die Natur der ASW wissen.

Die ASW ist auf ihrer gegenwärtigen Entwicklungsstufe beklagenswert unvollkommen. Sie läßt sich nur bei einigen Menschen beobachten und das nur unter günstigen Bedingungen. Sogar wenn sie funktioniert, liefert sie gewöhnlich nur sehr beschränkte Informationen. Wir können ihren gegenwärtigen Wirksamkeitsgrad mit jenem des Gesichtssinns in der Dunkelheit vergleichen, wenn nämlich die Beleuchtung so schlecht ist, daß wir uns beinahe blind umhertasten und die Gegenstände in unserer unmittelbaren Umgebung kaum wahrnehmen. Wir wissen, daß die ASW im allgemeinen als plötzliches Erlangen neuen Wissens erscheint, vergleichbar mit unvermittelten Intuitionsblitzen. Tatsächlich läßt sich das Wirken der ASW mit der Wahrnehmung unseres Gesichtssinns in einem dunklen Raum vergleichen, in dem plötzlich starkes, blendendes Licht kurz aufblitzt, nicht lange genug, als daß wir die gesehenen Gegenstände mit Sicherheit vollkommen zu erkennen vermöchten.

Die ASW kann somit heute, was die Zuverlässigkeit ihres Wirkens anbelangt, mit anderen Sinnen nicht in Konkurrenz treten. Was sie jedoch den anderen Sinnen überlegen macht, sind ihre Möglichkeit, sie bis zur Perfektion zu entwickeln, und der weite Anwendungsbereich, den sie verspricht.

Die ASW scheint eine höhere Funktion zu sein als der Gesichtssinn. Sie verhält sich eher wie eine schöpferische Aktivität, was vielleicht die fehlende Demonstrierbarkeit ihrer Zuverlässigkeit erklärt. Wir verstehen die ASW, wenn wir sie mit schriftstellerischer Begabung vergleichen: Zwar kann praktisch jedermann Lesen und Schreiben lernen, doch man erwartet nicht, daß jedermann ein talentierter Schriftsteller wird; und selbst ein begabter Schriftsteller ist nicht in der Lage, auf Bestellung, einfach wenn er aufgefordert wird, ein Meisterwerk zu schreiben.

So selten, wirkungsschwach und unzuverlässig die ASW gegenwärtig auch sein mag, so dürftig ihre Wirksamkeit im Vergleich zu anderen Sinnen oder technischen Kommunikationsmitteln auch erscheinen mag, die Parapsychologen sind überzeugt, daß dies lediglich auf ihre unvollkommene Entwicklung zurückzuführen ist. Die ASW ist heute nicht wirksamer, als dies, beispielsweise, die ersten Versuche der Heilung von Krebs waren. Doch die Zukunft kann in ihrer Anwendung große Durchbrüche bringen. Eine der ASW-Theorien besagt, die ASW sei eine evolutionäre, progressive Fähigkeit, die sich als solche der Menschheit erst zusammen mit dem Bewußtsein und den höchsten Formen geistiger Aktivität zu entwickeln begonnen habe. Sie sei unvollkommen, weil sie sich noch in den frühen Entwicklungsstadien befinde, weil wir sehr wenig über sie wüßten und deshalb nicht fähig seien, ihr Wirken effektiv und zuverlässig zu stimulieren.

Heute wenden die Parapsychologen viel Zeit und Mühe auf, um die ASW unter die Kontrolle des Willens zu bringen und Methoden zu finden, durch die sie sich bei künftigen Generationen zu einem höheren Vollkommenheitsgrad entwickeln ließe. Dann könnte sie als neuer „sechster Sinn" die menschliche Fähigkeit der Wahrnehmung der Umwelt um ein Beträchtliches steigern.

Derzeit verfügt der Mensch über die Kontaktsinne (z. B. den Tastsinn, der nur bei direkter Berührung des wahrgenommenen Gegenstandes arbeitet) und die Entfernungssinne (Gesicht und Gehör, die es ermöglichen, auch entfernte Ereignisse wahrzunehmen). Vergleichen wir die beiden Gruppen, erkennen wir mühelos, daß die Entfernungssinne ungleich nützlicher sind als die Kontaktsinne. Sie vermitteln mehr Information und lassen sich vielseitiger einsetzen. Stellen Sie sich ein Gemälde vor, das an der Wand hängt. Wie wenig können wir duch Berühren wahrnehmen, und welch reiche Informationen liefern uns die Augen über Komposition, Farben, Lichteffekte, nicht zu reden von der Möglichkeit, das Bild auch aus der Ferne zu sehen (und hinge es auch hinter Glas). Oder vergleichen Sie den Unterschied in der Wahrnehmung, wenn Sie eine gotische Kathedrale berühren bzw. aus der Ferne als Ganzes sehen. Einige Gegenstände (Sterne, fliegendes Flugzeug oder geschmolzenes Eisen in Hüttenwerken) können durch Berühren überhaupt nicht wahrgenommen werden. Falls wir ASW in einem Maß unter Kontrolle bringen, das dem Ausmaß unserer derzeitigen Anwendung der Sinne oder technischer Kommunikationsmittel entspricht, dürfen wir damit rechnen, daß sie sich entwickeln und unseren Gesichtssinn genau im selben Verhältnis übertreffen wird, wie der Gesichtssinn den Tastsinn übertrifft!

Die ASW dürfte ungeheure Auswirkungen auf die menschliche Zivilisation haben. Wir können uns ihre praktische Anwendung auf verschiedenen wissenschaftlichen und technischen Gebieten und in den vielfältigsten Bereichen des täglichen Lebens ausmalen. So phantastisch es klingt, man darf mit Fug und Recht erwarten, daß viele Funktionen, die heute nur mit Hilfe technischer Mittel möglich sind, künftig einfach durch bloße gedankliche Konzentration bewirkt werden.

Wir können uns beispielsweise die Anwendung von ASW, insbesondere der Telepathie, in der Fernkommunikation statt des Telefons, des Funks usw. vorstellen. Nahe läge eine Kommunikation vermittels Telepathie bei der Raumfahrt – besonders in Situationen, in denen der Funkverkehr unmöglich ist, oder bei einem Versagen der Geräte. Lange bevor eine Funktionszuverlässigkeit erreicht werden wird, die das Telefon völlig überflüssig macht, können wir uns zumindest die Anwendung der telepathischen Kommunikation in Form dringender Botschaften zwischen Menschen mit enger Gefühlsbindung denken.

Da die ASW sogar in Situationen wirken wird, in denen andere Sinne oder technische Instrumente versagen, steht zu erwarten, daß sie sich in der Praxis zur Erfüllung der verschiedensten Aufgaben vorteilhaft wird einsetzen lassen. Wir können uns hellsehende Ärzte vorstellen, die sich auf die Anwendung der ASW zu Diagnosezwecken spezialisieren; hellsehende Techniker werden sie anwenden, um verborgene Materialschäden ausfindig zu machen; hellsehende Historiker werden mit Hilfe der ASW unser Geschichtswissen erweitern; hellsehende Geologen werden nach neuen Erzvorkommen suchen; hellsehende Kriminologen werden vermittels der ASW Verbrechen aufdecken und verhindern usw.

Wenn wir von der Möglichkeit sprechen, die ASW auf dem Gebiet der historischen Forschung einzusetzen, denken wir an zwei bestimmte Anwendungsarten: einmal die Anwendung der ASW zur Suche nach unentdeckten Dokumenten von historischem Wert, zum anderen ihre Anwendung in Form der direkten Retrokognition zur Untersuchung kaum belegter vergangener Ereignisse. Ein großer Teil dieses Buches ist der Schilderung von Versuchen einer derartigen Anwendung der ASW gewidmet.

Kommen wir auf unseren Vergleich des Gesichtssinns und des Tastsinns zurück – wir sehen ferne Sterne, die wir mit dem Kontaktsinn nicht wahrnehmen können. In ähnlicher Weise bietet die ASW die Möglichkeit des Einsatzes in Situationen, in denen der Gesichtssinn versagt: Sie kann so gebraucht werden, wie wir uns jetzt der Röntgenstrahlen bedienen, nämlich zur Diagnostizierung von Krankheiten innerer Organe des Menschen; sie läßt sich auch zur direkten Wahrnehmung von Ereignissen und Gegenständen nutzen, die das menschliche Auge nicht sieht. Unser Buch schildert Bemühungen, durch ASW unsichtbare Komponenten der menschlichen Persönlichkeit zu beobachten, die von verschiedenen Religionen als gegeben angenommen und gewöhnlich als „Geister" oder „Seelen" bezeichnet werden.

Das war natürlich ein sehr anspruchsvolles, seiner Art nach neues Unterfangen, wenn wir auch nicht behaupten wollen, die Idee sei völlig neu. (Behauptungen beispielsweise, jemand habe die „menschliche Aura" beobachtet, fallen unter dieselbe Kategorie.) Doch ein sehr wichtiger neuer Faktor in unserer Haltung darf nicht übersehen werden: die Erkenntnis, daß es notwendig ist, die genaue Rolle der ASW bei solchen Versuchen zu bestimmen und durch kritische Prüfung festzustellen, in welchem Ausmaß subjektive ASW-Erlebnisse objektiv gültige Informationen zu liefern vermögen.

Bevor eine bedeutsame praktische Anwendung der ASW möglich ist, muß natürlich ihr zuverlässiges Funktionieren sicherstehen – besonders wenn wir daran denken, sie zur Bestimmung von Gegenständen und Ereignissen zu nutzen, die sich nicht sofort auf irgendeine andere Weise verifizieren lassen. Um eine solche zuverlässige Anwendung der ASW zu erreichen, müssen zunächst die ASW-Irrtümer und ASW-Fehlleistungen (die den Illusionen und Halluzinationen der normalen Sinne entsprechen) gründlich untersucht werden; außerdem muß immer und in jedem einzelnen Fall gesondert verifiziert werden, daß die ASW wirklich arbeitet.

In unserer gewöhnlichen Lebenserfahrung vergewissern wir uns der Zuverlässigkeit unserer Sinne, indem wir die Informationen der einzelnen Sinne über einen Gegenstand miteinander konfrontieren. Wir testen beispielsweise unseren Gesichtssinn: durch den Tastsinn können wir prüfen, ob wir Gegenstände, die sich in unserer Nähe befinden, richtig wahrgenommen haben; die Übereinstimmung der vom Gesichts- und der vom Tastsinn vermittelten Angaben gibt uns die erforderliche Sicherheit. Dies geschieht regelmäßig in der Kindheit, wenn das Kind lernt, visuelle und taktile Impressionen zu koordinieren. Wenn wir festgestellt haben, daß unser Gesichtssinn in Situationen zuverlässig ist, die durch Berühren verifiziert werden können, trauen wir ihm auch bei der Beobachtung ferner Landschaften, Sterne und anderer Gegenstände, die wir mit unserem Tastsinn nicht unmittelbar verifizieren können. Während wir unsere erste Lebenserfahrung sammeln, erhalten wir täglich zahllose weitere Versicherungen für die Zuverlässigkeit des Gesichtssinns.

Genauso müssen wir, wenn wir die ASW als neuen Sinn zu verwenden gedenken, darauf bestehen, daß sie sich zuerst in Situationen als zuverlässig erweist, die durch andere Sinne überprüfbar sind. Nur dann können wir der ASW trauen, wenn sie bei Gegenständen und Ereignissen eingesetzt wird, die durch andere Sinne nicht unmittelbar verifizierbar sind. Diese vorherige Verifizierung der Zuverlässigkeit muß systematisch erfolgen und ist *absolut notwendig.* Ohne sie geraten wir ins Reich unverifizierbarer Phantasien. Ohne sie könnten sogar die seltsamsten Träume und Fabulierungen fälschlicherweise als gültige Fakten akzeptiert werden. Die Suche nach möglichen Fehlerquellen ist eine weitere Notwendigkeit bei der ASW, genau wie – oder eher noch mehr als – bei den anderen Sinnen (denken Sie nur an die Fata Morgana).

In den letzten Jahren zeitigten die Bemühungen, Kontrolle über die ASW zu erlangen, glücklicherweise einige Ergebnisse. Als nützliches Werkzeug bei der schwierigen Aufgabe, die ASW zu entwickeln und zu vervollkommnen, erwies sich die Hypnose. Zu gegebener Zeit wird man sicher noch andere, ähnlich nützliche Hilfsmittel finden.

Eine der vielfältigsten Formen der ASW ist das „reisende Hellsehen" (manchmal irreführend „Astralprojektion" oder „Reisen im Astralleib" genannt). In diesem besonderen Fall wird die ASW-Information vermittels eines „Erlebnisses außerhalb des Körpers" erlangt. Die erlebende Person hat das subjektive Gefühl, sie verlasse ihren physischen Körper und reise weg, an einen fernen Ort, und vielleicht sogar in eine andere Zeit; sie hat dann das Empfinden, tatsächlich an dem fernen Ort zu weilen, und erhält einen lebhaften visuellen Eindruck von den Ereignissen, die sich dort zutragen.

Es gibt Menschen, die in „Erlebnissen außerhalb des Körpers" Hinweise auf ein wirkliches Reisen der Seele oder des „Astralleibs" sehen (daher der irreführende Ausdruck „Astralprojektion"). Eine solche Schlußfolgerung ist jedoch nicht gerechtfertigt. Erlebnisse „außerkörperlicher Erfahrung" (AKE) sind bloß eine von vielen subjektiven Formen, in denen die ASW gelegentlich auftritt (genau wie man einen Traum haben kann, demzufolge man in einem Flugzeug fliegt, und man glaubt keineswegs, man sei wirklich geflogen). Zur Erklärung eines solchen phantastischen subjektiven Erlebnisses ist keine wirkliche Reise erforderlich.

Experimentell lassen sich Erlebnisse außerhalb des Körpers verhältnismäßig leicht in der Hypnose erzeugen. Die hypnotisierte Versuchsperson akzeptiert Suggestionen bereitwillig. Man kann ihr suggerieren, sie vermöge sich nicht zu bewegen, sie sehe oder rieche Blumen, die nicht existieren, sie habe sich in ein kleines Kind oder in eine berühmte Sängerin verwandelt usw. Man kann ihr praktisch jede Rolle suggerieren. Die hypnotisierte Versuchsperson nimmt derartige Suggestionen an und stellt auch irgendeine phantastische historische Persönlichkeit dar (das geschieht jedoch nur wie im Traum, in der Vorstellung, und ist keine wirkliche Erinnerung an ein früheres Leben).

Genauso kann man der hypnotisierten Versuchsperson suggerieren, sie schwebe in der Luft und schaue auf ihren eigenen Körper. Oder sie reise (in ihrer Vorstellung) an einen fernen Ort, der Tausende von Kilometern weit weg sein kann, und habe dann das Gefühl, dort anwesend zu sein und sich umzusehen; wenn man sie fragt, wird sie beschreiben, was sie dort sieht oder hört. Dieses suggerierte Erlebnis ist oft nur ein phantastischer Traum, die Dramatisierung von Überzeugungen, ein Phantasieprodukt, und das Geschilderte braucht der Wirklichkeit an dem fernen Ort nicht zu entsprechen. Aber manchmal kann in einem solchen Erlebnis ASW wirken, und dann sieht und beschreibt die hypnotisierte Versuchsperson die Ereignisse an dem fernen Ort richtig.

In fortgeschritteneren Experimenten, bei denen größere Kontrolle über die ASW besteht, ist es oft möglich, durch solch ein Verfahren Informationen über Ereignisse zu erhalten, die räumlich oder sogar auch zeitlich weit entfernt sind. Man kann dann die hypnotisierte

Versuchsperson (in ihrer Imagination) zur Beobachtung der Ereignisse aussenden, die sich beispielsweise vor zweitausend Jahren im Heiligen Land zutrugen, und die Versuchsperson wird ihre Beobachtungen schildern.

Wenn die ASW zuverlässig arbeitet, wird die Versuchsperson die Ereignisse wiedergeben, die dort tatsächlich stattfanden. Wir wissen nicht, wie die ASW arbeitet, wie es möglich ist, auf diese Weise richtiges Wissen über ferne Ereignisse zu erhalten; doch subjektiv hat die hypnotisierte Versuchsperson das Gefühl, sie begebe sich an einen anderen Ort und beichte, was sie dort sehe, etwa wie ein Taucher, der auf den Meeresgrund geschickt wird, um ein gesunkenes Schiff auszukundschaften und dann seine Feststellungen einem Wissenschaftler auf einem Schiff an der Wasseroberfläche per Funk übermittelt. Anhand des Berichts, den der Taucher liefert, dirigiert ihn der Wissenschaftler und gibt ihm Anweisungen für das weitere Vorgehen.

Wenn Sie ein „moderneres" Beispiel vorziehen, können Sie sich einen Astronauten vorstellen, der zu einem fernen Planeten fliegt und seine Feststellungen berichtet. Dem entspricht genau die Methode, die wir anwandten, um durch ASW neue historische Informationen zu erhalten. Nur müssen Sie sich hier einen „Astronauten" vorstellen, der in die Vergangenheit fliegt.

Wenn Sie mehr über den gegenwärtigen Stand der ASW-Forschung wissen möchten, seien Sie auf meine anderen einschlägigen Werke hingewiesen*:

*Parapsychologie, Tatsachen und Ausblicke,* ein Standardwerk über die Geschichte und die neuesten Entdeckungen in der Parapsychologie, ihres gegenwärtigen Standes und ihrer Zukunftsaussichten;

*Hellsehen und andere parapsychische Phänomene in Hypnose*, eine Schilderung von ASW-Experimenten mit hypnotisierten Versuchspersonen und der Methode, die ASW durch Hypnose zu trainieren;

*Telepathie und Hellsehen*, ein Bericht über die Phänomene der ASW und die Ergebnisse wissenschaftlicher ASW-Forschung;

---

* Sämtliche erschienen im Ariston Verlag, Genf.

*ASW-Training,* das erste in deutscher Sprache vorliegende Werk über wirksame Methoden der Weckung und Aktivierung der außersinnlichen Wahrnehmung, also der volkstümlich mit dem sechsten Sinn umschriebenen Phänomene der Telepathie und des Hellsehens.

*ASW-Experimente, die erfolgreich verlaufen,* Anleitungen für Experimentalsituationen, durch die jedermann Phänomene der außersinnlichen Wahrnehmung testen und gültig auswerten kann.

*Der Tod und was danach kommt,* ein Buch, das als Markstein wissenschaftlichen Forschens gelten kann und dem Leser begeisternde Perspektiven und echte Sterbehilfe bietet.

---

* Unter dem Titel „ASW-Training" sind vom Ariston Verlag auch 3 Audio-Langspielkassetten in Kassettenbox veröffentlicht worden.

# Einführung

Unser Buch beschreibt Experimente, die vor mehr als zwanzig Jahren durchgeführt wurden. Ihnen lag die Idee zugrunde, die ASW bei historischen und religiösen Untersuchungen als neue Forschungsmethode anzuwenden. Zur Aktivierung schlummernder ASW-Fähigkeiten der Versuchspersonen diente die Hypnose. Die Versuchspersonen wurden hypnotisiert, und wenn sie sich in der hypnotischen Trance befanden und ASW entwickelten, bekamen sie Fragen zu verschiedenen religiösen Themen gestellt. Das sich ergebende Gespräch wurde stets aufgezeichnet.

Diese einfache Methode hat früher schon in verschiedenen Varianten Anwendung gefunden. Die Überzeugung, Trancezustände könnten zur Erlangung höheren Wissens führen, ist alt und weit verbreitet. Viele Religionsstifter der Vergangenheit begannen ihre Lehrlaufbahnen erwiesenermaßen nach einer langdauernden Meditationsperiode. Jesus nahm der Überlieferung zufolge seine öffentliche Tätigkeit nach seiner Meditation in der Wüste auf. Buddha fing nach der Meditation unter einem Baum zu lehren an. Hinduistische Weise und Adepten des Joga versuchen im ekstatischen Zustand des „Samadhi" höhere Erleuchtung zu erlangen.

Die großen Religionen unterscheiden sich in dieser Hinsicht nicht von den zahllosen kleinen, weit weniger einflußreichen Bewegungen und Sekten. Manche Mystiker, Seher und Philosophen der Vergangenheit sowie verschiedene okkulte Lehren aus neuerer Zeit berufen sich immer wieder auf eine „höhere geistige Welt" und das ekstatische Erlebnis als wertvoll für die Erlangung von Wissen über die „höheren Sphären". Hellseher behaupteten häufig, normalerweise unsichtbare Komponenten der menschlichen Persönlichkeit gesehen zu haben – wie die „Aura".

Der Ursprung aller dieser inspirierten Lehren scheint in einem besonderen ekstatischen Zustand zu liegen, der zweifellos identisch oder eng verwandt mit dem Hypnosezustand ist. Wir wissen, daß der Hypnosezustand zu ASW führt. Deshalb dürfen wir mit gutem Grund annehmen, die ASW habe eine wichtige Rolle bei der Offenbarung dieser Lehren gespielt.

Der Spiritismus des 19. Jahrhunderts hat im wesentlichen denselben Ursprung wie andere Religionen. Die ersten Spiritisten besuchten Sitzungen mit Medien, und wenn das Medium sich in Trance befand, stellten sie ihm Fragen über religiöse Probleme und das Leben im Jenseits. Die Antworten der Medien wurden aufgezeichnet und schließlich in ein System sprirititistischer Lehren gebracht. Die Quelle mediumistischer Kommunikationen stellt der Trancezustand dar, der lediglich eine andere Form des Hypnosezustandes ist und in diesem Fall durch eine Art Selbsthypnose des Mediums herbeigeführt wird.

Bevor sich der Spiritismus über die ganze Welt verbreitete, wurde die in Europa entstandene ältere Bewegung des tierischen Magnetismus oder Mesmerismus (den die Anhänger von F. A. Mesmer publik machten) von Phineas Quimby (1802–1866) in Amerika eingeführt. Dem unverdienterweise fast vergessenen Heiler Quimby verdankte Mary Baker Eddy, die Begründerin der religiösen Gemeinschaft Christliche Wissenschaft, die Wiederherstellung ihrer Gesundheit. Frau Eddy stützte sich, ohne es voll einzugestehen, bei der Formulierung ihrer Lehre auf Quimbys Philosophie. Diese wiederum stand stark unter dem Einfluß der Behauptungen von Quimbys hypnotisierter Versuchsperson Lucius Burkmar, den er zum Hellseher herangebildet hatte (und vielleicht auch unterm Einfluß von Quimbys eigenen hellseherischen Kräften).

Die berühmten Readings von Edgar Cayce* sind jüngere Beispiele für den Versuch einer Nutzung der ASW, die hier in einer Art selbsthypnotischer Trance auftrat und dazu diente, anderweitig unzugängliches Wissen zu erlangen, unter anderem Informationen über verschiedene dunkle philosophische und religiöse Fragen.

In der Tschechoslowakei führte der autodidaktische Forscher Břetislav Kafka (1891–1967), dessen Leben und Werk sehr an P.

---

* *Der schlafende Prophet, Prophezeiungen in Trance 1911 – 1998,* erschienen im Ariston Verlag, Genf, 22. Aufl. 1990

Quimby erinnern, ähnliche Experimente durch. Wenn seine hypnotisierten Versuchspersonen (besonders seine beste Versuchsperson, Herr Křeček) ASW entwickelten, stellte er ihnen Fragen, durch die er eine Art experimenteller Bestätigung religiöser Lehren zu erlangen trachtete. Kafka baute seine Methode sogar noch weiter aus: Er hypnotisierte mehrere Versuchspersonen gleichzeitig; während die erste Versuchsperson sich bemühte, etwas durch ASW zu ermitteln, forderte er die zweite auf, die erste hellsehend zu beobachten und ihre eigenen Eindrücke zu schildern. Auf diese Weise wollte er durch die zweite hellsehende Versuchsperson die Ermittlungen der ersten überprüfen, und er hoffte gleichzeitig, Einblick in den für die ASW wichtigen Prozeß zu gewinnen.

Ein ähnliches Verfahren wandten unlängst mehrere Verfasser populärwissenschaftlicher Bücher über ASW und das Okkulte an (H. Holzer, B. Steiger usw.). Die Autoren schilderten aufregende Beobachtungen in Spukhäusern: Sie brachten Hellseher in Spukhäuser und forderten sie auf, ihre ASW-Impressionen über die Kräfte zu schildern, die in den Häusern am Werk waren.

Leider besteht bei solchen Anwendungen der ASW ein Problem, das in allen bisherigen Unternehmungen dieser Art offenbar völlig übersehen wurde. Diese Versuche fanden zu Zeiten statt, da man sehr wenig über die ASW und ihre Funktionsweise wußte. Oft nahm man jedes ungewöhnliche Erlebnis für bare Münze. Niemand versuchte, den heuristischen Wert der ASW in solchen Experimenten, die ASW-Fehlerquellen und die Zuverlässigkeit des Wirkens der ASW kritisch zu analysieren. Einige Seher der Vergangenheit mögen der Erfassung der echten Realität sehr nahe gewesen sein, andere dagegen waren weit davon entfernt. Wir können leider aus der Retrospektive nicht objektiv sagen, welche Lehre am ehesten richtig ist. (Wir vermögen nur indirekte Sicherheit daraus zu gewinnen, daß die Hauptreligionen in einigen wesentlichen Punkten übereinstimmen; das kann uns das Gefühl geben, sie würden einander unabhängig bestätigen.)

B. Kafka erhielt beispielsweise in seinen Experimenten eine eindrucksvolle Bestätigung der Hauptdogmen des katholischen Glaubens. Doch er und seine Versuchspersonen waren gläubige Katholiken. Ihre Überzeugungen beeinflußten zwangsläufig die in Trance aufgestellten Behauptungen. Wären sie Moslems gewesen hätten sie möglicherweise die Bestätigung des mohammedanischen Glaubens erhalten.

Der Kernpunkt des Problems liegt in der Tatsache, daß das Trance-Erlebnis nicht immer eine zuverlässige Offenbarung der objektiven Wahrheit darstellt. Wir müssen vielmehr einräumen, daß es im allgemeinen weniger zuverlässig ist als das Erlebnis im Wachzustand; denn häufig verzerren es Traumbilder, und oft ist es lediglich eine dramatische Reflexion tiefer psychologischer Prozesse im Geist der erlebenden Person. Es braucht tatsächlich überhaupt kein ASW-Element zu enthalten. Aber wenn das Trance-Erlebnis auch unzuverlässiger ist als das Erlebnis im Wachzustand, so beeindruckt es doch wesentlich mehr, und zwar sowohl die erlebende Person als auch den zufälligen Beobachter. Es ist ungewöhnlich, tritt spontan auf, läßt sich normalerweise durch Willensanstrengung nicht beeinflussen und hat starken emotionalen Gehalt. Deshalb wurden solche Erlebnisse meist als Gaben oder als Botschaften von übernatürlichen Wesen interpretiert. Es war nur natürlich, daß Menschen, die nicht das psychologische Wissen unserer Zeit besaßen, sie als solche betrachteten.

Im Lauf der Jahre, besonders in Perioden gesteigerten allgemeinen Interesses am Okkulten, fanden zahlreiche Bücher mit Texten oder sogar auf Tonband aufgezeichnete Botschaften, die angeblich allesamt von höheren intelligenten Wesen stammten, Verbreitung in der Öffentlichkeit. Medien schrieben automatisch oder diktierten in Trance Mitteilungen über die „Höherwelten". Eine Art neuer, ambitiöser Entwicklung erwuchs aus der Brutstätte des im übrigen stagnierenden Spiritismus: Die angeblichen Kommunikatoren waren nicht mehr nur Geister der Toten, sondern „höhere geistige Wesen" – Götter, Dämonen oder intelligente Wesen von anderen Planeten usw.

Die sogenannten „Offenbarungen" wurden gewöhnlich von Menschen aus der Umgebung ehrgeiziger Visionäre verteilt, deren Einfluß nur selten über eine Schar ortsansässiger Interessenten oder Anhänger hinausreichte; manchmal jedoch erregten solche Werke aufgrund ihres brisanten Inhalts auch die Aufmerksamkeit großer Verleger. Das gemeinsame Merkmal solcher „inspirierter" Werke ist, daß sie gemeinhin als Botschaften und wertvolle Ratschläge von höheren übernatürlichen Wesen präsentiert werden, die besonders an der Führung und Erleuchtung der Menschheit interessiert sind und das jeweilige Medium oder den ehrgeizigen Visonär zu ihrem Boten und Stellvertreter auf Erden erwählt haben.

Die Details einer solchen Dramatisierung sind natürlich völlig unwichtig. In Trance kann man den Traum haben, die Botschaft stamme von körperlosen Geistern, genauso aber auch, sie komme von „geistigen Herren" oder von Engeln oder sogar vom Teufel. Interessieren Sie sich für fliegende Untertassen, können Sie träumen, der Kommunikator gehöre einer außerirdischen Kultur an. Das ganze Erlebnis kann aber sehr wohl Ihrem Unterbewußten entsprungen und nur von Ihrer Traumbildersprache entsprechend dramatisiert worden sein. Doch wie immer die Einzelheiten des Erlebnisses sind, wir dürfen annehmen, daß es – vielleicht – ein ASW-Element enthält. Immer aber bleibt die entscheidende Frage: Welcher Teil der Botschaft, wenn es eine ist, enthält die richtige Information, und wie zuverlässig ist diese im Trance-Erlebnis erhaltene Information?

Heute würde kaum jemand künstlerisches Talent als übernatürliche Gabe betrachten. Wir wissen, daß es das Ergebnis der geistigen Aktivität des Künstlers ist. Im alten Rom jedoch sah man die künstlerische Inspiration als übernatürliches Ereignis an, und die Künstler beteten zu den Musen (Göttinnen der künstlerischen Inspiration) um Hilfe bei ihren Schöpfungen. Genauso wissen wir heute, daß die Träume Produkte unserer geistigen Aktivität und keine übernatürlichen Vorzeichen (Omina) sind.

Auch das ekstatische Trance-Erlebnis ist die Folge einer geistigen Aktivität der erlebenden Person. Es hängt von ihren Überzeugungen, Wünschen und Ängsten, Zweifeln und Hoffnungen ab und widerspiegelt gewöhnlich ihre Denkweise. ASW-Information, die in solchen Erlebnissen vorhanden sein kann (oder auch nicht), wird oft in Abhängigkeit von der psychologischen Struktur der erlebenden Person verzerrt. Ich werde versuchen, am Spiritismus-Beispiel aufzuzeigen, wie diese Abhängigkeit die Gültigkeit einer Lehre beeinflussen kann, die als Konsequenz des Trance-Erlebnisses entsteht.

Zu der Zeit, da der Spiritismus entstand, glaubte man allgemein an Geister. Das vorherrschende religiöse Dogma behauptete, die Seele des Menschen lebe nach dem Tode weiter, und man war der festen Meinung, der gesamte Raum sei erfüllt von unsichtbaren übernatürlichen Wesen. Die ersten spiritistischen Medien kannten zweifellos die allgemeinen Überzeugungen und teilten sie vermutlich. Außerdem wußten sie bestimmt von dem berühmten Fall der Familie Fox in Hydesville, N. Y., sowie von ähnlichen Fällen, in denen angeblich die Geister der Toten mit den Lebenden verkehrten.

Ein Mensch, der sich in Trance befindet, ist gewöhnlich sehr suggestibel, und das Medium bildet hier keine Ausnahme. Hat das Medium in Trance das Erlebnis, es sei ein inkarnierter Geist (wir können es auch anders sagen: hat es in seiner Trance den Traum, es verwandle sich vorübergehend in den „Geist"), und stellen die Teilnehmer an der Sitzung Fragen über die „Geisterwelt", dann ist nur natürlich, daß die Traumphantasie das Medium einen Bericht geben läßt, der seiner Meinung vom Aussehen der Geisterwelt entspricht. Die Antworten des Mediums können durchaus ASW-Elemente enthalten, aber wir sind nicht in der Lage zu bestimmen, wie hoch der ASW-Gehalt ist. Infolge unseres Wissens auf dem Gebiet der Psychologie sind wir jedoch ziemlich sicher, daß die Überzeugungen und die Traumphantasie sehr starken Einfluß ausüben.

Die ersten mediumistischen Behauptungen müssen notgedrungen verzerrt und beeinflußt gewesen sein, dennoch wurden sie später gesammelt, für bare Münze genommen und schließlich in ein zusammenhängendes System gebracht (in Europa von Allan Kardec, 1803–1869). Widersprüche zwischen einzelnen Behauptungen erklärte man einfach damit, daß es betrügerische Geister gebe.

Die nachfolgenden Medien-Generationen mußten sich einer bestimmten Vorbereitung unterziehen, bevor sie ihre Laufbahnen als Medien beginnen konnten. Neben Meditationsübungen mußten sie die spiritistischen Lehren studieren. Doch die Vertrautheit mit den Lehren allein genügte nicht: Das künftige Medium mußte auch an ihre Richtigkeit glauben. Folglich wiederholten spätere Medien in ihren Trance-Erlebnissen im Grunde nur die Behauptungen früherer Medien. Dies war natürlich keine unabhängige Bestätigung der Lehren, wie die Wissenschaft sie verlangt. Die Trance-Behauptungen gaben lediglich den Inhalt der Überzeugungen des Mediums wieder.

Was wir hier über den Spiritismus sagten, gilt gleichermaßen für alle anderen Fälle, in denen das Trance-Erlebnis angeblich eine höhere Wahrheit offenbarte. Es gilt auch für die großen Religionen. Die Stifter der Weltreligionen stützten ihre Lehren auf ihre Trance-Erlebnisse; deshalb können wir annehmen, daß die Lehren einige Elemente enthalten, die mit Hilfe der ASW ermittelt wurden. Es ist jedoch schwierig, in den zeitgenössischen kodifizierten Systemen religiöser Lehren die objektive Wahrheit aufzuspüren. Wie sollen wir die Wahrheit von Irrtümern oder subjektiven Verzerrungen trennen, die im Trance-Erlebnis des Religionsstifters aufgetreten sein können?

Klingt beispielsweise die Behauptung des Religionsstifters, seine Lehre sei ihm von Gott offenbart worden, nicht verblüffend ähnlich wie die Behauptungen der Begründer kleinerer religiöser Sekten von heute? Sie sagen, ihre Lehren seien ihnen von Geistern, Geisteswesen des Raums oder anderen übernatürlichen Wesen eingegeben worden; doch diese Geister oder übernatürlichen Wesen konnten als dramatische Produkte ihres Unterbewußten erkannt werden. (Und glaubte der Religionsstifter überhaupt an die Inspiration Gottes? Vielleicht stellte er diese Behauptung nur auf, um seine Lehre bindender für seine Anhänger zu machen, die sich natürlich williger einer Disziplin fügten, wenn sie ein mächtiges übernatürliches Wesen fürchteten.)

Zweifel tauchen zwangsläufig auf. In welchem Ausmaß wurde die Wahrheit gleich zu Beginn durch fehlerhaftes Funktionieren der ASW des Religionsstifters verzerrt? Welche Verzerrungen traten auf, weil der Stifter möglicherweise nicht in der Lage war, den Sinn seiner (oft symbolischen) Impressionen richtig zu deuten? Welche Verzerrungen traten auf, wenn der Stifter seine Lehren seinen Jüngern erklärte und die diffizile Doktrin dem Niveau ihres Verständnisses anpassen mußte? (Denken Sie nur an die häufige Verwendung von Gleichnissen durch Jesus.) Welche Verzerrungen traten schließlich auf, wenn die Lehre von einer Generation an die nächste weiterging, beeinflußt durch Ideologien verschiedener Zeiten, oft mißverstanden und oft zu Zwecken benutzt, die nichts mit der ursprünglichen Botschaft zu tun hatten und die der Idee entfremdeten Zwecken dienten?

Diese Schwierigkeit, in den religiösen Lehren die objektive Wahrheit zu finden, dürfte erklären, warum die Religion den weltklugen modernen Menschen nicht zu befriedigen vermag. Er ist wissenschaftlich gebildet, kritisch und schätzt Wissen mehr als blinden Glauben; die Religion aber verlangte im Gegensatz zur Wissenschaft immer blinde Treue zur verkündeten Lehre.

Vorgefaßte Meinungen und die unterbewußte Dramatisierung sind gefährliche Hindernisse bei der Suche nach dem Wahrheitsgehalt von Trance-Erlebnissen. Die hier geschilderten Experimente wurden in vollem Bewußtsein dieser Gefahren durchgeführt, und es wurden alle Anstrengungen unternommen, solche Fehlerquellen zu meiden.

Die Versuchspersonen waren Schülerinnen, deren ASW wir in Hypnose aktivierten. Die Funktion der ASW testeten wir vermittels einfacher Aufgaben, bei denen sich die Richtigkeit der Impressionen jeder Versuchsperson leicht verifizieren ließ. Dann erging an die Versuchspersonen die Aufforderung, ihre ASW einzusetzen, um Antworten auf verschiedene religiöse Fragen zu erhalten, bei denen keine unmittelbare Verifikation möglich war. Wie wir in den folgenden Kapiteln sehen werden, gewährten uns die von den Versuchspersonen erhaltenen Informationen überraschende Einblicke.

Es ist unwahrscheinlich, daß die Aussagen der Versuchspersonen durch ihr Wissen oder ihre Überzeugungen wesentlich beeinflußt worden sind. Die Versuchspersonen interessierten sich nicht besonders für das Thema und hatten kein Spezialwissen über die untersuchten Probleme. (Gewöhnlich erhielten sie eine Bezahlung für die bei den Experimenten aufgewendete Zeit, und ihr Interesse entwickelte sich erst im Lauf der Experimente.) Außerdem wurden sie systematisch ermutigt, ihren Impressionen gegenüber so kritisch wie möglich zu sein.

Natürlich können wir nicht absolut sicher sein, daß ihre Aussagen die volle Wahrheit wiedergeben. Auch wenn beispielsweise Impressionen der Versuchspersonen über die „Seele“ (oder das „Fluidum“, wie eine von ihnen es nannte) und ihr Weiterleben nach dem Tode im wesentlichen richtig waren, besteht die Möglichkeit, daß die Visionen der Versuchspersonen nur eine symbolische, anthropomorphe Darstellung der tatsächlichen Realität gaben. Die wirkliche Form von Gegenständen, welche die Versuchspersonen durch ASW wahrnahmen, kann sich sehr von der Form unterscheiden, in der sie erlebt wurden. Außerdem ist immer möglich, daß unerwartete Fehlerquellen die Eindrücke der Versuchsperson verzerrten, so daß sie vielleicht in vieler Hinsicht falsch sind.

In den beschriebenen Experimenten bleibt allerlei unvollständig. Wir würden uns wünschen, weitere und vielfältigere Versicherungen dafür zu erhalten, daß die ASW der Versuchspersonen wirklich zuverlässig war. Wir würden uns wünschen, daß wir in längerdauernden Experimenten mehr Informationen hätten sammeln können. Wir würden uns wünschen, jede einzelne Information von einer größeren Zahl Versuchspersonen unabhängig erörtern zu lassen und festzustellen, inwieweit die Aussagen der Versuchspersonen einander bestätigen. Wegen des fragmentarischen Charakters des erhaltenen Materials können unsere Experimente kaum mehr bieten als einen Hinweis auf die künftigen Anwendungsmöglichkeiten der ASW.

Angesichts dieser Mängel kann man zu Recht einwenden, alle Bemühungen, die ASW bei derartigen Experimenten anzuwenden, seien verfrüht. Solange es uns nicht gelingt, die ASW so weit unter Kontrolle zu bringen, daß ihre Wirksamkeit mit jener anderer Sinne vergleichbar ist, dürfen wir kaum hoffen, eine ins Gewicht fallende Menge zuverlässiger, objektiv gültiger Informationen zu erhalten. Wir dürfen nicht hoffen, die tiefen Rätsel des Universums lösen und Fragen beantworten zu können, die uns unsere ehrgeizige Neugier stellt.

Die Versuche sind wirklich verfrüht. Aber der Mensch neigt von Natur aus immer ein wenig zu Ungeduld. Wir alle wollen mehr wissen, und zwar schnell – schneller, als der Fortschritt unseres Wissens erlaubt. Die alten Philosophen hatten nicht unsere gegenwärtigen wissenschaftlichen Kenntnisse, und doch wollten sie die Natur der Welt kennen, in der sie lebten. Sie fanden keine perfekte Lösung für ihre Probleme, ihre Zeit setzte ihnen Grenzen. Manchmal waren ihre Spekulationen naiv und falsch. Oft aber gelangten sie dank ihres intuitiven Einblicks (oder war es teilweise ASW?) zu Lösungen, die – wie man lange danach feststellte – den Jahrtausende später gemachten Entdeckungen der modernen Wissenschaft sehr nahe kamen.

Zweifellos ist weitere umfassende Forschungsarbeit nötig, bevor irgendwelche Entdeckungen der Versuchspersonen als untermauerte Tatsache akzeptiert werden können. Doch auch bei ihrem gegenwärtigen Stand vermitteln uns die Aufzeichnungen überraschende Einblicke, die auf die Notwendigkeit einer neuen Interpretation uralter Lehren hindeuten. Wenn die aufgezeichneten Aussagen auch einen vorläufigen, versuchsweisen Charakter haben, so ist die Anwendung der ASW als Methode der historischen Forschung doch zweifellos ernster Erwägung wert.

Wir sollten aber einen wichtigen internen Beweispunkt nicht übersehen, der die Glaubhaftigkeit des gesamten Materials steigert: Viele Aussagen über das Leben und die Lehren Jesu entsprechen genau den Informationen, welche die Historiker den alten Schriftrollen von Qumran (Kumran) entnahmen (den Handschriftenfunden am Toten Meer). Die ersten Handschriften entdeckte man 1947, und zu der Zeit, da wir unsere Experimente machten (Anfang 1949), war in der Öffentlichkeit kaum etwas über ihren Inhalt bekannt. In der Tschechoslowakei wußten damals bestenfalls ein paar Gelehrte überhaupt von ihrer Existenz. Es steht sehr zu bezweifeln, daß eine der Versuchspersonen von ihrem Vorhandensein gehört hatte oder gar etwas von ihrem Inhalt kannte.

Allem Anschein nach können Milenas Aussagen als winziges Stückchen unabhängigen Beweismaterials dafür genommen werden, daß der historische Jesus ein besonderes Erziehungsprogramm durchmachte, bevor er zu lehren begann. (Hier scheint die Erklärung für die „fehlenden Jahre" Jesu zu liegen.) Zu diesem Programm dürften besondere Einweihungsriten und ein Training in psychischer Entwicklung gehört haben, möglicherweise in einer Gemeinde der Essener.

Diese Vermutung stimmt mit den historischen Fakten überein. Mitglieder der Essener Gemeinde kannten ASW-Praktiken, wie der jüdische Historiker Josephus bezeugt; im 2. Buch seiner *Geschichte des Jüdischen Krieges* sagt er, einige Essener hätten künftige Dinge vorhergesagt, indem sie heilige Bücher lasen, mehrere Arten von Reinigungen ausführten und sich ständig mit den Diskursen der Propheten befaßten; nur selten hätten sie sich bei ihren oft weit in die Zukunft vorgreifenden Vorhersagen geirrt.

Das Buch des Josephus enthält einige weitere Behauptungen – z. B. über einen möglichen Aufbewahrungsort alter Dokumente –, die dazu reizen, Bemühungen zu ihrer Bestätigung anzustrengen. Sollten die Dokumente anhand hellseherischer Aussagen gefunden werden, wäre dies zweifellos eine ausgezeichnete Demonstration des Einsatzes der ASW bei historischen Forschungen.

# Beginn der Untersuchungen

*Ein hypnotisiertes Mädchen spricht über seinen Tod und „sieht" seine Seele.*

Die folgenden Experimente fanden 1948/49 in Prag statt. Ausgelöst wurden sie durch die Bemühungen mehrerer Forscher, zur Aktivierung der ASW die Hypnose einzusetzen. Die auf den vorausgehenden Seiten erläuterten Erwägungen regten uns zu dem Versuch an, vermittels der ASW direkte Informationen über Ereignisse zu erhalten, die den historischen Hintergrund der biblischen Überlieferung bilden und den Historikern bisher verborgen geblieben sind. Außerdem versuchten wir die ASW zur Erlangung direkter Informationen über die Gültigkeit verschiedener religiöser Lehren zu nutzen – wie der Existenz einer Seele, ihres Weiterlebens nach dem Tode, der Reinkarnation usw.

Den ersten Anreiz, der schließlich zu dem Untersuchungsprogramm führte, gab das ziemlich überraschende Ergebnis eines Experiments mit A. U., der sechzehnjährigen Tochter eines Bauern aus einem Dorf rund achtzig Kilometer östlich von Prag. Sie besuchte in Prag die Hauswirtschaftsschule und wohnte bei uns. Jung, wie sie war, interessierte sie sich für alles mögliche, nur nicht für philosophische oder religiöse Studien. Bei einem Familientreffen hypnotisierte ich sie, mehr aus Neugierde als aus anderen Gründen. In einem schon früher stattgefundenen Hypnose-Experiment hatte A. U. richtig beschrieben, was in einem anderen Zimmer vor sich ging, und so ASW unter Beweis gestellt. Dieses Mal entwickelte sich unversehens eine Situation, die bald eine Wendung in Richtung religiöser Fragen nahm.

Als A. U. hypnotisiert war, rief ich in ihr, durch Verbalsuggestion, ein Erlebnis außerhalb des Körpers hervor. Ich suggerierte ihr, sie habe das Gefühl, sie erhebe sich von dem Stuhl, auf dem sie saß,

gehe zur anderen Ecke des Zimmers und schaue dann zurück zu ihrem Stuhl. Ein verwirrendes Gespräch mit der hypnotisierten Versuchsperson folgte.
Experimentator: Nun schau zurück und beschreibe, wie du dich siehst. (Mit dieser Suggestion wollte ich lediglich die Qualität ihres Erlebnisses außerhalb des Körpers prüfen, die Klarheit ihrer visuellen Bilder. Ansonsten beabsichtigte oder erwartete ich nichts.)

Versuchsperson: Ich verstehe die Frage nicht.

Siehst du mich? (Ich saß neben der Versuchsperson.)

Ja.*

Vor mir sitzt ein Mädchen, richtig?

Ja.

Wer ist sie?

Ich habe sie schon früher gesehen. Es ist der Körper eines Mädchens, mittelgroße Figur, stämmig, blondes Haar, blaugrüne Augen, sie trägt ein blaugrünes Kleid.

(Die Beschreibung war richtig; natürlich bedurfte es dazu keiner ASW, da die Versuchsperson sich dieser Tatsachen erinnern konnte. Die Beschreibung entsprach ungefähr dem, was von vornherein zu erwarten gewesen war. Eine Überraschung stellte jedoch die spontan entwickelte Entpersönlichung dar: die Versuchsperson erlebte sich wie losgelöst von ihrem Körper. Zweifellos trug die Tatsache, daß es sich um ein Erlebnis außerhalb des Körpers handelte, zu diesem subjektiven Gefühl des Persönlichkeitsverlustes bei. Dies erinnert uns an die Persönlichkeitsumwandlung in den „Geist", die spiritistische Medien erleben.)

Bist das du? (Ich war überrascht, daß sie sich nicht erkannte.)

Nein, es ist der Körper eines Mädchens. Es ist eine reglose Person, wie eine Statue.

Sorgst du dich um sie?

Nicht besonders, aber ich habe ihr gegenüber ein besonderes Gefühl.

Liebst du sie?

So kann man es nicht nennen, es ist so ein besonderes Gefühl.

* Die im Folgenden eingerückten Texte sind immer Äußerungen der Versuchsperson.

Es läßt sich mit nichts vergleichen. Mein Tod wäre auch ihr Tod.

Nun beschreibe dich selbst.

Ich sehe mich nicht.

Aber du weißt doch wohl, wie du aussiehst.

Weißt du, das ist etwas, das man nicht beschreiben kann. Stell dir etwas wie einen Geist vor, etwas, das eine Menschenhand nicht berühren kann – das bin ich. Vielleicht könntest auch du mich sehen.

Was müßte ich tun, um dich zu sehen?

Das kannst du nicht selber tun.

Wer könnte mir helfen?

Eine Person, die dich von allen Sorgen befreien würde, die du in deinem normalen Leben hast.

Sag mir, wie du aussiehst. Versuche dich zu beschreiben, so gut du kannst.

So eine Flocke hier, hier, hier (die Versuchsperson deutete mit dem Finger um sich), so eine Wolke, weißt du. Ich bin in einem Raum, der voll Dunst ist, sehr hellem Dunst, doch hier und dort ist ein dunklerer Fleck.

Wo, beispielsweise?

Hier (sie deutete nach vorn).

Ich sehe dort nichts. Hilf mir, damit ich ihn berühren kann.

(Sie streckte die Arme vor sich und bewegte die Hände, als versuche sie, in der Luft etwas zu einem kleineren Volumen zusammenzupressen.) Er schmilzt weg. Er bewegt sich und verschwindet vor meinen Händen. Weißt du, er bewegt sich von einer Stelle zur anderen. Es ist gerade so, als brächte man einen Schwarm Schmetterlinge herein und ließe sie los.

Versuche, ihm einen Befehl zu geben, damit er an einem Ort bleibt.

(Sie konzentrierte sich.) Nein, er bewegt sich die ganze Zeit.

In welcher Beziehung stehst du zu dem Mädchen hier?

Sie spricht, wenn ich spreche, sie bewegt sich, wenn ich mich bewege, und wenn ich von ihr wegginge, würde sie sterben.

Wirst du auch sterben?

Ja.

Gleichzeitig mit dem Mädchen oder vielleicht später?

Dieses Mädchen wird vor mir sterben. Aber es wird immer noch etwas da sein, nachdem wir sterben.

Was ist das?

Die Menschen beschreiben es, indem sie sagen, die Seele trenne sich vom Körper.

Du bist nicht die Seele?

Nein, die Seele ist etwas anderes als ich.

Kannst du dir eine Vorstellung von einer Seele machen?

Ja.

Erzähl mir etwas darüber.

Sie ist für menschliche Augen unsichtbar. Stell dir einen Gummiballon vor, sehr dünn, in der Form eines menschlichen Körpers; und er steigt empor ins Unbekannte, dort sehe ich ihn aber nicht mehr. Dies ist undurchdringlich. (Siehe in diesem Zusammenhang auch ähnliche Aussagen auf den Seiten 66–77.)

Hast du dieselbe Seele wie der Körper?

Ja, wir haben eine gemeinsame Seele, und sie würde bleiben, wenn ich und dieses Mädchen stürben. Aber nach meinem Tod werden natürlich diese Nebel, die hier sind, nicht verschwinden; sie werden bleiben und zur Seele gehen.

Wie kannst du wissen, was nach deinem Tod geschieht?

Ich sehe es. (All dies wurde in ruhigem, überlegenem Ton erklärt; offensichtlich löste die Vergegenwärtigung ihres eigenen Todes bei ihr keine negative Gefühlsraktion aus.)

Wie kannst du das?

Ich sehe die Seele und die Nebel klar. Mein Tod bedeutet auch den Tod des Mädchens, aber nur des Mädchens. Doch ich bin etwas mehr als der Körper, etwas, das unsichtbar ist. Zusätzlich zu uns gibt es diese nebeligen Flecken.

Sie gehören zu euch?

Ja, und wenn alles dies verbunden ist, bildet es eine Person, die normal gehen, leben, denken und arbeiten kann.

Diese Behauptungen waren ziemlich überraschend. Zweifellos widerspiegelten sie nicht die Überzeugungen der Versuchsperson. A. U. war im römisch-katholischen Glauben erzogen, und ihre undeutliche persönliche Vorstellung von der „Seele“ stammte lediglich aus dem Religionsunterricht in der Schule. Für orientalische

Religionen oder okkulte Lehren interessierte sie sich nicht. Nach dem Erwachen hatte sie keine Erinnerung an ihr hypnotisches Erlebnis. Als wir ihr erzählten, was sie in der hypnotischen Trance gesagt hatte, stritt sie jedwede Übereinstimmungen zwischen ihren Behauptungen und ihren persönlichen Überzeugungen ab, und sie weigerte sich, ihren Trance-Äußerungen irgendwelche Bedeutung beizumessen.

# Experimente mit einem hypnotisierten Medium

## *Die Versuchsperson „sieht" zwei unsichtbare Komponenten des Menschen*

Es bestand keine Möglichkeit, weiter mit A. U. zu experimentieren. Ich fand jedoch in Frau H. P. eine neue Versuchsperson. Sie war eine zweiundzwanzigjährige junge Frau, die ich im Juli 1948 mehrmals hypnotisierte. Im Gegensatz zu A. U., die sich überhaupt nicht für Okkultismus interessiert hatte, war Frau H. P. bereits früher in ihrem Familienkreis spiritistisches Medium gewesen. Sie interessierte sich für theoretische Fragen im Zusammenhang mit dem Weiterleben nach dem Tode, aber nicht übermäßig für die kritische Erforschung der ASW. Wegen ihrer Interessensorientierung war es nicht möglich, mit ihr die erforderlichen Kontrollexperimente zur Prüfung der Zuverlässigkeit ihrer ASW durchzuführen.

H. P. wurde am Beginn jedes Experiments hypnotisiert, und während sie sich in Hypnose befand, beantwortete sie bereitwillig theoretische Fragen aus ihrem Interessensgebiet. Sie war auch daran gewöhnt, sich selbst in Trance zu versenken, und ihr hypnotischer Zustand bekam manchmal Ähnlichkeit mit der spiritistischen Trance: Statt eher passiv auf verbale Fragen zu antworten, hielt sie in Trance gelegentlich lange moralistische, philosophische Reden. Diese hatten den typischen Charakter mediumistischer Kommunikationen, nur das Bewußtsein der Versuchsperson, „hypnotisiert" worden zu sein, verhinderte die ansonsten übliche spiritistische Persönlichkeitsumwandlung in die Rolle des „Geistes": H. P. hielt die Reden nach eigener Inspiration, ohne vorzugeben, es seien Botschaften aus der geistigen Welt. Wertvollere Kommunikationen erreichten wir, wenn sie disziplinierter war und unmittelbar auf Fragen antwortete.

Auszüge aus diesen wertvolleren Gesprächen bringen wir im Folgenden; sie sind leicht bearbeitet, um Wiederholungen zu vermeiden, doch die Ausdrucksweise von H. P. blieb erhalten.

## Auszüge aus dem wortwörtlichen Protokoll der Sitzung mit H. P. am 3. Juli 1948

### *Die Versuchsperson unterscheidet Körper, Seele, Fluidum*

Wir haben schon früher die Möglichkeit erörtert, daß der Mensch neben seinem materiellen Körper noch andere Persönlichkeitskomponenten besitzt. Sagen Sie mir nun: Was bildet Ihre Persönlichkeit?

> Zuerst ich, die hier sitzt, mein materieller Körper. Dann ist da mein zweites Ich, das ist eine Art Fluidum, das mich darstellt, wie ich sein möchte und in dem ich mich so fähig und vollkommen finde, wie ich sein könnte. Es übt eine Art Kontrolle über mein drittes Ich aus, das mein Geist ist oder meine Seele. In dieser Seele widerspiegeln sich alle schlechten Einflüsse, die von der Welt der Umgebung und von meinem materiellen Ich kommen.

Wollen Sie damit sagen, daß eine Komponente des Menschen sein materieller Körper ist und daß es daneben noch eine zweite, nichtmaterielle Komponente gibt? Ich glaube, Sie nannten es „Fluidum“, nicht wahr?

> Ja, dieses ist eine Art Urbild des Menschen, sein geistiges Bild, wie er aussehen könnte oder was er erreichen könnte, wenn er das Gute richtig vom Bösen unterscheiden könnte. Es ist eine Art Funke, ein Licht, das einen verstehen läßt, was man tun soll, wie man sich verhalten soll. Und es gibt außerdem das dritte Ich, das ich bereits erwähnte.

Erzählen Sie mir etwas über dieses dritte Ich.

> Das „Fluidum“, wissen Sie, ist der zweite Teil; es gibt uns Antrieb, was wir tun sollen; es ist das Licht, das jeder in sich hat, er sucht es und weiß nicht, daß es in ihm selbst ist. Das dritte Ich ist vom menschlichen Gesichtspunkt aus nichtmateriell. Es ist ein nicht-materieller Bestandteil, aber vom

Gesichtspunkt der geistigen Wesen aus ist diese Seele immer noch teilweise materiell; dagegen ist dieses Fluidum, dieses Gute, d. h. der zweite Bestandteil, die Widerspiegelung von Gott, ein Licht. Dieser zweite Teil ist eine nicht-materielle Widerspiegelung von Vollkommenheit. Es ist etwas sehr Abstraktes, aber es existiert als etwas Wirkliches in jedem von uns. Und der dritte Teil, die Seele, ist auch nicht-materiell – vom Gesichtspunkt von uns materiellen menschlichen Wesen aus. Vom Gesichtspunkt geistiger Wesen aus jedoch, die von diesem Licht der Vollkommenheit durchdrungen sind, ist unsere Seele mit Materie belastet, mit Materie beschmutzt, zu eng an Materie gebunden.

Sie wollen also sagen, daß das menschliche Wesen tatsächlich aus drei Teilen besteht, stimmt das?

Ja, drei Teilen: der materiellen Komponente, der geistigen Komponente und einem immateriellen Bild der Vollkommenheit, die jeder von uns erreichen könnte.

Als Sie von diesen Komponenten sprachen, benutzten Sie die Ausdrücke „Körper", „Seele" und „Fluidum". Warum wählten Sie gerade die Namen „Seele" und „Fluidum"?

Ich weiß es nicht, es kam mir einfach in den Sinn. Ich mußte es irgendwie so sagen; aber ich weiß nicht, warum.

Erzählen Sie mir nun, was mit diesen drei Komponenten geschieht, wenn ein Mensch vom normalen Wachzustand in den Hypnosezustand gerät – worin Sie sich jetzt befinden.

Die materielle Komponente, der Körper, bleibt am selben Ort. Dann verläßt ihn, gewöhnlich aus der Stirn, manchmal aber auch aus der Oberseite oder Hinterseite des Kopfes, die geistige Komponente – jene geistige Komponente, von der ich sagte, daß sie vom Gesichtspunkt unseres Verständnisses aus nicht-materiell ist, jedoch aus Partikeln besteht. Sie ist nicht-materiell, besteht aber aus Partikeln, und diese Partikel haben größere Expansionskraft. Ich würde sie mit einem Gas vergleichen. Der Druck, der ihre Expansion bewirkt, wird durch die Willenskraft der jeweiligen Person erzeugt, durch ihre Konzentrationsfähigkeit und besonders durch ihre geistige Reife und Bewußtheit. Diese Partikel bleiben natürlich zusammenhängend. Sie weiten sich aus, so daß sie einen bestimmten Raum füllen, und enthalten dann alles, was in diesem Raum ist. Dann ist ihnen alles klar, sie kennen die Ursachen aller Ereignisse und alle in diesem Raum enthaltenen Dinge – wenn auch manchmal ziemlich unvollkommen.

Welcher Teil verläßt, wie Sie sagen, den Körper?

Das, was ich die „Seele" nenne. Das ist ein Teil, der sich ausweitet und sogar die Zukunft erfahren kann. Der andere Teil, das „Fluidum", kontrolliert die Seele, weil die Seele nicht die Macht hat, sich selbst zu kontrollieren. In dem Zustand der Expansion ist sie nicht fähig, zwischen Gut und Böse zu unterscheiden, und dann hängt es davon ab, wie stark der Einfluß des Fluidums ist.

Was für eine Form hat die Seele?

Das ist schwer zu sagen. Sie ist wie kondensierter Nebel. Sie hat eine veränderliche Form.

Und was für eine Form hat das Fluidum?

Das Fluidum hat keine Form, es ist ein Glanz. Es ist Funken oder Licht. Bei jedem von uns kommt es aus dem Kopf. Bei manchen ist es heller, bei anderen weniger hell.

Hat es eine Farbe? (Zu dieser Frage regte der Gedanke an, daß eine Ähnlichkeit zwischen dem „Fluidum" und der psychischen „Aura" zu bestehen schien.)

Ich sehe es nicht bei Menschen, ich weiß irgendwie, daß es so ist. Es kann eine milchige Farbe mit goldener Schattierung haben.

## Sitzung mit H. P. am 4. Juli 1948

### *Die Versuchsperson beschreibt, was nach dem Tod des Menschen geschieht*

Was geschieht mit diesen unsichtbaren Komponenten, wenn ein Mensch stirbt?

Wenn ein Mensch stirbt, verschmelzen die Seele und das Fluidum vorübergehend und trennen sich von der Materie. Einige

Augenblicke lang erlebt der Mensch das Gefühl vollkommenen Glücks, wie er es erreichen könnte, wenn er immer vollkommen zwischen Gut und Böse unterscheiden würde – aber niemand lebt so.

Bleiben die Seele und das Fluidum nach dem Tod mit dem Körper verbunden und wie lange?

Sie sind miteinander verbunden, und nur für kurze Zeit, während der Zeit, in der die Seele das Glück erlebt, das ich vorhin erwähnt habe. Während dieser Zeit sind sie nicht im Körper, aber ihm nahe, als würden sie um den Kopf kreisen.

Was geschieht dann?

Dann erkennt die Seele durch das Wirken des Fluidums, dieser Vollkommenheit, Gut und Böse richtig, sie erkennt, was Wahrheit und Gerechtigkeit ist. Sie ist jetzt fähig, die ganzen Taten des Menschen zu bewerten, alles, was er zu seinen Lebzeiten getan hat, im Licht dieses neuen Wissens. Sein ganzes Leben wird als Film vor sein geistiges Auge projiziert, und die Seele erkennt zum erstenmal alle Sünden und leidet dadurch. Er erleidet eine Art allgemeinen Schmerz für alle seine Taten als Ganzes. Dann trennt sich das Fluidum von der Seele, und das Fluidum nähert sich vollkommenen Wesen, die bereits für all das Böse sühnten, das sie anstellten. Und die Seele sieht den immerwährenden Lauf der Zeit. Sie sieht die Gegenwart und die Vergangenheit wie auf einer Ebene. Sie sieht auch die Zukunft, jene Zukunft, die für uns Lebende zur Gegenwart geworden ist; aber für die Seele ist dies die Zukunft, da ihre Zeit in dem Moment innegehalten hat, in dem sie den materiellen Körper verlassen hat. Die Seele lebt das ganze vergangene Leben noch einmal durch, und sie lebt es, um die Wahrheit zu sagen, auf drei Arten durch. Zuerst lebt sie das Leben wieder, wie es gelebt wurde, mit allen Fehlern. Durch die ferne Kontrolle, die vom Fluidum ausgeübt wird – das sich von der Seele getrennt hat, aber dennoch nicht die Verantwortung für das Leben verloren hat, von dem es sich löste –, wird das Leben parallel zu dem Leben, wie es gelebt worden ist, so projiziert, wie es hätte gelebt werden sollen, wie es hätte gelebt werden können, weil der Mensch den freien Willen hat, zwischen Gut und Böse zu unterscheiden. Schließlich werden, gleichzeitig mit diesen beiden Leben, die Ereignisse auf der Erde projiziert: das Leben, das für den Lebenden zur Gegenwart und Vergangenheit geworden ist, aber die Seele sieht es weiter im Intervall der Zukunft. Dies stellt das größte Leiden dar, denn die Seele vergleicht die ersten beiden Leben, erkennt alle die Fehler und Irrtümer, und durch diese Projektion in die Zukunft – die für den Lebenden Vergangenheit und Gegenwart geworden ist – leidet sie, indem sie die Folgen der Taten des Menschen kennt. Die Seele sieht dann alle die Übel, die aus dieser ursprünglichen, vielleicht sogar unbedeutenden schlechten Tat entstanden. Sie sieht zum Beispiel die Schicksale verschiedener Menschen, die geschädigt wurden und als Folge dieser Verletzung anderen Menschen weitere Verletzungen zufügten. Die Seele fühlt die Gewissensbisse, als sei sie selbst Urheberin all dieser Übel, die aus der ursprünglichen schlechten Tat entstanden. Durch dieses Leiden wird die Seele geläutert. Und wenn sie schließlich die absolute Wahrheit, Gerechtigkeit und Reinheit erkennt, wird sie erleuchtet, sie hellt sich auf und bewegt sich ein Zeitintervall zurück, um von neuem zu leiden und weiter geläutert zu werden.

Meinen Sie damit, daß sie wiedergeboren wird?

Nein, dies ist keine Wiedergeburt. Sagen wir zum Beispiel, sie habe ein Jahr ihres Lebens durchlebt, und dann beginnt sie das vorhergehende Jahr zu durchleben. Nur ist es nicht in Jahre unterteilt, sondern in Zeitintervalle, entsprechend den inneren Beziehungen von Ereignissen, die ihr widerfuhren. Und wenn sie so weit ist, daß sie es sieht und begreift, geht sie zu einer anderen Periode ihres Lebens über. Dann, wenn die Seele vollständig geläutert ist, verschmilzt sie mit dem Fluidum und wird von der Vollkommenheit und Reflexion Gottes durchdrungen. Sie fühlt dann ewig dieses Glück, das nach dem Tod für einige flüchtige Augenblicke gefühlt wird. Das Fluidum lebt dann weiter, aber nicht getrennt. Es verliert seine Individualität nicht, aber es verschmilzt mit anderen vollkommenen Wesen, die sich geläutert haben, und allesamt vereinigen sich mit Gott. Wenn ich Gott sage, meine ich diesen Inbegriff von

Güte, Wahrheit und Gerechtigkeit, absolut verwirklicht. Darin liegt das höchste Glück.

Wie haben Sie alles das erfahren, was Sie mir bisher sagten?

Mein Fluidum versucht dem Inbegriff von Wahrheit und Vollkommenheit so nahe wie möglich zu kommen, und die Feststellungen meines Fluidums widerspiegeln sich in meinen Gedanken.

Sagen Sie mir nun: War in unserem gestrigen Experiment nicht die Seele die Wahrnehmende?

Nein, es war das Fluidum, genau wie heute.

Aber Sie sagten gestern, daß sich die Seele ausdehnt, ähnlich wie Gas, und in diesem Expansionszustand Wissen über alles erlangt. Warum sagen Sie jetzt, daß nicht die Seele wahrnimmt?

O nein, die Seele nimmt wahr, aber sie ist sich dessen nicht bewußt, sie kann das Wissen nicht meinen Gedanken weitergeben. Außerdem, sie könnte falsche Informationen liefern, und ich wäre nicht imstande, ihnen zu widerstehen. Aber das Fluidum zwingt die Seele, nur richtige Informationen zu liefern; dagegen kann die Seele ohne das Fluidum das Wissen meinen Gedanken nicht so klar weitergeben. Das Wirken der Seele bringt momentane Gedanken, Ahnungen, die richtig sein können, die aber auch falsch sein können; dagegen vermitteln die Inspirationen, die vom Fluidum kommen, das Gefühl der Sicherheit, daß sie absolut richtig sind. Sie vermitteln ein Gefühl solchen inneren Friedens und Glücks, daß ich sicher bin, wo die Wahrheit liegt.

## Sitzung mit H. P. am 15. Juli 1948

### *Die Versuchsperson beschreibt die Seele*

Beschreiben Sie mir die Seele noch einmal, und zwar ausführlicher.

Sie ist eine Materie, die aus nicht-materiellen Partikeln besteht. Sie ist so wenig materiell, daß sie sozusagen nicht-materiell ist. Sie ist wie ein kondensiertes Gas. Ich weiß wirklich nicht, wie ich es sagen soll.

Aber Gas ist auch Materie.

Ja, ich weiß, aber dieses ist äußerst dünn. Es hat eine bestimmte Masse, aber nur eine äußerst geringe Masse. Ich weiß nicht, woraus sie besteht. Sie ist eher wie Rauch, wie ein Dampf, eine kleine Wolke. Ich weiß nicht, womit ich sie sonst vergleichen könnte.

Welche Form hat sie?

Sie verändert sich die ganze Zeit, sie ist elastisch. Sie ist einen Moment lang klein, und dann weitet sie sich in einen immensen Raum aus.

Wie weit kann sich die Seele in Zeit und Raum ausweiten?

Das hängt von der Entwicklung und der Erfahrung dieser Seele ab. Um weit weg zu gelangen, ist Praxis nötig, und auch angeborene Fähigkeiten spielen eine Rolle. Außerdem können einige Ereignisse weit weg gesehen werden, andere überhaupt nicht. Vielleicht ist es verboten, sie zu sehen... Seltsamerweise scheine ich fernere Ereignisse besser zu sehen als nähere. Aber ich sehe sie nicht buchstäblich, ich fühle sie eher.

Sagen Sie mir, was mit den unsichtbaren Komponenten im Schlaf geschieht.

Das ist unterschiedlich. Manchmal ruht die Seele und bleibt zusammen mit dem Fluidum im Körper. Das Fluidum kontrolliert die Seele noch immer, aber der Mensch ist bewußtlos. Dann geschieht es, daß man einen Traum hat, irgendeinen lebhaften Traum – aber das ist mehr als der Hypnosezustand. Die Seele verläßt den Körper und nimmt wahr. Aber die Kontrolle des Fluidums ist schwächer, weil der Wille fehlt. Das erklärt verschiedene prophetische Träume.

## Sitzung mit H. P. am 24. Oktober 1948

### *Die Versuchsperson beschreibt das Fluidum*

Was ist Denken?

Es ist ein materieller Prozeß. Auf die gleiche Weise, wie man den Körper üben kann, übt man mit dem Gehirn. Doch gelegentlich können vom Fluidum plötzliche Wendungen verursacht werden. Gedanken, die man konstant denkt, sind die rationale Funktion des Gehirns, aber plötzlich eindringende Ideen, oder manchmal Erinnerungen an vergessene Dinge, beruhen auf der Wirkung des Fluidums.

Existiert Gott?

Ja.

Sagen Sie mir etwas über Gott.

Es ist schwer, Gott jemandem zu beschreiben, der nicht an ihn glaubt. Aber wer glaubt, wer fest glaubt, wird das innere Gesicht erhalten und wird Gott selbst erkennen.

Nach dem, was Sie mir früher sagten, scheint das Fluidum eines Menschen, wenn er stirbt, mit Gott zu verschmelzen. Das würde vielleicht anzeigen, daß das Fluidum entweder identisch mit Gott oder ein Teil von ihm ist. Stimmt diese Vorstellung?

Nur teilweise. Das Fluidum ist nicht Gott. Das Fluidum ist die Reflexion Gottes. Das Fluidum war ursprünglich genauso vollkommen wie Gott, aber durch den menschlichen Einfluß erwarb es menschliche Unzulänglichkeiten. Dennoch ist das Fluidum die vollkommenste Komponente des menschlichen Wesens. Das Fluidum wird nie vollständig mit Gott verschmelzen, aber nach der Läuterung der Seele verschmilzt es mit der Seele und wird sich Gott soweit nähern wie möglich. Aber das ist keine vollständige Verschmelzung.

Wie lange dauert es, bis die Seele nach dem Tod eines Menschen geläutert ist?

Es kann von einer Sekunde bis zu Zehntausenden von Jahren dauern.

Wovon hängt es ab?

Davon, wieviel Böses ein Mensch tat und wieviel er auf Erden litt.

H. P.s Aussagen konnten leider nicht vorbehaltlos akzeptiert werden. Die Tatsache, daß sie den erörterten Problemen zuvor schon viel Denkarbeit gewidmet hatte, verminderte zwangsläufig die Zuverlässigkeit ihrer Behauptungen. Es war unmöglich zu entscheiden, in welchem Ausmaß ihre Aussagen gültige, tatsächlich auf

Grund von ASW gewonnene Feststellungen waren und welchen Zuverlässigkeitsgrad sie besaßen oder ob es sich dabei um bloße Fabrikationen handelte, in denen sich ihre eigenen Ansichten oder jene ihres spiritistischen Zirkels widerspiegelten.

Wir haben jedoch einen indirekten Hinweis darauf, daß der Einfluß ihrer persönlichen Ansichten nicht allzu groß gewesen sein dürfte. In dem Gespräch mit der Versuchsperson nach den Experimenten stellte sich heraus, genau wie zuvor bei A. U., daß ihre Aussagen wesentlich von ihren persönlichen Überzeugungen abwichen. Auch die Spontaneität im Gebrauch ungewöhnlicher Sätze und die charakteristische Terminologie, die sie benutzte, scheinen uns ihre Glaubwürdigkeit zu steigern. Später erlangten H. P.s Behauptungen besondere Bedeutung durch ihre Ähnlichkeit mit unabhängig erhaltenen Aussagen anderer Versuchspersonen. Die im folgenden geschilderten Experimente dienten dem Zweck, eine Bestätigung für die weniger zuverlässigen Aussagen von H. P. zu erhalten.

Im Gegensatz zu H. P. hatten sich die späteren Versuchspersonen kaum mit religiösen Fragen befaßt. Dies gibt uns ziemliche Sicherheit, daß ihre Aussagen weniger von persönlichen Meinungen infiziert sind als jene von H. P. Natürlich beschränkten wir uns nicht nur auf die Bemühungen, H. P.s Aussagen zu bestätigen, sondern versuchten auch Informationen über verschiedene andere Themen zu bekommen.

Es bestand keine Gelegenheit, die Experimente mit H. P. fortzusetzen, aber ihre Äußerungen warfen Fragen auf, die unsere Neugierde erregten. Insgesamt gesehen, schienen ihre Aussagen anzudeuten, daß die menschliche Persönlichkeit aus nicht weniger als drei Komponenten besteht: dem materiellen Körper und den beiden unsichtbaren Komponenten, die offenbar durch ASW zu erkennen sind und die beide, zumindest gewisse Zeit, nach dem Tod des materiellen Körpers weiterleben.

Eine dieser unsichtbaren Komponenten (H. P. nannte sie „Seele") erschien H. P. als wolkenähnliches Gebilde von veränderlicher Form, Größe und Dichte. Laut H. P. dürfte sie eine Art Zwischenkomponente zwischen der Materie und dem geistigen Teil sein. Sie scheint Restspuren materiellen Lebens zu enthalten und auch irgendeine Rolle bei der ASW zu spielen.

Die dritte, die geistige Komponente (von H. P. „Fluidum" genannt und auf Seite 41 als „zweiter Teil" bezeichnet) scheint irgendwie mit höheren ethischen Werten verbunden und auch eine kontrollierende Funktion in der ASW auszuüben. Die wichtigste Aufgabe dieser Komponente beginnt jedoch offenbar erst nach dem körperlichen Tod und ist allem Anschein nach noch bedeutsamer als jene zu Lebzeiten.

Die von H. P. erhaltenen Informationen stimmten überraschend weitgehend mit den unabhängig erlangten Aussagen von A. U. überein, obwohl die beiden Versuchspersonen einander nicht kannten und aus unterschiedlichen Gesellschaftschichten stammten. Auch A. U. hatte behauptet, die menschliche Persönlichkeit bestehe aus:

1. dem materiellen Körper,
2. einem wolkenähnlichen Gebilde von veränderlicher Form, das nach dem körperlichen Tod weiterlebt, sich aber schließlich auflöst („stirbt") und von A. U. als „Nebel" bezeichnet wird,
3. einer geistigen Komponente (von A. U. „Seele" genannt, aber dem „Fluidum" von H. P. entsprechend); während H. P. dieses Gebilde als Licht oder Schein sah, verglich A. U. es mit einem dünnen Gummiballon.

Interessanterweise behaupteten A. U. und H. P. übereinstimmend, beide unsichtbaren Komponenten würden nach dem Tod des materiellen Körpers einige Zeit weiterleben, worauf der dritte (geistige) Teil einige Überreste der zweiten (Zwischen-)Komponente aufnehme.

War diese Übereinstimmung der Aussagen von A. U. und H. P. lediglich ein Zufall oder dürfen wir darin ein Stückchen unabhängiger Erkenntnis irgendeiner verborgenen Realität sehen? Das war eine verwirrende Frage, die uns anregte, in Experimenten mit anderen Versuchspersonen zu untersuchen, inwieweit diese Behauptungen zuverlässig waren.

# Weitere Experimente mit hellsehenden Versuchspersonen

*Neue begabte Versuchspersonen. Beispiele erfolgreicher ASW-Experimente. Eine Beschreibung Jesu*

Ende 1948 und Anfang 1949 hatte ich die Möglichkeit, mit zwei Versuchspersonen zu experimentieren, die im Hypnosezustand sehr gute ASW-Fähigkeiten zeigten. Beide waren Schülerinnen; sie fühlten sich aus Neugierde angelockt, weil sie die Hypnose erleben wollten, und weil ich für die Mitwirkung an den Experimenten einen kleinen Geldbetrag bot.

Bei diesen Experimenten begegneten sie der ASW zum erstenmal, und aufregende ASW-Erlebnisse hielten ihre Bereitschaft zu weiterer Mitarbeit wach. Einfache Tests, in denen es ihnen gelang, verborgene Gegenstände hinter undurchsichtigen Schirmen richtig zu sehen oder verborgene Zahlen oder Briefe zu lesen, waren schon aufregend genug; aber die Mitwirkung an der Erforschung biblischer und religiöser Fragen interessierte sie noch mehr. Und die Feststellung, daß ihre Erlebnisse oft gegen die traditionellen religiösen Überzeugungen sprachen, wirkte als Anreiz und steigerte ihre Neugierde und ihr Engagement weiter.

Die erste Versuchsperson, die wir bei ihrem Vornamen *Zdenka* nennen wollen, war sechzehn und besuchte eine höhere Schule. Sie entstammte einer römisch-katholischen Familie und hatte ihre religiösen Grundkenntnisse in der Schule erhalten. Doch weder sie noch jemand in ihrer Familie zeigte besondere Neigung zur Religion oder zum Mystizismus. Zdenkas Hauptinteresse galt dem Studium von Fremdsprachen.

Anfangs leistete sie ziemlichen Widerstand gegen die Hypnose. In der ersten hypnotischen Sitzung konnte sie überhaupt nicht hypnotisiert werden. Die zweite Sitzung dauerte fünfundvierzig Minuten und führte nur zu einem sehr oberflächlichen Zustand der Schläfrigkeit und Entspannung. Erst in der dritten Sitzung hatte die Hypnose Erfolg: in dieser Sitzung wurde sie in etwa zehn Minuten hypnotisiert und war dann sehr empfänglich für Suggestionen. Bei Zdenka stellte sich für die gesamte in Hypnose verbrachte Periode immer Amnesie (Erinnerungsverlust) ein.

Zdenkas ASW-Leistungen waren eindrucksvoll, aber nicht perfekt. Sie erklärte, ihre hellseherischen Visionen verschwommen zu sehen, wie durch beschlagenes Glas. Gab man ihr die Aufgabe, gedruckte oder geschriebene Texte hinter undurchsichtigen Schirmen hellseherisch zu lesen, las sie manchmal kurze Buchstabengruppen richtig, bei anderen Gelegenheiten machte sie Fehler, die an Irrtümer erinnerten, wie sie einem bei verschwommener Sicht unterlaufen. Sie las beispielsweise einmal den Namen „Fuchsová" als „Fialová" und ein andermal den Namen „Macáková" als „Machová".

Aus einer Reihe von Experimenten, in denen ihre ASW geprüft wurde, möchte ich drei anführen, die charakteristisch für die Durchschnittsqualität ihrer ASW-Leistung sind. Die Experimente zeigen nicht nur das Niveau ihrer ASW auf, sondern liefern auch Informationen über die Charakteristika des ASW-Prozesses selbst (in diesem Fall der Präkognition).

*Experiment A* (vom 22. November 1948) hatte zum Ziel, den Mechanismus der Präkognition zu untersuchen und besonders die folgenden beiden Fragen zu beantworten: 1. Ist die Präkognition lediglich die außersinnliche Wahrnehmung existierender Pläne oder Ursachen, die eventuell zu dem „vorhererkannten" Ereignis führen und aus denen sich das künftige Ereignis folgern läßt? In diesem Fall wäre das, was als Präkognition, also Zukunftsschau, erscheint, in Wirklichkeit einfach Hellsehen in der gegebenen Situation, und es gäbe keine rätselhaften Probleme über ihr scheinbares Funktionieren über die Schranken der Zeit hinaus. Die Präkognition könnte dann relativ leicht erklärt werden. Die hellsehende Person liest alle gegenwärtigen Ursachen von künftigen Ereignissen und macht die Vorhersage, indem sie die zu erwartenden Konsequenzen dieser Ursache beurteilt. 2. Ist die Präkognition wirklich eine direkte Wahrnehmung künftiger Ereignisse? In diesem Fall würden wir zugeben müssen, daß die Präkognition tatsächlich „Sehen in die

Zukunft" ist, daß die Information tatsächlich in der Zeit reist, nämlich aus der Zukunft zur Vergangenheit. Eine solche Idee würde allerdings jeder Physiker als ketzerisch ansehen.

Das reisende Hellsehen lieferte den geeigneten Rahmen für dieses Experiment. Die hypnotisierte Versuchsperson wurde in ihrer Imagination in die Zukunft geschickt und aufgefordert, ein Ereignis zu suchen, das sich aus gegenwärtigen Fakten kaum vorhersagen ließ. (Je weniger abhängig von gegenwärtigen Ereignissen, je komplexer seine Ursachen und je überraschender seine Erfüllung – desto besser!) Würde eine solche Szene gefunden und richtig vorhergesagt, wäre dies ein Zeugnis zugunsten der zweiten Hypothese: daß die Präkognition ein offenes „Fenster in die Zukunft" sei.

Wenn Sie sich an unseren Vergleich vom reisenden Hellsehen mit der Rolle eines Tauchers erinnern, der die Tiefe des Meeres erforscht (S. 21), werden Sie erkennen, daß Zdenkas Rolle ähnlich war. Der Unterschied lag darin, daß sie – so paradox das klingen mag – in die Zukunft geschickt wurde. Sie hatte dann ein Erlebnis außerhalb des Körpers, in welchem sie meinte, sie gehe hinaus „in die Zukunft" und beobachtete dort künftige Ereignisse.

Ein Aspekt von Zdenkas Leistung verdient besonders hervorgehoben zu werden: Zdenka war nicht nur eine passive Reisende in die Zukunft oder eine bloße Berichterstatterin künftiger Ereignisse. Sie mußte eine beträchtliche Zahl unabhängiger Entscheidungen treffen. Ihre Rolle wird besser verständlich, wenn wir noch einmal an unseren Taucher erinnern: Von ihm erwartet man, daß er selbständig mit verschiedenen Problemen fertig wird, die ihm begegnen können, und daß er den Mann oben auf dem Schiff nur in sehr speziellen Situationen konsultiert. Zdenka mußte sich „in der Zukunft" ebenfalls selbst orientieren: sie mußte einige Szenen finden, ihre Bedeutung für das untersuchte Problem bestimmen und jene Szene auswählen, die sich am besten eignete.

Die folgenden Aufzeichnungen des Gesprächs mit der hypnotisierten Versuchsperson veranschaulichen, wie sie vorging. Beachten Sie auch, daß Zdenka bei der Beantwortung zusätzlicher Fragen ihre ursprüngliche Aussage ergänzen mußte, indem sie die Szene in der Praxis des Arztes suchte (die zwei Tage später stattfand). Dies erschwerte ihre Aufgabe. Das Geschick, mit dem sie sogar so komplizierte Situationen bewältigte, zeigt deutlich, daß sie eine beträchtliche Kontrolle über ihre ASW hatte.

Das Experiment begann mit folgender Instruktion an die Versuchsperson:

Stellen Sie sich vor, daß Sie in die Zukunft reisen, und versuchen Sie ein in der Zukunft liegendes Ereignis zu finden, das zwei Charakteristika aufweist: Erstens muß es ein Ereignis sein, das zur gegenwärtigen Zeit nicht geplant ist und dessen Eintreten niemand erwarten kann. Zweitens muß es ein Ereignis sein, daß ich nachprüfen kann.

Nach einigen Minuten konzentrierten Wartens, während derer die Versuchsperson ein Ereignis zu finden suchte, das die genannten Bedingungen erfüllte, berichtete sie:

> Ich habe etwas hier, aber ich weiß nicht, ob es Ihnen paßt. Ich werde mir die Kniesehne reißen. Paßt das? Es wird in etwa drei Wochen im Sokol sein. (Sokol war ein bekannter tschechischer Turnverein.)

Werden Sie von einem Arzt behandelt?

> Ja.

Schildern Sie mir die Situation, in der Sie sich verletzen.

> Ich sprang von den Ringen.

Werden Sie sofort wissen, daß Sie sich einen Sehnenriß zugezogen haben, oder sagt Ihnen das Ihr Arzt?

> Ich werde es sofort wissen. Sie war schon einmal gerissen.

Beschreiben Sie Ihre Übung vor dem Unfall genau. Erwähnen Sie besonders einige herausragende Ereignisse, die davor stattfinden.

> Es ist eine reguläre Übung, die alle Mädchen machen: Hochschwingen, beim Vorwärtsschwingen einen Überschlag machen und loslassen. Ich falle in eine Hockestellung, aber irgendwie mehr aufs linke Bein, und die Sehne reißt.

Wird man Sie wegtragen müssen?

> Nein. Es schmerzt, aber ich kann gehen.

Welches Bein wird betroffen sein?

> Das linke.

Wird es am Anfang oder gegen Ende der Turnstunde passieren?

> Am Ende.

Können Sie das Datum feststellen?

Es ist am Donnerstag. – Und das ist, denke ich, der neunzehnte

Sehen Sie das Datum auf dem Kalender? (Diese Frage veranschaulicht die Art, in welcher sich die Versuchsperson während des reisenden Hellsehens orientierte. Bei ihrem ASW-Training hatte ich immer betont, sie müsse ihren eigenen Impressionen gegenüber kritisch sein und dürfe nur anhand objektiver Beobachtungen Urteile fällen. Das Datum beispielsweise müsse sie auf einem Kalender sehen, im Rundfunkprogramm hören oder durch ein Ereignis erkennen, dessen Eintreten an diesem Datum ausdrücklich zu erwarten stehe – niemals aber dürfe sie es lediglich auf der Basis eines subjektiven Gefühls bestimmen.)

Dies ist der Tag, an dem ich vom Arzt behandelt werde. Ich verletze mich am Donnerstag und gehe am Samstag zum Arzt. Dies wird der neunzehnte sein, ich glaube, der neunzehnte ist am Samstag.

Werden Sie in der Lage sein, am Freitag nach dem Unfall hierher zu kommen? (An Freitagen kamen wir oft zu den Experimenten zusammen.)

Ja.

Sie werden nicht das Bett hüten müssen?

Nicht am Freitag. Aber ich werde am Samstag und Sonntag zu Hause bleiben müssen.

Welche Turngeräte benutzen Sie am Tag Ihres Unfalls?

Wir benutzen Pferd, Sprungseil und Ringe.

Nach dem Erwachen aus der Hypnose erinnerte sich Zdenka an nichts. Am Freitag, den 17. Dezember, kam sie zum Experiment wie gewöhnlich. Sie hinkte sehr und hatte ihr linkes Knie bandagiert. Als ich sie wie nebenbei fragte, was mit ihr los sei, erzählte sie, sie habe sich am Vortag (Donnerstag) im Sokol verletzt. Weitere Fragen bestätigten ihre sämtlichen Vorhersagen: Die Mädchen hatten am Sprungpferd geübt, dann mit Sprungseilen und schließlich an den Ringen. Bei einem Vorwärtsschwung hatte Zdenka einen Überschlag gemacht, wie befohlen, war gefallen und hatte sich das linke Knie verletzt. Später berichtete sie, ihre Schmerzen seien am Samstag schlimmer geworden und sie habe am Samstag abend (18. Dezember) einen Arzt aufsuchen müssen.

Die Vorhersage eines unerwarteten und ungeplanten Ereignisses hatte sich somit vollkommen erfüllt. Der Irrtum von einem Tag im Datum war kein wirklicher Fehler, sondern nur eine falsche Berechnung. Dennoch beantwortete das Experiment die Frage, die es hätte lösen sollen, nicht endgültig.

Die Tatsache, daß Zdenka ihre eigene Zukunft vorhersagte, läßt eine andere Deutung zu: Man könnte vorbringen, das Wissen um die Vorhersage (auch wenn sie sich nicht bewußt daran erinnerte) habe im entscheidenden Moment Zdenkas Reaktionen beeinflußt, so daß sie fiel und sich verletzte. Bei dieser Erklärung würde die Präkognition völlig umgangen: es bestand kein Vorwissen von der Verletzung, sondern die (unterbewußte) Kenntnis der „Vorhersage" war die Grundursache des Unfals.

Diese Erklärung klingt unwahrscheinlich; Teile der Vorhersage, wie die richtige Angabe der verwendeten Turngeräte, können damit nicht wegerklärt werden. Doch bei der Abwägung des endgültigen Beweismaterials müssen alle Alternativerklärungen Berücksichtigung finden. Außerdem basierte ein wesentlicher Teil der Verifizierung aut Zdenkas eigenem Zeugnis, deshalb ist die Überzeugungskraft geringer (trotz der Tatsache, daß Zdenka ihr Zeugnis gab, ohne sich der Details ihrer Vorhersage bewußt gewesen zu sein).

Natürlich hatte Zdenka keinen Grund, falsches Zeugnis abzulegen. Und die weiteren Folgen dieses bestimmten Experiments machten es besonders überzeugend; wir werden die bemerkenswerten Entwicklungen später schildern (Seite 186).

*Experiment B* (vom 24. November) diente demselben allgemeinen Zweck wie Experiment A. Die in Experiment A vorhergesagten Ereignisse hatten sich noch nicht verwirklicht, die Zeit war noch nicht gekommen, doch die schwachen Punkte, die in der Vorhersage der eigenen Zukunft lagen, zeigten sich sofort. Deshalb erhielt die Versuchsperson in diesem Experiment die Aufgabe, ein künftiges Ereignis zu finden, das absolut unabhängig von ihr war: Verfolgen Sie diesen Raum in die Zukunft und suchen Sie ein ungewöhnliches Ereignis hier, das ich später in allen Einzelheiten selbst verifizieren kann.

> Einige Papiere werden von diesem Regal – sie deutete auf die Stelle – fallen. Sie werden einige Papiere dort in einer Art

Aktendeckel haben. Doch dies geschieht erst nach ziemlich langer Zeit. Sie werden dann kommen und diese Papiere aufheben.

Wodurch fallen sie herunter?

Ein Fenster hier ist offen. (Man beachte: sie sagte nicht, Wind oder Zugluft. Die Antwort zeigt, mit welcher Sorgfalt die Versuchsperson ungerechtfertigte Folgerungen zu vermeiden trachtete; gemäß ihrer früheren Instruktionen berichtete sie nur, was sie sah, und versuchte, sich voreiliger deutender Urteile zu enthalten.)

Wird jemand in diesem Raum sein, während die Papiere herunterfallen?

Nein.

Wie viele Papiere werden herunterfallen?

Wenige, ich sehe nur sechs.

Ist irgend etwas darauf geschrieben?

Es kann etwas darauf geschrieben sein; vielleicht mit Bleistift.

Die Versuchsperson gab eine detaillierte Beschreibung der Größe der heruntergefallenen Papiere und der Positionen, in denen sie auf dem Boden gefunden würden.

Versuchen Sie, die Zeit genau zu bestimmen, zu der dies geschieht. Aber sagen Sie die Zeit nicht laut, merken Sie sich sie nur. (Hier hatte ich die Absicht, die Versuchsperson weitere Einzelheiten auf ein Blatt Papier schreiben und es in einen Umschlag stecken zu lassen, der erst nach dem Eintreffen der Vorhersage geöffnet werden sollte.)

Ja.

Suchen Sie dann ein weiteres ungewöhnliches Ereignis, das kurz vor dem Herunterfallen der Papiere eintreffen wird, und merken Sie es sich.

Ja.

Nun schreiben Sie die Zeit sowie die Einzelheiten dieses zweiten Ereignisses auf ein Blatt Papier, stecken es in den Umschlag und kleben ihn zu.

Die Versuchsperson tat, wie geheißen. Mehr als drei Monate geschah nichts, was an die Vorhersage erinnert hätte. Am 1. März kam ich etwa um zehn Uhr vormittags in den Raum und fand auf dem Boden sechs Umschläge vor, die aus einem Aktendeckel gefallen waren, welcher genau an der von der Versuchsperson bezeichneten Stelle lag. Größe und Lage der Umschläge entsprachen genau der Vorhersage; deshalb stand sofort außer Zweifel, daß es sich um das von der Versuchsperson gesehene Ereignis handelte. Die Umschläge waren unbeschriftet. Wir müssen aber zugeben, daß sich die Versuchsperson nicht sehr positiv über die Beschriftung geäußert hatte und durch die vorausgegangene Frage, die in ihr die Erwartung einer Beschriftung weckte, suggestiv beeinflußt worden war.

Ich öffnete den verklebten Umschlag und fand darin folgende Behauptung der Versuchsperson: „Es ist ungefähr Anfang Februar, etwa um 10.30 Uhr. Niemand ist in diesem Zimmer. Einen Tag zuvor kauften Sie irgendein Buch, ich weiß nicht, was für eines. Hier ist der Fensterflügel offen, und einige Papiere blieben auf dem Regal."

Die Versuchsperson hatte sich somit bei ihrer Zeitaussage um einen Monat getäuscht, aber alle anderen Aussagen stimmten. Niemand war im Zimmer gewesen, als die Papiere herunterfielen, das Fenster stand halb offen, und einige Umschläge lagen noch auf dem Regal. Zwei Tage zuvor hatte ich in einer Buchhandlung zwei Bücher gekauft – was zumindest zwei Monate nicht mehr geschehen war und folglich für die Versuchsperson sehr wohl als ungewöhnliches Ereignis ausgesehen haben mochte. Im übrigen ist bemerkenswert, daß die Versuchsperson die Zeitintervalle unterschätzte. (Diese Tendenz trat auch bei anderen Versuchspersonen wiederholt auf; sie scheint üblich zu sein bei Experimenten mit reisendem Hellsehen, in denen die Zeit eine Rolle spielt.)

Das Ergebnis dieses Experiments gab eine klarere Antwort auf die Frage nach dem Mechanismus der Präkognition. Mehr als drei Monate im voraus wurde ein Ereignis vorhergesagt, das aus dem Ineinanderspiel vieler Faktoren entstand (Vorhandensein der Umschläge auf dem Regal, offenes Fenster, meteorologische Bedingungen), die man kaum im voraus errechnen konnte. Folglich ist dieses Experiment ein Zeugnis für die Vorstellung von der Präkognition als „unmittelbarem Sehen künftiger Ereignisse".

Wir dürfen außerdem feststellen, daß die Versuchsperson einen ziemlich schwierigen Auftrag erfolgreich ausführte: er umfaßte das Aufspüren des gewünschten Ereignisses in der Zukunft, die

Bewertung seiner Beziehung zum untersuchten Problem, die Vornahme einer zusätzlichen Bewertung und die Abgabe einer Antwort in ungewöhnlicher Form – nämlich schriftlich. Dies alles deutet darauf hin, daß sie ihre ASW gut unter Kontrolle hatte, was sehr wichtig ist, wenn wir die Glaubwürdigkeit ihrer späteren Aussagen beurteilen.

*Experiment C* (durchgeführt am 24. und 26. November 1948). Bei diesem Experiment hatte die Versuchsperson die Aufgabe, die Zeit vorherzusagen, zu der eine Uhr stehenbleiben würde. Eine große antike Uhr, die normalerweise an der Wand hing, wurde vor die Versuchsperson auf den Tisch gestellt. Die Uhr hatte ein weißes Zifferblatt von ganz leicht elliptischer (also nahezu runder) Form. Die Zeiger waren schwarz, fast gleich lang und einander in der Form sehr ähnlich. Man sah sie vor dem weißen Zifferblatt ausgesprochen gut, aber wegen ihrer Ähnlichkeit konnte man sie leicht verwechseln. War die Uhr einmal aufgezogen, lief sie ohne Störung über eine Woche. Das Experiment wurde absichtlich zu einer Zeit gemacht, da niemand genau wußte, wann die Uhr zuletzt aufgezogen worden war.

Die Versuchsperson erhielt die Anweisung, sich auf die vor ihr stehende Uhr zu konzentrieren und sich vorzustellen, sie würde der Uhr in die Zukunft folgen, bis sie stehenbliebe, und dann die angezeigte Zeit ablesen. Diese Aufgabe wurde ihr, für sie unerwartet, zwei Tage später erneut gestellt. Jedesmal schrieb die Versuchsperson ihre Zeitvorhersage auf einen Zettel; diesen steckte sie in einen undurchsichtigen Umschlag, den sie zuklebte. Nach den zwei Zeitvorhersagen legte ich die Uhr an einen sicheren Platz, auf ein besonderes Bord hoch oben in einem Schrank), wo sie die restliche Zeit ungestört liegen konnte. Ich zog sie nicht mehr auf, sondern wartete, bis sie stehenblieb.

Die Uhr blieb am 28. November um 7.34 Uhr stehen. Ich öffnete die Umschläge und fand folgende Zeitvorhersagen:

Erster Umschlag: „Die Uhr blieb um 3.23 Uhr früh stehen."

Zweiter Umschlag: „Die Uhr blieb um 2.05 Uhr früh stehen."

Die beiden Angaben scheinen völlig verschieden zu sein. Wir könnten uns versucht fühlen zu sagen, die Versuchsperson habe sich bei beiden Vorhersageversuchen getäuscht. Doch sehen wir uns auf der folgenden Abbildung die jeweiligen Zeigerpositionen einmal etwas genauer an:

7.34 Richtige Zeit | 3.23 Erste Aussage | 2.05 Zweite Aussage

Nun erkennen wir, daß sich die Versuchsperson gar nicht so sehr irrte, wie man zuerst meinen konnte. Offenbar sah die Versuchsperson in beiden Fällen durch ASW das visuelle Bild des Zifferblatts mit den Zeigern, aber sie sah das Zifferblatt in verschiedenen Positionen:

In der Aussage 2.05 wurde das Zifferblatt in einer um 180° gedrehten Position gesehen.

In der Aussage 3.23 wurde das Zifferblatt in einer um 90° gedrehten Position gesehen, und die Zeiger wurden verwechselt.

Wir möchten in diesem Zusammenhang vermerken, daß derartige Irrtümer bei solchen Experimenten ziemlich häufig sind. Hier lassen sie sich leicht damit erklären, daß die Versuchsperson teilweise die Orientierung verlor, als sie der Uhr in die Zukunft folgte. Der Orientierungsverlust wird verständlich, wenn wir uns den ganzen Prozeß des Experiments ins Gedächtnis rufen: Am 24. November, nachdem die Versuchsperson ihre Vorhersage aufgeschrieben hatte, nahm ich die Uhr vom Tisch und legte sie auf das Bord. Am 26. November holte ich die Uhr herunter, stellte sie wieder vor die Versuchsperson auf den Tisch, und nachdem die Versuchsperson ihre zweite Vorhersage aufgeschrieben hatte, gab ich die Uhr in den Schrank zurück. Beim Tragen zwischen Tisch und Schrank wurde die Uhr zwangsläufig mehrere Male gedreht. Führen Sie sich nun die Aufgabe der Versuchsperson vor Augen: sie sollte der Uhr in die Zukunft folgen, was bedeutete, die Uhr bei allen ihren Bewegungen beobachten. Wenn wir bedenken, daß die Uhr mehrmals in ziemlich komplizierter Weise bewegt wurde, verstehen wir den Irrtum der

Versuchsperson wohl. Nicht vergessen werden darf auch, daß das Zifferblatt fast rund war und die Zeiger einander glichen.

Es mag paradox klingen, aber beim gegenwärtigen Stand unseres Wissens über ASW können uns die Irrtümer und Unvollkommenheiten ihres Wirkens mehr über ihre Natur sagen als fehlerfreie Leistungen. Hier beispielsweise ist die Feststellung wichtig, daß Irrtümer in der Präkognition ähnlich sein können wie Irrtümer infolge Sinnestäuschung oder infolge undeutlicher Sicht bei der visuellen Wahrnehmung.

Würde die Präkognition auf der Wahrnehmung gegenwärtiger Ursachen künftiger Ereignisse basieren (in unserem Fall auf einer genauen Einschätzung der Spannung der Uhrfeder), könnten wir mehr oder weniger genaue Treffer und dazwischen Irrtümer erwarten, die irgendwo in der Nähe der korrekten Zeit lägen. Kleinere oder größere Abweichungen von der korrekten Zeit würden in Fällen auftreten, in denen eine Über- oder Unterschätzung der Federspannung stattfand. Doch wir würden nie solche Fehler erwarten, wie sie hier auftraten, Fehler, die aus dem optischen Aussehen des Zifferblattes resultierten. Korrekt erkannt wurde immer das visuell Deutlichste: der Winkel zwischen den Zeigern.

Wir dürfen deshalb schließen, daß das obige Ergebnis einen weiteren (und vielleicht sehr überzeugenden) Hinweis auf das Wirken der Präkognition als offenes „Fenster in die Zukunft" gibt.

Alle drei geschilderten Experimente legen somit den Schluß nahe, daß bei der Präkognition ein unmittelbarer Empfang von Informationen über ein künftiges Ereignis stattfindet; dabei wird die Information irgendwie aus der Zukunft in die Vergangenheit übermittelt, an die Versuchsperson.

Wir können ein bißchen weiter spekulieren (und die später geschilderten Experimente untermauern diese Spekulation): irgendein „ASW-Organ" wird in die Zukunft versetzt – in unserem letzten Fall las es die Zeit auf der Uhr – und übermittelt sie zurück an die wahrnehmende Versuchsperson. Die eingehenden Informationen oder die Signale, die diese Informationen tragen, stimulieren dann das Gehirn der Versuchsperson, und das ist die unmittelbare Ursache des ASW-Erlebnisses der Versuchsperson. (Der Vorgang entspricht dem, was geschieht, wenn Licht auf die Netzhaut des Auges fällt und dadurch eine Kette nervlicher Vorgänge auslöst, die schließlich die Sehsphäre der Hirnrinde stimulieren und das visuelle Erlebnis hervorrufen.)

Bei der Retrokognition (der außersinnlichen Wahrnehmung vergangener Ereignisse) ist der Prozeß vermutlich im wesentlichen derselbe: Die Versuchsperson nimmt unmittelbare Infomationen über das vergangene Ereignis auf, und zwar unmittelbar dort, in der Vergangenheit, und diese Informationen werden der sich in einer anderen Zeit befindenden Versuchsperson übermittelt. Die Tatsache, daß sowohl bei der Präkognition als auch bei der Retrokognition die Informationen an einen anderen Ort in der Zeit (und nicht nur an einen anderen Ort im Raum, wie es bei unseren täglichen Kommunikationserlebnissen üblich ist) übermittelt werden kann, ist das vielleicht seltsamste Merkmal der ASW.

Die Experimente mit Zdenka verhalfen uns also zu einem wertvollen theoretischen Einblick in das Wirken der ASW. Für unsere Zwecke hier ist jedoch am wichtigsten, daß Zdenka ihre ASW-Fähigkeit wiederholt in verifizierbaren Experimenten bewies, bei denen es um Situationen aus dem täglichen Leben ging. Wir sollten uns auch daran erinnern, daß die Versuchsperson gewöhnlich keine Schwierigkeiten hatte, genau das Ereignis oder die Szene zu finden, die sie auf Wunsch des Experimentators ermitteln sollte. Die Versuchsperson war überdies fähig, sich dem Ort anzupassen, den sie ermittelte, und ihr logisches Denken einzusetzen, um ihre Aufgabe tunlichst zur Zufriedenheit des Experimentators zu erfüllen. Diese Gewandtheit und Flexibilität in der Leistung waren lediglich bei Versuchspersonen zu finden, die im Hypnosezustand ASW entwickelten – im Gegensatz beispielsweise zu selbstgeschulten „Hellsehern“ oder „Sensitiven“, bei denen die Wahl der Visionen weit weniger kontrolliert werden kann und von unterbewußten Vorlieben und Interessen der jeweiligen Person abhängt.

Die zweite wichtige Versuchsperson bei unseren Forschungen, *Milena,* besuchte ebenfalls eine höhere Schule; sie war siebzehn und ebenfalls römisch-katholisch. Bei der ersten Sitzung trat nach etwa fünfzehn Minuten eine sehr oberflächliche Hypnose ein. Die zweite Hypnose führte (in drei Minuten) bereits zu einer Aktivierung der ASW. Die Qualität ihrer ASW wurde in Kontrollexperimenten geprüft, indem sie gewöhnlich gedruckte Texte hinter undurchsichtigen Schirmen hellseherisch lesen oder Möbelstücke in einem fernen Raum beschreiben mußte. In diesen Kontrollexperimenten erbrachte Milena normalerweise etwas bessere Leistungen als Zdenka. (Sie klagte nicht über mangelnde Klarheit ihrer Visionen.) Doch ihre ASW-Fähigkeit hatte Grenzen, die möglicherweise autosuggestiven Ursprungs waren: Es bereitete ihr Schwierigkeiten, im Dunkeln hellsehend Gegenstände zu unterscheiden, und sie vermochte keine Farben zu erkennen. Sie war auch nicht fähig, ihren eigenen Körper zu sehen (obwohl sie andererseits bereitwillig Suggestionen annahm, die Erlebnisse außerhalb des Körpers bewirkten).

Milena reagierte zwar sehr willig auf Suggestionen aller Art, aber ihr Hypnosezustand war nicht so „tief" wie jener Zdenkas. Während Zdenka in Hypnose wie schlafend aussah und ziemlich langsam reagierte, glichen Milenas Verhalten und Aussehen in Hypnose eher dem normalen Wachzustand. Ihre Reaktionen erfolgten rascher, sie war geistig reger; es trat keine Amnesie ein: beim Erwachen erinnerte sie sich an alles, was während des Experiments geschehen war.

Die beiden Versuchspersonen lernten einander nie kennen, ich arbeitete immer getrennt mit ihnen. Die hier beschriebenen Experimente wurden erst begonnen, nachdem die Versuchspersonen ASW entwickelt, Grundregeln über die Vermeidung von Fehlern gelernt und einiges Geschick in der Anwendung von ASW unter Bedingungen des reisenden Hellsehens erworben hatten.

Am Beginn jedes Experiments wurde die Versuchsperson hypnotisiert und ihre ASW-Fähigkeit noch einmal mit einigen einfachen Aufgaben geprüft, um sicherzustellen, daß sie zur Zeit funktionierte. Wir führten einen geeigneten Routinetest ein, der am Anfang eines jeden Experiments lediglich ein paar Minuten in Anspruch nahm: Die Versuchsperson erhielt die Aufgabe, einige Buchstaben (Größe knapp 1,5 cm) von einem vorher bereitgelegten Blatt hinter einem undurchsichtigen Schirm abzulesen.

Dieser Test war, wie gesagt, eine reine Routineangelegenheit, und die Versuchspersonen bestanden ihn erwartungsgemäß. Dann begann der Hauptteil des Experiments: Ich stellte der Versuchsperson anspruchsvollere Aufgaben, wie beispielsweise die, sich geistig weit in die Vergangenheit zu versetzen, hellseherisch bestimmte Persönlichkeiten aus der biblischen Geschichte zu suchen, vor allem Mose und Jesus, und Einzelheiten aus ihrem Leben zu berichten. Die Schilderungen dessen, was die Versuchspersonen sahen, wurden aufgezeichnet und sind im folgenden fast wortwörtlich (mit nur geringen redaktionellen Kürzungen) wiedergegeben. Erklärende Kommentare stehen in Klammern.

Ich gab der Versuchsperson auch die Aufgabe, ein Gebilde zu suchen, das zur menschlichen Persönlichkeit gehöre, objektiv existiere und doch für das menschliche Auge unsichtbar sei. Das war ein Versuch, die ASW zur Verifizierung der Existenz der menschlichen „Seele" einzusetzen. Die Versuchsperson berichtete, sie sehe zwei solcher normalerweise unsichtbaren Bestandteile der menschlichen Persönlichkeit – was genau mit den früher unabhängig erhaltenen Aussagen von A. U. und H. P. übereinstimmte. Dann forderte ich sie auf zu berichten, was mit diesen unsichtbaren Komponenten in wichtigen Augenblicken des menschlichen Lebens geschehe (bei der Geburt, beim Tod usw.).

Diese Experimente stellten eine Art Ausweitung der ASW dar: Bei Kontrolltests beobachtete die Versuchsperson objektive materielle (physikalische) Gegenstände und Szenen, die leicht zu verifizieren waren. Bei retrokognitiven Experimenten mit biblischen Motiven beobachtete die Versuchsperson Szenen desselben materiellen Charakters, die sich von den vorausgegangenen nur dadurch unterschieden, daß man sie nicht leicht verifizieren konnte.

Bei den Experimenten letzteren Typs, bei denen wir nach der menschlichen Seele suchten, wurde die Versuchsperson aufgefordert, Gegenstände zu beobachten, die mit regulären physikalischen Mitteln offenbar nicht aufspürbar sind und, wenn sie existieren, von nicht-physikalischem Charakter sein müssen. Sie scheinen aber eine objektive Existenz zu haben (zumindest wenn wir den Aussagen der Versuchspersonen glauben) und können durch ASW beobachtet werden.

In allen Experimenten erging immer wieder die nachdrückliche Aufforderung an die Versuchspersonen, ihren Visionen und Erlebnissen gegenüber so kritisch wie möglich zu sein, und wir unternahmen alle Anstrengungen, ihre Behauptungen kritisch zu beurteilen sowie sämtliche denkbaren Fehlerquellen zu eliminieren.

Natürlich handelt es sich hier um neuartige Experimente, die ihre eigenen methodischen Probleme aufwerfen und neue Fehlerquellen eröffnen. Die Versuchspersonen besaßen nur wenig und nur sehr allgemeines Vorwissen über die untersuchten Themen; dennoch können beispielsweise ihre persönlichen Überzeugungen, früher Gelesenes, Diskussionen mit Freunden, ihre Imagination, ihre Wünsche, Vermutungen oder Erwartungen sie beeinflußt und ihre Impressionen verzerrt haben. Einige ihrer Impressionen könnten bloße Halluzinationen, Produkte ihrer Phantasie, gewesen sein. Und die Versuchspersonen könnten sogar von Vermutungen oder Erwartungen des Experimentators beeinflußt worden sein, sollten sie telepathisch Wissen aus seinem Geist bezogen haben. (Diese letzte Möglichkeit veranschaulicht die komplexen methodischen Schwierigkeiten bei den Experimenten.)

Angesichts dieser Erwägungen können wir nicht mit Sicherheit behaupten, daß sämtliche Aussagen der Versuchspersonen zuverlässig sind. (Deshalb betonten wir den fragmentarischen Charakter der Experimente.) Doch wir dürfen behaupten, daß größte Mühe aufgewendet wurde, um korrekte Informationen zu erhalten. Ermutigend waren identische Aussagen verschiedener Versuchspersonen zu ein und demselben Thema. Wir dürfen darin eine unabhängige Bestätigung für die Richtigkeit der Feststellungen der Versuchspersonen sehen.

So gaben beispielsweise Zdenka und Milena unabhängig ähnliche Beschreibungen des Aussehens Jesu:

*Zdenka* (in Experiment Nr. 6, S. 93): Er ist etwa fünfunddreißig, er ist ziemlich klein, hat einen sehr kleinen Bart, langes Haar. Er sieht gar nicht so aus, wie er gewöhnlich gemalt wird. Er ist dünner, hat dunkles Haar, wenn auch nicht ganz schwarz, ein längliches Gesicht, dunkle Augen, hohe Stirn.

*Milena* (in Experiment Nr. 5, S. 92): Was mich am meisten überraschte, war das Aussehen von Jesus. Er war ganz anders, als ich ihn mir vorgestellt habe. Er war ziemlich klein, mager; ich sah ihn ohne Bart; er hatte durchdringende Augen. (In Experiment Nr. 9, S. 115; Eher klein, schlank, dunkles Haar, wenn auch nicht ganz schwarz, schmales, längliches Gesicht, scharfe Nase. Er hat keinen Bart.)

**Experiment Nr. 1** (13. Januar 1949; Versuchsperson: Milena)

*Haben die Menschen Seelen? Wie sehen Seelen aus? Was lebt nach dem Tode weiter?*

Wir werden nun versuchen, einige Behauptungen der Religion über die mögliche Existenz der menschlichen „Seele" zu verifizieren. Ihre Aufgabe wird es sein, Ihre ASW einzusetzen und tunlichst ein Gebilde oder Organ zu finden, das zu einem Menschen gehören würde, aber unsichtbar und anders als die Organe seines Körpers sein müßte, die Sie aus der Anatomie kennen. Sehen Sie etwas, worauf sich der Ausdruck „Seele" anwenden läßt?

Ja.

Beschreiben Sie es. Nehmen Sie beispielsweise meine Seele. Beschreiben Sie meine Seele.

Sie ist von derselben Größe wie Sie und ist eine Art grauer Rauch. Ich weiß nicht, ob sie eine Farbe hat, weil ich Farben nicht sehe. Ich könnte nach dem Erwachen für Sie eine Zeichnung von ihr machen. Wenn Sie sprechen, vibriert sie. Sie sieht flach aus, als hätte sie nur zwei Dimensionen. Sie ist immer hinter dem Körper.

Hat die Seele innere Organe?

Nein, ich sehe sie einfach durchsichtig, wie einen Rauch.

Sie hat keine innere Struktur?

Nein, ich sehe nichts.

Sind die Seelen von Männern und Frauen gleich?

Nein.

Worin sehen Sie den Unterschied zwischen den Geschlechtern?

Ich fühle intuitiv, daß sie nicht identisch sind, aber vielleicht täusche ich mich. Die Seelen von Männern sind größer, aber das ist ganz natürlich, da die Seele immer dieselbe Größe hat wie der Körper.

Wählen Sie irgendeine Person, die Sie kennen, und versuchen Sie dieser Person in die Vergangenheit zu folgen, bis zum Augenblick ihrer Geburt. Dann beobachten Sie ihre Seele.

Ich sehe meinen Bruder, da er noch klein ist, und hinter ihm ist die Seele mit der Größe, die jener des Körpers entspricht.

Folgen Sie ihm weiter zurück in die Vergangenheit, bis in den Leib der Mutter.

Ja, aber ich sehe die Seele nicht.

Wie groß ist er jetzt, da Sie ihn sehen?

Vielleicht zwanzig Zentimeter lang, oder weniger.

Und Sie sehen seine Seele nicht?

Nein.

Nun folgen Sie diesem Embryo in die Zukunft, wie er wächst, und sagen Sie mir, in welchem Augenblick die Seele erscheint.

Wenn er geboren wird, erscheint so eine kleine Seele, sie hat wieder dieselbe Größe wie der Körper, dieselbe Form wie andere Seelen; ich sehe sie weißer, aber ich habe nicht gesehen, woher sie kam.

Versuchen Sie es herauszufinden.

Wie mit dem Atmen, aber es erscheint so unwahrscheinlich. Wenn das Kind zum erstenmal ausatmet, dann erscheint die Seele.

Woher ist sie gekommen?

Ich kann es nicht finden. Wenn der Kopf aus dem Körper tritt, beginnt das Kind zu atmen, und genau in diesem Augenblick sehe ich sie, als sei sie aus seinem Mund gekommen, als habe es sie ausgeatmet, es ist, als rauche das Kind, dann springt sie einfach hinter den Körper, und ich sehe sie hinter dem Körper.

Sie sehen die Seele wirklich aus seinem Mund kommen?

Ja.

Wie gelangte sie in den Mund?

Ich sehe das Kind die Seele einatmen, dann geht sie hinauf in seinen Kopf zur Stirn, sie geht hinauf wie zwischen seinen Augen, dann wendet sie sich nach rückwärts, bedeckt das Gehirn als Wolke, macht eine Schleife und geht zurück, folgt derselben Strecke, dann atmet das Kind sie aus, und sie nimmt ihren Platz hinter dem Rücken des Kindes ein.

Suchen Sie den Moment, wo das Kind sie einatmet!

Ja.

Woher ist sie gekommen?

Sie verschwindet ... Aus der Luft ... Aber ich verliere sie. Ich folge ihr zurück (das ist in die Vergangenheit, gegen den normalen Zeitablauf), sie kommt aus seinem Mund, sie bildet so eine kleine Wolke, und sie verliert sich. Sie löst sich auf. Ja, sie löst sich auf.

Folgen Sie dem Kind, wenn es wächst.

Wenn es wächst, wird die Seele größer.

Wodurch wächst sie?

Wenn der Mensch geboren wird, ist sie dicht, wie der weiße Dampf aus der Dampfmaschine; wenn der Mensch älter wird, nimmt sie seine Größe an, aber sie wird dünner. Bei Ihnen zum Beispiel ist sie ein bißchen dichter als die Wolke, die im Winter aus dem Mund kommt, wenn man haucht und die Luft eisig ist.

Folgen Sie Ihrem Bruder und finden Sie heraus, ob während seines Lebens zu seiner Seele etwas hinzukommt, beispielsweise durch Atmen oder durch Essen.

Nein, sie steht völlig getrennt.

Hat sie eine Verbindung mit dem Körper?

Nein, sie ist die ganze Zeit hinter dem Körper, nur manchmal durchdringt sie den Körper – wie es Ihre Seele jetzt tut, da Sie sitzen.

Suchen Sie Ihren Bruder, wenn er schläft. Haben Sie Ihren schlafenden Bruder? Was tut seine Seele?

Sie liegt hinter ihm.

Und wenn er auf dem Rücken liegt?

Dann durchdringt sie ihn, aber nur teilweise. Genau wie sie jetzt, wenn Sie sitzen, Sie teilweise durchdringt, aber der Rest steht frei.

Suchen Sie eine Person, wenn sie einschläft.

Ja – die Seele vibriert nicht wie sonst.

Und wie steht es gerade jetzt mit Ihrer Seele?

Sie vibriert wie bei jeder normalen wachen Person. Ich glaube, dies hängt davon ab, ob man sein Gehirn kontrollieren kann oder nicht (d. h. geistig rege ist, oder nicht), und ich kann es jetzt.

Wenn Sie sich in diesem Raum geistig in den morgigen Tag versetzen, werden Sie hier, genau auf diesem Stuhl, ein anderes hypnotisiertes Mädchen (d. i. Zdenka) finden. Wie ist ihre Seele?

Sie vibriert auch, aber dieses Vibrieren ist sehr klein, fast unwahrnehmbar. (Wie auf den Seiten 52 und 63 vermerkt, war Zdenkas Hypnosezustand tiefer.)

Nun suchen Sie bitte eine Person, die sich einer geistigen Tätigkeit hingibt – die etwas schreibt oder lernt.

Ich sehe bei allen Menschen einen weiteren unsichtbaren Teil. Er sieht wie eine dunstige Wolke aus, die das ganze Gehirn bedeckt. Er steht in irgendeinem Zusammenhang mit dem Denken. Der Mensch hat also diese „Wolke“ und die „Seele“. (Beachten Sie hier die bedeutsame Übereinstimmung von Milenas Aussagen mit jenen von A. U. und H. P. Drei Versuchspersonen kamen unabhängig zu der Feststellung, der Mensch habe zusätzlich zu seinem materiellen Körper zwei unsichtbare Komponenten. Die drei Versuchspersonen sahen sie etwas unterschiedlich und gebrauchten auch verschiedene Namen dafür: A. U. nannte sie „Nebel“ und „Seele“; H. P. verwendete die Ausdrücke „Seele“ und „Fluidum“; Milena bezeichnete sie als „Wolke“ und „Seele“.)

Was besorgt das Denken – das Gehirn, die „Wolke“ oder die „Seele?“

Das Gehirn. Es sieht für mich so aus, als erzeuge das Gehirn diesen Rauch oder diese Wolke. Über ihm wird immer eine neue Wolke gebildet. Sie sieht wie Wasser aus, wenn es zu Dampf wird.

Lassen Sie uns jetzt zur Seele zurückkehren. Suchen Sie eine Ihnen unbekannte Person, suchen Sie diese Person im Augenblick des Todes und sagen Sie mir, was mit der Seele in diesem Augenblick geschieht.

Sie verschwindet mit dem letzten Atemzug. – Nun sehe ich sie wieder, sie ist noch in dem Raum, aber wenn die Seele durch die Wand des Raumes geht, verschwindet sie. Wenn der Mensch ausatmet, atmet er seine Seele aus.

Sie sagen ausatmet? Er muß sie eingeatmet haben, bevor er sie ausatmet, meinen Sie nicht?

Ja, er atmet sie ein, die Seele geht dann denselben Weg hinter sein Gehirn, und dann atmet er die Seele aus, aber wie eine kleine dichte Wolke.

Größer als die Wolke bei der Geburt des Menschen?

Genauso groß und von der gleichen Dichte, aber gräulich; dagegen ist sie, wenn der Mensch geboren wird, weiß.

Was geschieht als nächstes mit ihr?

Sie verschwindet.

Sie müssen sich heftig wünschen, ihre Spur nicht zu verlieren. Sie müssen sie die ganze Zeit sehen.

... Als stiege sie immer höher, sie behält ihre Größe bei ... das ist so unendlich hoch!

Versuchen Sie zu schätzen, wieviel Zeit seit dem Tod dieser Person verstrich.

Ich kann das hier nicht, aber ich glaube nicht, daß es sehr viel ist.

Was geschieht als nächstes?

Es sieht so aus, als würde die Seele von der irdischen Schwerkraft gehalten. Sie kann nicht über eine bestimmte Grenze hinaus. Sie kreuzt die ganze Zeit in einem Bereich, als hielte sie nach einer Stelle Ausschau, durch die sie entkommen könnte; aber sie ist nicht mehr allein dort. Es sind viele von ihnen dort. Als wünschten sie, dort durch eine Luftschicht durchzubrechen, aber – dann kehren sie zurück. Sie fallen herunter.

Sind sie alle gleich?

Ja. Nur einige von ihnen sind weiß, und andere sind gräulich oder dunkelgrau.

Beschreiben Sie mir das „Leben“, das die Seelen dort führen.

Ich sehe diese Schicht, die die Erde zu umgeben scheint. Sie scheint undurchdringlich für die Seelen zu sein. Keine kann durch sie hindurch. Neue kommen, und jene, die lange genug dort waren, fallen zur Erde zurück. Es sieht wie Regen aus.

Was tun die Seelen dort oben?

Sie versuchen durch diese Wand durchzubrechen.

Nichts sonst?

Nein.

Gelingt es einigen, die Wand zu durchdringen?

Nein. Ich ging ein Stückchen in die Vergangenheit zurück, und ich glaube nicht, daß eine durchkam. Aber ich kann nicht sagen, wie weit ich zurückging.

Nach dem Erwachen aus der Hypnose fertigte Milena eine Zeichnung vom Aussehen der Seelen an:

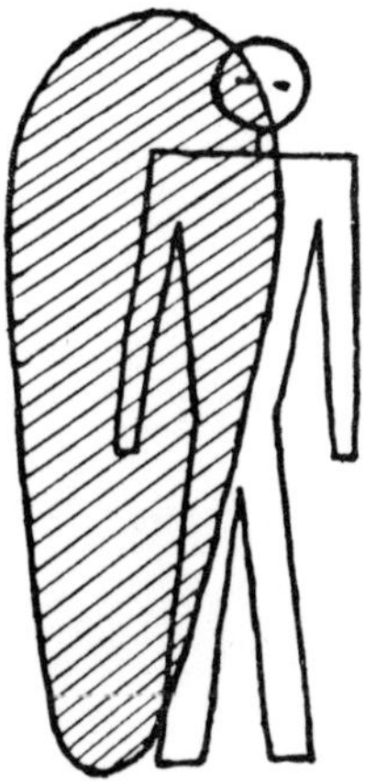

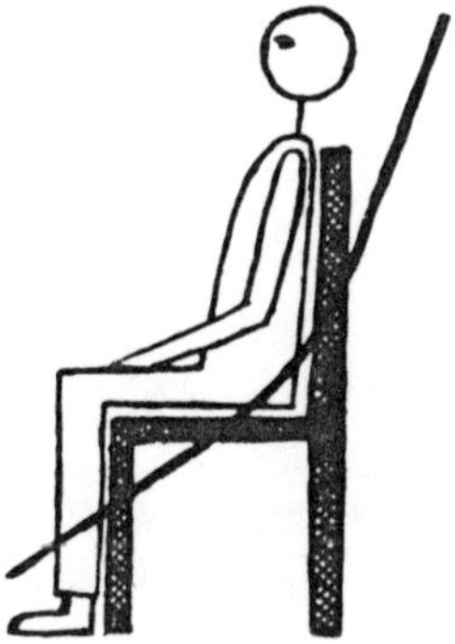

Links: Seele einer stehenden Person.
Rechts: Seele einer sitzenden Person.

**Experiment Nr. 2** (15. Januar 1949; Versuchsperson: Milena)

## *Seelen von Tieren. Beobachtete Reinkarnation*

Versuchen Sie nun, irgendein Tier zu finden.

Ich sehe ein Pferd.

Sehen Sie auch eine Seele hinter ihm wie jene, die Sie hinter einem Menschen sahen?

Nein, ich sehe keine, aber mir scheint, es hat auch diese weiße Wolke da auf seinem Gehirn. Sie sieht ganz ähnlich aus wie jene, die ich beim Menschen sah, aber sie ist viel dünner. Doch sieht sie gleich aus.

Suchen Sie nun die Seele irgendeiner Person nach deren Tod, und folgen Sie ihr, während sie hinaufsteigt, bis Sie sie unter den anderen Seelen sehen.

Ja.

Können Sie die Seelen von Männern und jene von Frauen unterscheiden?

Nein.

Nun folgen Sie der Seele, wenn sie herunterfällt.

Sie fällt herunter wie ein Regentropfen, aber ich sehe sie langsam fallen ... Ich habe sie dort über der Erde verloren, gerade in dem Moment, wo sie über der Erde erscheinen sollte.

Folgen Sie ihr noch einmal, und achten Sie darauf, daß Sie sie nicht verlieren.

Wieder atmet irgendein Kind sie ein.

Sie sagten vorhin, zur Zeit des Todes sei sie gräulich und sie sei weiß, wenn das Kind sie einatmet.

Ja.

Wo wird sie weiß?

Dort oben an der Mauer war sie bereits weiß.

Aber Sie sagten letztesmal, daß dort oben auch graue Seelen seien?

Das kann schon sein – ja, diejenige, die ich sah, war weiß. Ich gehe zurück auf die Erde (zurück in der Zeit) – der Mann hat sie weiß ausgeatmet.

Suchen Sie eine graue.

Sie wird weiß, während sie herunterfällt, kurz bevor sie auf die Erde gelangt.

Haben Sie je von Reinkarnation gehört?

Ja.

Glauben Sie daran?

Ich habe nie viel darüber nachgedacht. Aber ich denke, sie würde mir sehr unwahrscheinlich vorkommen.

## **Experiment Nr. 3** (19. Januar 1949; Versuchsperson: Milena)

### *Schlafende und hypnotisierte Personen hellsehend betrachtet. Seelenwanderung bei Tieren?*

Sie beschrieben unlängst eine Wolke im menschlichen Gehirn oder um es herum. Wir werden ihr heute mehr Aufmerksamkeit widmen. Hat die Wolke irgendeine innere Struktur?

Nein.

Wo befindet sich die Wolke genau?

Sie befindet sich in dem gesamten Bereich, wo das Gehirn ist, einschließlich des Kleinhirns.

Hat ein Kind, wenn es noch im Mutterleib ist, diese Wolke?

Nein, ich sehe sie nicht.

Beobachten Sie noch einmal den Geburtsvorgang und finden Sie heraus, wann die Wolke erscheint.

Wenn die eingeatmete Seele in den Schädel eintritt, dann macht sie eine schleifenförmige Wendung, und genau in diesem Augenblick wird für mich die Wolke sichtbar. Sie erscheint gleichzeitig im ganzen Gehirnbereich. Die Seele tritt dann hinaus und läßt die Wolke dort zurück.

Suchen Sie Ihren Bruder, wenn er einschläft. Was geschieht mit seiner Wolke?

Die Wolke dort in seinem Gehirn wird dünner.

Was geschah mit dem Rest ihrer Dichte?

Ich weiß es nicht.

Besteht ein Unterschied zwischen der Seele eines wachen und jener eines schlafenden Menschen?

Nein.

Können Sie den Traum irgendwie erkennen?

Es könnte sein, daß die Wolke dorthin geht, wenn sie verdunstet; er ist ähnlich wie Denken ... Wenn ein Mensch einschläft, ist seine Wolke dichter als seine Seele. Im Schlaf dann sickert ein Teil seiner Wolke durch seine Schläfen hinaus, und die Wolke wird dünner, ungefähr so dünn wie die Seele. Sie geht in den Raum der Umgebung hinaus.

Sehen Sie sie dort im Raum der Umgebung?

Nicht wirklich. Es ist genau wie Dampf, wenn er austritt und sich in der Luft verflüchtigt. Sie ist zu dünn.

Wenn ein wacher Mensch etwas wahrnimmt, sagen wir, wenn er etwas sieht, welche Organe sind dann aktiv?

Sein Gehirn und seine Wolke. Ich sehe seine Netzhaut, als vibriere sie, und auch sein Gehirn vibriert, aber sehr leicht. Ich sehe es als schwache Vibration. Und seine Wolke vibriert ebenfalls, aber alle diese Vibrationen sind sehr, sehr klein. Die Wolke sieht wie Dampf über einem Topf mit kochendem Wasser aus.

Können Sie an der Wolke erkennen, was der Mensch sieht?

Nein.

Suchen Sie das andere Mädchen (Zdenka) in diesem Raum zu irgendeiner Zeit, da sie hypnotisiert ist, und suchen Sie sie auch zu Hause, wenn sie schläft; schildern Sie den Unterschied.

Im Hypnosezustand verdunstet die Wolke nicht.

Sind Sie sicher?

Wenn sie verdunstet, dann geht sie in die Seele über. Dann haben sie dieselbe Dichte.

Sehen Sie sie wirklich in die Seele übergehen?

Nein, ich sehe nur die Wolke dünner und die Seele dichter werden.

Und wie sieht der Schlaf des Mädchens aus?

Wie ich es vorhin beschrieben habe: Die Wolke wird dünner, als verdunste sie in den Umgebungsraum, und die Seele bleibt so, wie sie im Wachzustand ist.

Nun suchen Sie das andere Mädchen, wenn sie hypnotisiert ist und etwas hellseherisch sieht. Was geschieht?

Ihr Gehirn reagiert auch, aber sehr schwach, und ihre Wolke vibriert viel stärker.

Die ganze Wolke oder nur ein Teil davon?

Ich würde sagen, nur jener Teil, der dem Kleinhirn entspricht.

Und nun suchen Sie die Geburt eines Pferdes.

Das Pferd atmet ebenfalls irgendeine Wolke ein, aber sie bleibt in seinem Kopf und springt nicht hinter es. Folglich erscheint keine Seele.

Besteht ein Unterschied zwischen der Wolke eines Pferdes und jener eines Menschen?

Jene des Pferdes ist viel dünner als jene des Menschen.

Und was geschieht, wenn das Pferd stirbt?

Die Wolke schrumpft zusammen, und das Pferd atmet sie aus.

Folgen Sie ihr und berichten Sie, was dann mit ihr geschieht.

Sie geht nicht in den Raum oben hoch, sie bleibt auf der Erde unten, und ein anderes Tier, das gerade geboren wird, atmet sie ein.

**Experiment Nr. 4** (20. Januar 1949; Versuchsperson: Milena)

*Die Existenz von Seelen nach dem Tode.*

Heute werden wir die Seelen nach dem Tod dort oben an der Wand, die Sie unlängst schilderten, genauer beobachten. Können Sie mir mehr darüber sagen?

Kann ich eine Zeichnung machen? Ich werde zeichnen, wie sie aussieht.

Die Versuchsperson fertigte im Hypnosezustand eine Zeichnung dessen an, was sie wahrzunehmen glaubte:

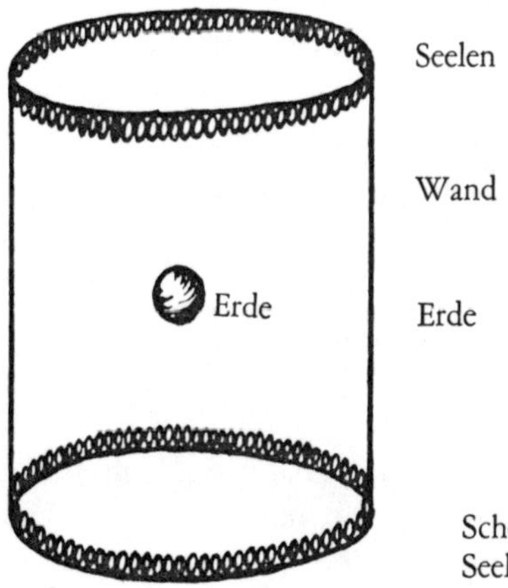


Schematische Zeichnung der Seelen nach dem Tode

Sie beschrieb etwas, das ihr als eine Art zylindrischer Wand mit der Erde im Zentrum erschien. Sie berichtete ferner, daß sie die Seelen an beiden Enden der Wand versammelt sehe, wie durch die kleinen Ellipsen auf der Zeichnung angezeigt.

Nun gehen Sie bitte hinauf zu diesen Seelen und beschreiben Sie, was Sie dort sehen.

Ich bin dort. Ich sehe diese Seelen. Sie sehen wie elektrische Birnen aus Glas aus. Sie sind nicht mehr flach.

Sie vergleichen sie mit Glühbirnen. Sehen Sie sie leuchten?

Nein, sie leuchten nicht, ich verglich nur ihre Form.

Wie weit sind sie voneinander entfernt?

Ich sehe sie in zwei konzentrischen Kreisen auf jeder Seite des Zylinders arrangiert (zwei Kreisen auf der oberen und zwei Kreisen auf der unteren). Die Kreise sind etwa zwei Seelen breit voneinander entfernt.

Und wie weit sind in jeder Reihe die Seelen voneinander entfernt?

Sie sind sich ziemlich nahe, in einem Abstand von nur etwa einem Viertel jeder Glühbirne. (Milena begann plötzlich zu lächeln.) Es gefällt mir dort sehr gut.

Warum?

Es ist so ein angenehmes Leben dort, so schön, ohne Sorgen. Mir scheint, daß die Seelen die ganze Zeit lachen.

Was geschieht, wenn eine neue Birne heraufkommt?

Einige andere gehen gleichzeitig hinunter.

Tauschen sie ihre Plätze?

Wie ich es gesehen habe, scheint mir, daß alle diese Birnen dieselbe Zeitspanne dort sind. Nachdem diese Zeit vergangen ist, fallen sie hinunter. Und es fallen viele von ihnen gleichzeitig. Die alte geht hinunter zur Erde, und die andere kommt, um ihre Stelle einzunehmen.

Gehen Sie noch höher und finden Sie heraus, wo diese zylindrische Wand endet!

Solange ich nicht die gleiche Höhe wie die Birnen erreiche, kann ich überall hingehen, wo ich will, aber sobald ich ihre Höhe erreiche, zieht mich eine Kraft, wie eine magnetische Kraft, zu dieser Wand.

Sie sagen „zieht mich zu dieser Wand", aber Sie sitzen in Wirklichkeit hier im Zimmer.

Ich habe meinen Schatten dorthin geschickt (Seele). Ich sehe diese Birnen dort, und meine Seele ist dort bei ihnen, aber sie ist noch flach, da meine Wolke hier ist.

Vergleichen Sie die Größe dieser Birnen mit Ihrer Seele.

Sie sind ungefähr gleich groß.

Was sehen Sie über sich?

Eine Art schwerer grauer Wolken. Es ist dem ziemlich ähnlich, wie ich diese zylindrische Wand jetzt sehe. Sie schien mir auch aus Wolken zu bestehen. Aber die Wolken über mir bewegen sich. Es sieht aus wie die Wolken am Himmel, wenn sie sich bewegen, getrieben vom Wind.

Bewegen sie sich gerade oder in einer gebogenen Linie?

In einer gebogenen Linie, aber nur sehr leicht gebogen. Diese obere Wolkenschicht scheint mir ein Teil von etwas zu sein, das endlos groß sein muß.

Die Versuchsperson fertigte folgende schematische Zeichnung von der zylindrischen Wand mit der Wolkenschicht an, die sie darüber wegziehen sah:

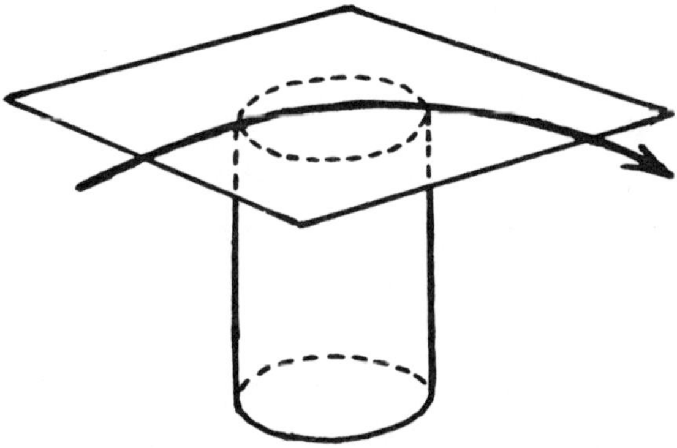

In welcher Richtung versuchen die Seelen die Wand zu durchbrechen? Nach oben oder nach der Seite?

Nach der Seite. Sie pressen sich an die Wand, und die Wand gibt ein wenig nach.

Aber die innere Reihe der Seelen kann das doch nicht tun, wie?

Diese Birnen springen von einer Reihe zur anderen und tauschen ihre Plätze.

Unterscheidet sich das Leben der Seelen in diesen beiden Reihen?

Ich glaube nicht.

Versuchen alle diese Seelen durchzubrechen?

Ja, alle. Aber nur wenigen gelingt es.

Welche Farbe haben jene, denen es gelingt?

Das hängt nicht von der Farbe ab. Aber es sind sehr wenige, denen es gelingt, durchzubrechen.

Wovon hängt es ab, ob der Seele der Durchbruch gelingt oder nicht?

...Die Wolke in dieser Seele nach dem Tod ist anders entwickelt, sie ist dünner als die Seele.

Dem, was Sie vorhin sagten, entnehme ich, daß diese beiden Gebilde nach dem Tod ineinander aufgehen.

Ja, das heißt, im oberen Teil der Seele erscheint eine Art Höhle, die viel dünner ist als der Rest.

Haben alle Seelen nach dem Tod diese Höhle?

Nein, oft verschmelzen die Wolke und die Seele wirklich und nehmen ein einheitliches Aussehen an.

Vergleichen Sie die Seelen, die durch die Wand gelangen, mit jenen, denen es nicht gelingt.

Bei diesen Birnen, die nicht durchdringen, ist es unmöglich, die Wolke und die Seele zu unterscheiden. Bei jenen Birnen, die durchdringen, kann die Wolke unterschieden werden. Sie ist dünner.

Besteht irgendein Zusammenhang mit der Art ihres Lebens auf Erden?

Ich weiß es nicht.

Versuchen Sie nun, diese zylindrische Wand zu durchdringen.

Das kann ich nicht. Es gibt da eine Kraft, die mich in den Kreis zurückzieht.

Versuchen Sie irgendwie, sich in die Reihe der Seelen zu zwängen.

Das ist unmöglich, denn ich würde gegen das Gesetz verstoßen.

Welches Gesetz?

Wenn eine dieser Birnen für mich Platz machte, dann hätte die andere, die an diesen Platz kommen sollte, keinen Platz, an den sie gehen kann.

Aber wenn Sie es wirklich versuchen würden, steht Ihnen dann etwas im Weg?

Wissen Sie, ich habe ziemliche Angst, es zu versuchen.

Sagen Sie, sehen Sie die Sterne durch diese Wand?

Nein.

Gehen Sie nun hinunter zum anderen Ende des Zylinders und sagen Sie mir, wie es dort aussieht.

Es ist genauso wie oben.

Unterscheiden sich die Seelen dort irgendwie von jenen oben?

Überhaupt nicht.

Kehren Sie wieder zur Erde zurück.

Ja.

Sehen Sie diese Wand, wenn Sie die Sterne sehen wollen?

Nein.

Gehen Sie nun vorsichtig weit hinauf, bis zum Mond.

Aber ich würde durch diese Wand müssen, und sie werden mich nicht gehen lassen.

Sehen Sie den Mond, während Sie auf ihn zugehen?

Wenn ich ungefähr zu der Stelle komme, wo die Wand ist, verschwindet der Mond.

Versuchen Sie nun im menschlichen Körper ein anderes Gebilde zu finden, das Sie aus der Anatomie nicht kennen. Irgendein anderes Gebilde wie diese Wolke und diese Seele, die sie zuvor beschrieben haben. (Hinter dieser Aufforderung verbarg sich der Gedanke, die Versuchsperson könne vielleicht die Chakras wahrnehmen – vermutete geistige Kraftzentren, die in einigen Religionen und okkulten Lehren insbesondere indischer Herkunft eine wichtige Rolle spielen.)

Ich sehe nichts, aber ich weiß nicht viel über Anatomie. Doch ich sehe nichts, das seltsam oder ungewöhnlich aussehen würde. Nur diese Wolke oder Seele.

Versuchen Sie, irgendwo am unteren Ende der Wirbelsäule etwas zu finden, das wie eine Schlange aussehen könnte (Kundalini). Es könnte aus einer ähnlichen Substanz bestehen wie die Wolke.

Ich sehe nichts dergleichen.

Vielleicht finden Sie etwas Schlangenähnliches im entsprechenden Teil der Seele.

Nein.

Vergleichen Sie irgendeinen Verbrecher und einen anständigen Menschen.

Die Verbrecher haben dunklere Seelen als gute Menschen. Ansonsten besteht kein Unterschied.

Was geschieht mit der Wolke und der Seele, wenn ein Mensch intensiv denkt?

Wenn man intensiv denkt, dann ist es, als verdunste die

Wolke. Sie hat noch dieselbe Dichte, doch es scheint, daß sie durch die Schläfen in den Raum der Umgebung fließt.

Es scheint also dem ähnlich zu sein, was geschieht, wenn ein Mensch schläft, stimmt das?

Die Wolke eines schlafenden Menschen ist nicht so dicht, aber ansonsten ist es dasselbe.

Was geschieht, wenn ein Mensch angestrengt versucht, sich an etwas zu erinnern?

Die Wolke kehrt in sein Gehirn zurück.

Und was verursacht das Denken? Die Seele, die Wolke oder das Gehirn?

Die Wolke und das Gehirn.

## **Experiment Nr. 5** (22. Januar 1949; Versuchsperson: Milena)

*Telepathischer Kontakt mit Jesus? Die Verhandlungen des Mose mit dem Pharao. Andere Wunder des Mose. Mose als kluger Politiker. Eusapia Palladino und ihre Levitationen*

Heute werden wir etwas ganz anderes versuchen als bei den letzten Malen. Wir werden versuchen, hellseherisch einige Ereignisse und Personen in der fernen Vergangenheit zu beobachten. Die erste Person, die wir zu sehen versuchen, wird Jesus sein. Natürlich kann es schwierig sein, eine einzelne Person, die Sie nie sahen, Jahrtausende zurück in der Vergangenheit zu finden, und es besteht die Gefahr, daß Sie jemand anderen finden und die falsche Person beschreiben. Statt sich nur zu wünschen, Jesus zu sehen, werden Sie versuchen, ein hervorstechendes Ereignis in seinem Leben zu finden, das ihn eindeutig identifiziert. Auf diese Weise dürfen wir hoffen, daß Sie die richtige Person finden. Das hervorstechendste Ereignis im Leben Jesu ist vermutlich sein ungewöhnlicher Tod. Lassen Sie uns also den Augenblick seiner Kreuzigung suchen. (Die Versuchsperson wurde behutsam an den Ort geführt, wo sie ihre Ermittlungen anstellen sollte: Sie bekam Karten des Mittelmeers und Palästinas gezeigt und wurde aufgefordert, sich geistig rund 1900 Jahre zurück nach Palästina zu versetzen und bei Jerusalem eine Szene zu finden, die der in der Bibel beschriebenen Kreuzigung ähnelte. Zu unserer Überraschung fand die Versuchsperson die gewünschte Szene sehr leicht.)

Ja, ich habe es. Dies ist für mich viel leichter zu ermitteln als Ereignisse in der nahen Vergangenheit. Ich sehe es viel klarer.

Sind Sie sicher, daß Sie Jesus gefunden haben?

Ja.

Hat er auch die Seele und die Wolke?

Ja.

Unterscheiden sie sich irgendwie von jenen anderer Menschen?

Nein.

Und der Vorgang des Sterbens, ist er derselbe wie bei anderen Menschen?

Derselbe wie bei jenen, bei denen sich in der Seele die Höhle formt und die Seele durch die Wand drang.

Nun folgen Sie Jesus in die Vergangenheit, und Sie werden ihn etwa vierzig Tage in der Wüste fasten sehen. Was tut er dort?

Er war nicht die ganzen vierzig Tage dort. Es war nicht mehr als ein Monat.

Was hat er dort getan?

Er brachte sich selbst in den Hypnosezustand, und er wollte probieren, wie lange ...Er wollte probieren, ob die Seele mit dem Körper verbunden ist.

Können Sie das besser erklären?

Er hat etwa drei Wochen überhaupt nicht gegessen – ja, es stimmt, er tat das, um zu prüfen, ob die Seele kommen und ihm physisch irgendwie helfen würde, das heißt, ob der Körper ohne Nahrung bleiben kann.

War er diese ganzen drei Wochen im Hypnosezustand?

Ja.

Was tat er nach dem Erwachen?

Er kehrte in die Stadt zurück.

Wie haben Sie herausgefunden, was er zu prüfen versuchte?

Meine Seele erschien dort und sprach mit ihm, und ich habe gehört, was sie dort sprachen.

Mit wem?

Mit meiner Seele.

Sie meinen, Ihre Seele sprach mit Jesu Seele?

Nein, Jesus selbst.

In welcher Sprache hat er gesprochen?

Er sprach zu meiner Seele in einer Sprache, die ich nicht verstehe, und ich übersetzte es sofort für mich. Aber jetzt kommt mir der Gedanke, daß ich es falsch übersetzt haben könnte.

Versuchen Sie genau zu wiederholen, was er Ihnen in dieser Sprache sagte, wie Sie sie hörten.

Ich höre es nicht in dieser Sprache. Ich sehe die Schallwellen in dieser Sprache, aber ich höre es sofort in Tschechisch. (Tschechisch war Milenas Muttersprache.)

Wie können Sie sagen, daß Sie die Schallwellen in dieser Sprache sehen?

Es ist meine rationale Erklärung, da ich weiß, daß Jesus kein Tscheche war.

Milenas Behauptung, sie könne direkt mit Jesus Verbindung aufnehmen, war höchst überraschend. Gemäß der Anweisungen, die sie erhalten hatte, war zu erwarten gewesen, daß sie sich geistig in Jesu Gegenwart versetze und nur durch ASW beobachte, was er tat. Unerwarteterweise und ohne eine diesbezügliche Instruktion schien die Versuchsperson auch in eine Art telepathischer Verbindung mit Jesus gekommen zu sein. Was sie über das Sehen der Schallwellen sagte, kann nur halluzinatorische Phantasie gewesen sein. Aber die folgenden Aufzeichnungen deuten darauf hin, daß die Versuchsperson offenbar Jesus sehen und seine Taten beschreiben sowie auch unmittelbar von ihm mitgeteilte Informationen erhalten konnte.

Wenn es sich hier um einen echten Fall von Telepathie handelte, kann der dabei stattfindende ASW-Prozeß mit einem Telefongespräch verglichen werden. Über das Telefonkabel werden elektrische Signale übermittelt, welche die Information tragen, und diese Signale verwandeln sich schließlich im Hörer in eine für das menschliche Ohr hörbare Form. Jeder ASW-Prozeß hat zwei getrennte Stufen: Die erste Stufe besteht in der Übermittlung von ASW-Signalen, während in der zweiten Stufe die eingehenden Signale verarbeitet werden, so daß sie ein ASW-Erlebnis auslösen. Es ist eine Regel, daß die zweite Stufe von der psychologischen Struktur des Wahrnehmenden abhängt; deshalb wird die Information in einer Form erlebt, für welche die Psyche des Wahrnehmenden am besten vorbereitet ist. Folglich wäre gut denkbar, daß bei Herstellung eines telepathischen Kontakts mit einer Person, die eine andere Sprache spricht, die Versuchsperson die erhaltene Information als in ihrer Muttersprache gesprochen erlebt.

Wie erfuhr Jesus – Sie können ihn fragen, wenn Sie wollen – von der Existenz des Hypnosezustands?

Er entdeckte ihn durch Zufall.

Hat er Ihnen das gesagt?

Ja.

Und wie hat er ihn entdeckt?

Er wünschte sich sehr, etwas zu wissen, und als er darüber nachzudenken versuchte, geriet er irgendwie in einen Zustand, den er nicht kannte. Dann versuchte er es ein zweitesmal und mehrere Male nacheinander, und dann war er irgendwo etwa zehn Jahre allein, und dort war es, sagt er, wo er den Sieg über seine materielle Hülle errang.

Wie alt war er, als er zum erstenmal in diesen Zustand geriet?

Ungefähr zwölf.

Fragen Sie ihn, ob irgend jemand ihm die Natur dieses Zustands erklärte.

Nein. Er sagt, er halte ihn auch geheim.

Nun werden wir Jesus eine Zeitlang verlassen, und Sie werden versuchen, Mose zu finden. (Die Versuchsperson wurde wieder in ihrer Imagination an den gewünschten Ort geführt. Sie bekam gesagt, Mose habe wahrscheinlich um das Jahr 1220 v. Chr. gelebt und sie solle sich geistig in jene Zeit versetzen, an einen Ort irgendwo in Ägypten, wo sie Mose vermutlich finden würde. Wir wählten ein ungewöhnliches Ereignis aus dem Leben Moses zu seiner Identifizierung: Moses Unterredung mit dem Pharao, als er ihn zusammen mit seinem Bruder Aaron aufsuchte, Exodus 5.) Versuchen Sie zuerst den Pharao zu finden. Erkennen Sie ihn?

An seinem Gewand.

Folgen Sie ihm, bis er von Mose und Aaron besucht wird. Sie erkennen es als Szene, in der ihn zwei Männer aufsuchen und eine Unterredung mit ihm haben.

Ja, ich habe sie.

Wie alt sind diese Männer?

Einer ist etwa fünfzig, der andere etwa vierzig.

Versuchen Sie herauszufinden, ob die beiden sich in normalem Zustand oder im Hypnosezustand befinden. Bemühen Sie sich besonders sorgfältig, die Wahrheit herauszufinden, damit Sie nicht durch meine Frage suggestiv beeinflußt werden.

... Der jüngere ist hypnotisiert.

Sind Sie sicher?

Ja, weil ich sah, wie der ältere ihn hypnotisierte.

Wie hat er das gemacht?

Er hat nur gesprochen, aber ich weiß nicht, was.

Gehen Sie nun zu der Szene mit dem Pharao zurück, und finden Sie heraus, ob die beiden dort irgendein parapsychologisches Phänomen darboten.

... Der jüngere wird die Sklavin beschreiben und ihren Namen nennen. Sie ist irgendwo weg und wird dann hereingebracht. Aber der Pharao glaubt es nicht. Er meint, sie hätten sich vorher verschworen.

Verstehen Sie ihn?

Ich kann es an ihren Bewegungen beurteilen.

Suchen Sie die beiden, wenn sie das nächstemal beim Pharao sind.

Dieses Mal ist der jüngere nicht hypnotisiert. Beide versuchen, den Pharao zu überzeugen.

Suchen Sie ihren nächsten Besuch bei ihm.

... Der Pharao will sie nicht gehen lassen. Der jüngere Mann sagt dann irgend etwas, aber ich weiß nicht, was es war. Ich sehe ihn dann in großer Erregung weggehen, und der Pharao lacht.

Waren sie wieder wach, oder waren sie hypnotisiert?

Wach. Aber sie werden nicht mehr zum Pharao kommen.

Hatte Mose einen Stock oder Stab bei sich?

Der ältere Mann hatte einen.

Vielleicht werden Sie eine Szene finden, in welcher sie ihn vor dem Pharao auf die Erde werfen und er sich in eine Schlange verwandelt (Exodus 7, 10). Aber hüten Sie sich vor Autosuggestion!

... Es war bei einem ihrer früheren Besuche beim Pharao. Aber

Mose hatte keinen großen Stab. Es ist eine elastische Rute. Und der ältere Mann versucht den Pharao zu hypnotisieren.

Ist der ältere Mann hypnotisiert?

Keiner von ihnen.

Was geschah mit der Rute?

Sie suggerieren dem Pharao – sie wollen, daß er statt der Rute eine Schlange sieht. Er wird die Schlange sehen.

Wie reagiert der Pharao darauf?

Er scheint nicht sehr überrascht zu sein.

Vollbringen diese beiden Männer noch irgendwelche ähnlichen Phänomene für den Pharao?

Einmal hypnotisierten sie ihn, wechselten seine Kleider und zogen ihn wie einen Bettler an. Dann weckten sie ihn. Der Pharao erinnerte sich an nichts und dachte, es sei in einem Augenblick geschehen. Nun beginnt er ihnen zu glauben.

Folgen Sie Mose jetzt in die Zukunft, und Sie werden ihn vielleicht die Juden aus Ägypten wegführen sehen. In der Bibel wird beschrieben (Exodus 14, 21), Mose habe die Wasser im Meer gespalten, so daß die Juden auf trockenem Boden durchgehen konnten. Die Ägypter verfolgten sie, ertranken jedoch, als die Wasser wieder zusammenschlugen. Erklären Sie, was geschah.

Die Juden gehen über das Meer – es war Ebbe, und als ihre Feinde ihnen folgten, war Flut.

Haben Sie je von diesem Ereignis gehört?

Das schon, aber auf diese Weise habe ich es noch nie erklärt gehört.

Was war das Manna (Exodus 16)? Die Bibel berichtet, nach der Durchquerung des Meeres hätten die Juden Hunger gelitten. Durch ein Wunder fiel angeblich eine Speise, „Manna“ genannt, vom Himmel.

Was sie aßen, war der Saft aus einer tropischen Pflanze, die in der Nähe der Wüste wächst. Ich weiß ihren Namen nicht. Es ist vielleicht Akazie.

Welchen Teil davon aßen sie?

Sie rissen Stücke ab und saugten den Saft aus.

In der Bibel steht, es sei vom Himmel gefallen. Was geschah?

Es herrschte sehr starker Wind mit Sand, und sie sahen diese

Büsche nicht. Und als sich der Wind legte, sahen sie die Büsche vor sich stehen.

Beschreiben Sie die Pflanzen.

Sie ist ungefähr fünfundsiebzig Zentimeter hoch. Sie hat sehr zähe Blätter wie ein Kaktus, sie sieht ähnlich aus wie ein Kaktus, aber sie hat nicht so viele Stacheln. Sie wächst im Sand.

Finden Sie nun heraus, wie es mit dem Wasser war, das aus dem Felsen trat (Exodus 17, 6). Mose hat angeblich mit einem Stab auf den Felsen geschlagen, und Wasser floß heraus.

Es war kein sehr hoher Felsen. Dort lagen nur ein paar große Steine, und er stach mit seinem Stab in den Sand. Das war etwa fünf Schritt von den Steinen entfernt. Er grub ein wenig Sand weg, und die Quelle kam aus dem Sand hervor.

Woher wußte er von dieser Quelle?

Durch den Stab.

Wie konnte er das?

Ich denke, manchmal wird mit Stäben nach Wasser gesucht, zumindest von einigen Leuten, habe ich recht? Ich weiß nicht, wie ich es erklären soll.

Wer hielt den Stab?

Der jüngere der beiden Männer.

Sehen Sie dort irgendeinen Berg im Hintergrund?

Ja.

Gehen sie dorthin oder nicht?

Der jüngere Mann geht mit etwa fünf Männern weg, und sie gehen zu diesem Berg, um sich umzuschauen. Als sie etwa in der Mitte des Abhangs sind, weigern sich die anderen weiterzugehen, weil sie müde sind, und der jüngere Mann geht allein.

Was wird dort geschehen?

Er wird einige fremde Leute dort sehen, es sind Hirten, nicht die, die er anführte, und sie machen Feuer.

War da irgend etwas wie eine vulkanische Aktivität oder ein Erdbeben? (Exodus 19, 16.)

Heftiger Wind.

Die Bibel sagt etwas über ein großes Feuer.

Ja, es ist ein Gewitter, und ein Blitz setzt einige Bäume oben auf dem Hügel in Brand.

Hat Mose dieses Ereignis ausgenutzt, um seinen Einfluß zu stärken?

Ich glaube, die Juden wollten nicht weitergehen. Sie waren müde, und Mose überzeugte sie, daß Gott hinter ihm sei.

Wie können Sie sagen, was sie wollten?

Aufgrund ihrer Bewegungen.

Hören Sie sie sprechen?

Nein.

Wußte Mose im voraus, daß die Bäume in Brand geraten würden?

Ich glaube nicht.

Wenn Sie ihnen einige Zeit in die Zukunft folgen, werden Sie sie einen Tempel bauen sehen.

Aber das ist eine ziemlich lange Zeit danach, vielleicht nach etwa zehn Jahren.

Wandern sie immer noch?

Ja.

Haben sie sich nicht irgendwo angesiedelt?

Ich glaube, sie taten es, vielleicht für zwei Jahre. Damals bauten sie den Tempel. Aber ich weiß nicht, wer ihn gebaut hat.

War der Tempel tragbar?

Nein.

Finden Sie heraus, wer ihn gebaut hat.

Wie kann ich seinen Namen herausfinden?

Ich meine nicht, den Namen der Person, ich meine, welches Volk ihn gebaut hat. War bereits etwas erbaut, als sie hierher kamen?

Sie fügten einen neuen Bau an. Sie haben den rückwärtigen Teil vermauert und in den vorderen Teil einen tragbaren Altar gestellt, aber der Altar war nicht von der Art, die wir gewöhnt sind. Er ist wie eine Tragbahre, etwas der Art, worin im Orient die Menschen getragen werden.

Können Sie mir sagen, aus welchem Metall er besteht?

Er ist mit Edelsteinen besetzt. Es ist vermutlich Gold, aber ich bin mir bei dem Metall nicht sicher, da ich seine Farbe nicht erkenne.

Wie schlafen diese Menschen?

Ich sehe es nicht sehr gut ... Die Frauen und Kinder schlafen zusammen.

Ich meine, wo schlafen sie?

Gewöhnlich bei Nacht auf dem Boden liegend.

Und haben sie etwas über sich, etwas wie ein Zelt?

Nein.

Versuchen Sie das folgende Ereignis zu finden (Numeri 17): Diese Männer hatten einen Disput mit einigen anderen Männern. Um den Disput zu entscheiden, legten sie irgendwelche Stäbe oder Ruten irgendwo hin. Damit sollte entschieden werden, wer künftig bestimmte Vorrechte haben würde. Die Bibel sagt, daß die Männer am nächsten Tag zu den Stäben zurückkehrten und einer der Stäbe in Blüte gestanden habe.

...Das ist ein Schwindel. Der eine in Blüten wurde von woanders umgepflanzt. Es war kurz vor Tagesanbruch.

Beschreiben Sie das ganze Ereignis.

Ich kenne die Baumart nicht. Es waren Zweige mit einigen Seitenästchen.

Wie viele Zweige waren es?

Etwa fünf.

Sagen Sie mir die genaue Zahl.

Ich sehe fünf deutlich. Ich bin mir ihrer sicher. Dann sehe ich zwei weitere, aber sie schwingen hin und her. Wissen Sie, es können mehr Zweige dagewesen sein, aber ich sehe die anderen nicht klar.

Beschreiben Sie, was mit den Stäben geschah.

Sie setzten die Zweige ein und gingen weg, und zwei Männer standen Wache, um aufzupassen, damit es keinen Betrug geben konnte, aber der Bruder von Mose schläferte sie ein. Er setzte dann einen blühenden Zweig an die Stelle seines eigenen und weckte sie unter irgendeinem Vorwand, wissen Sie, er sei gekommen, um nachzusehen, ob sein Stab schon blühe, und unmittelbar danach riefen sie die anderen Leute herbei.

Wollen Sie damit sagen, keiner der ursprünglichen Stäbe sei zum Blühen gekommen?

Das stimmt. Sie gruben einen kleinen Baum an einer anderen Stelle aus.

Wer hat das getan?

Mose und sein Bruder.

Kurz vor dieser Episode ereignete sich eine andere (Numeri 16, 31–35): Einige Leute murrten oder erhoben sich gegen Mose. Nach dem Wortlaut der Bibel tat sich der Boden auf und verschlang etwa zweihundertfünfzig Menschen.

> ... Es war eine Fallgrube zum Fangen von Tieren, und man sah sie an der Oberfläche nicht. Sie war ziemlich fest gebaut. Mose ging darüber und vielleicht weitere dreihundert Juden, aber später drängten sich mehr Menschen darauf, und sie brach ein. Aber Mose wußte im voraus, daß dies geschehen würde.

Wer hat es ihm gesagt?

> Sein Bruder. Er hatte sich hypnotisiert, sah es und sagte es Mose.

Können Sie sicher sagen, daß Mose von dieser Fallgrube wußte?

> Ich bin ziemlich sicher, aber ich kann es nicht erklären. Ich weiß es einfach.

Welche Anordnungen hat Mose getroffen, um sicherzustellen, daß genau die Menschen in die Grube fielen, von denen er es wünschte?

> ... Es war ihm vorausgesagt, er brauchte nichts zu arrangieren.

Wie können Sie sicher sein, daß sein Bruder es vorhersagte, wenn Sie ihre Sprache nicht verstehen?

> Das ist seltsam ... Der Bruder erwacht und geht mit ihm zu der Stelle, wo diese bestimmte Gruppe Menschen schläft; es ist Nacht, und er deutet auf diese Menschen, und Mose nickt mit dem Kopf – und sieht erfreut aus.

Suchen Sie den Augenblick, da sie in die Grube fallen.

> Ja, es war eine Grube, absichtlich ausgehoben, von länglicher Form, ziemlich lang und breit. Balken waren darüber gelegt. Sie war mit Schmutz und Sand bedeckt und überhaupt nicht zu sehen. Als die Menschen darübergingen, drehten sich einige Balken, und etwa drei rollten weg. Das machte die anderen Balken locker, und die Menschen fielen durch die Zwischenräume.

Konnten sie danach die Balken sehen?

> Ja, alle konnten es.

Aber sie müssen es dann doch ganz natürlich gefunden haben.

> Nein, denn sie glaubten, was Mose ihnen gesagt hatte: daß Gott sie bestrafen würde, wenn sie ihm nicht gehorchten.

Wie können Sie das wissen?

Er sagte es ihnen etwa einen Tag vor dem Ereignis; zu dieser Zeit hatte ihm sein Bruder schon gesagt, was geschehen würde.

Aber woher wissen Sie, daß er ihnen sagt, Gott würde sie bestrafen?

Er deutet zum Himmel hoch, und dann beten alle.

Können Sie die Zahl der Juden nennen, die damals umherwanderten?

Ich weiß nicht, ob ich richtig schätze. Ich habe noch nie eine so große Menschenmenge gesehen. Ich würde sagen, zwanzigtausend.

Was geschah mit jenen, die in die Grube fielen?

... Sie kamen nicht um ... Dieser brach sich das Bein – sie waren schwer verletzt.

Halfen die anderen ihnen aus der Grube?

Nein.

Wollen Sie damit sagen, man habe sie dort gelassen, bis sie starben?

Ich glaube, einige von ihnen kamen heraus. Sie bestand aus Erde, und die Leute machten Stufen in die Wand, um herauszukommen.

Und Mose versuchte nicht, ihnen herauszuhelfen?

Niemand versuchte es. Sie sahen es als eine Strafe Gottes an. Ich schließe das aus der Tatsache, daß von den Leuten, die an der Grube vorübergingen, keiner ihnen Aufmerksamkeit schenkte.

Befand sich diese Fallgrube innerhalb ihres Lagers?

Nein, sie waren unterwegs. Sie befand sich auf ihrem Weg.

Nun suchen Sie bitte den Tod des Bruders von Mose. Es ist derjenige der beiden Brüder, der eher starb.

Der ältere.

Gelangte seine Seele durch die Wand?

Nein.

Welcher der beiden Brüder war hypnotisiert?

Als sie beim Pharao waren, der jüngere, und vor der Fallgrube hat sich der ältere selbst in Schlaf versenkt.

Die Versuchsperson wurde außerdem aufgefordert, in Paris das berühmte Medium Eusapia Palladino während der Sitzungen zu suchen und zu beobachten, die der französische Astronom Camille Flammarion leitete (und in seinem Buch *Unbekannte Naturkräfte* beschrieb). Wir hofften, auf diese Weise mehr Informationen über physikalischen Mediumismus zu erhalten. Die Versuchsperson wurde gebeten, in ihrer Imagination nach Paris und zurück in den November 1898 zu gehen und die Straße sowie das Haus ausfindig zu machen, in dem die Sitzungen stattgefunden hatten.

...Ja, ich habe diese Gruppe. Aber sie ist im Finstern, deshalb dauerte es eine Zeitlang, bis ich sie sah.

Suchen Sie die Gruppe in einer Situation, da sie eine Materialisierung erlebt (die Bedeutung des Ausdrucks wurde der Versuchsperson erklärt) oder da ein Gegenstand, sagen wir ein Tisch, in die Luft gehoben wird.

Ja.

Beschreiben Sie, was mit dem Medium geschieht.

...Die Seele dieser Dame wird irgendwie dichter. Und die Wolke in ihrem Kopf ist sehr dünn, so daß sie fast unsichtbar ist, aber das kommt vielleicht daher, daß ihr Schlaf sehr tief ist... Ansonsten sehe ich nichts Besonderes.

Wenn ein Tisch gehoben wird, was hebt ihn?

...Es ist diese verdunstete Substanz von ihrer Wolke, aber die wachen Teilnehmer rundum sehen sie nicht. Der Tisch wird von ihr getragen.

Beschreiben Sie es genauer.

...Es sieht wie sehr dünner Nebel aus. Er umgibt den Tisch und konzentriert sich besonders unter ihm. Aber mir scheint, daß kein Metallgegenstand dasein darf.

Warum?

Die Kraft wird irgendwie zerstört. Diese Substanz, die von der Wolke verdunstete, kann keinen Metallgegenstand halten.

Warum glauben Sie das?

Weil sie dort einen Tisch hatten, und auf dem Tisch lagen Gegenstände aus verschiedenen Materialien. Diese Gegenstände wurden etwa zwei Zentimeter in die Luft gehoben. Aber dort war auch ein Metallmesser, und es wurde nicht gehoben.

Geschah im Bereich dieses Messers irgend etwas mit dem Nebel?

Der Nebel ist auch um diese Gegenstände und drückt von unten gegen sie. Aber er hält sich von dem Messer fern, in einem Abstand von ungefähr zehn Zentimetern, und kann nicht unter es gelangen.

Können Sie erklären, warum?

Nein.

Beschreiben Sie noch einmal alles, was geschah, als dieser Tisch gehoben wurde.

Es herrscht dort fast vollständige Dunkelheit, eine Art orange Dunkelheit, aber ich bin mir der Farbe dieses kleinen Lichts nicht sicher, es kann meine Imagination sein. Ich sehe, daß dort nur ein sehr kleines, winziges Licht ist. Alle diese Leute halten sich bei den Händen. Das Medium befindet sich unter ihnen und schläft.

Was geschah mit dem Medium in dem Augenblick, da der Gegenstand gehoben wurde?

Es sinkt in tieferen Schlaf.

Wie sieht das aus?

Seine Wolke wird dünner und die Seele dichter.

Sind Sie sicher, daß die Substanz, die den Tisch hebt, aus der Wolke kommt?

Ich sehe, wie sie durch seine Schläfen strömt und an den vom Medium gewünschten Ort geht.

Nach dem Erwachen aus der Hypnose gab Milena spontan folgende Kommentare:

Was mich am meisten überraschte, war das Aussehen von Jesus. Er war ganz anders, als ich ihn mir vorgestellt habe. Zuerst sah ich ihn als großen, schönen Mann, wie er gewöhnlich dargestellt wird. Dann sagte ich mir, das könnte Autosuggestion sein, und dann erschien Jesus ganz anders: Er war ziemlich klein, mager; ich sah ihn ohne Bart, und er hatte durchdringende Augen.

Sodann überraschte mich die Leichtigkeit, mit der ich die Ereignisse in der fernen Vergangenheit sehen konnte. Ich sah diese Szenen viel deutlicher als Ereignisse in der nahen Vergangenheit. Zum Beispiel war ich überrascht, daß ich die Szenen mit Jesus viel klarer sah als diese Dame in der französischen Gruppe.

**Experiment Nr. 6** (26. Januar 1949; Versuchsperson: Zdenka)

*Jesu Tod. Was geschah mit seinem Leichnam? Jesu Wunder*

Suchen Sie den Tod Jesu. (Wie bei dem vorhergehenden Experiment mit Milena wurde auch hier der Versuchsperson der Zweck des Experiments erklärt, und sie erhielt allgemeine Anweisungen, wie sie im Geist nach Palästina und in die ferne Vergangenheit reisen und den Augenblick von Jesu Tod beobachten solle. Sie kannte die Schilderung von Jesu Kreuzigung im Neuen Testament in groben Zügen; gemäß dieser Schilderung wurde sie angewiesen, nach einer Szene auszuschauen, in der man auf einem Berg bei Jerusalem drei Männer kreuzigte.)

...Ich bin noch nicht in dem Jahr... Ich glaube, ich bin jetzt in dem Jahr. Aber ich habe diese Hinrichtung noch nicht... Doch.

Was sehen Sie?

Dort auf dem Berg sind zwei Kreuze, und der dritte Mann trägt ein weiteres dort. Er ist etwa fünfunddreißig, er ist ziemlich klein, hat einen sehr kleinen Bart, langes Haar. Er sieht gar nicht so aus, wie er gewöhnlich gemalt wird. Er ist dünner, hat dunkles Haar, wenn auch nicht ganz schwarz, ein längliches Gesicht, dunkle Augen, hohe Stirn.

Sieht er jemandem gleich, den Sie kennen?

Nein.

Sehen Sie diese Szene besser oder schlechter als die Szenen in der nahen Vergangenheit?

Besser.

Beschreiben Sie die Todesszene und sagen Sie mir, was nach dem Tod mit seinem Leichnam geschah.

...Er trägt das Kreuz bergauf, es folgen ihm einige Menschen nach, es sind mehr... Der Gang ist wahrscheinlich sehr ermüdend, da er dieses Kreuz trägt, so ein großes, und nun fällt er zu Boden... Sie helfen ihm aufstehen, und sie gehen weiter. Nun sind sie fast oben auf dem Berg, es ist eher eine Art Hügel, kein großer Berg... Sie sind jetzt auf diesem Hügel, er läßt das Kreuz fallen, jetzt reißen sie sein Kleid auf... Jetzt sagt er einer Frau auf Wiedersehen.

Hören Sie, was er zu ihr sagt?

Sehr undeutlich.

Was sehen Sie als nächstes?

Jetzt haben sie ihn auf das Kreuz niedergelegt, und jetzt nageln sie seine Hände daran fest.

Beschreiben Sie sein Verhalten.

... Er nimmt das hin – es ist seltsam, mir scheint, er nimmt es ziemlich ruhig hin. Er wirft sich nicht herum; er hat nur die Zähne fest zusammengebissen... Dann nagelten sie seine Füße an, dann setzten sie ihm diese Krone auf. Dann stachen sie ihn.

Wohin?

Ins Herz. Dann richteten sie das Kreuz mit ihm auf.

War er tot, als sie ihn ins Herz stachen?

Ich glaube, er war schon halb tot, als sie seine Füße annagelten.

Waren die beiden Männer neben ihm auch an die Kreuze genagelt oder nur mit Stricken festgebunden?

Mit Stricken. Ihre Arme sind mit Stricken festgebunden, und ich sehe nicht, ob sie darunter auch angenagelt sind oder nicht. Sie sind in derselben Stellung, wie Jesus gewöhnlich gemalt wird.

Was geschah mit Jesu Leichnam?

Er blieb über Nacht dort hängen – er wurde etwa zwei Tage dort gelassen –, dann nahmen sie ihn ab, wickelten ihn in etwas ein und trugen ihn dort hinunter, unter den Hügel, und sie legten ihn in eine Höhle oder was das sein mag. Der Boden darin ist mit Steinen gepflastert.

War die Höhle offen?

Nein, vor dem Eingang war so ein großer Stein.

Befanden sich andere Leichname darin?

Nein.

Oder verwesene Gebeine?

Nein.

Versuchen Sie Jesus in der Wüste zu finden. Sie werden ein Stückchen weiter in die Vergangenheit zurückgehen müssen. Die Bibel sagt, er habe dort etwa vierzig Tage gefastet.

... Ich kann es nicht leicht finden. Es liegt eine lange Zeit zurück, und ich muß ihm Tag für Tag folgen.

Während Sie das tun, könnten Sie achtgeben und mir sagen, ob er jemanden geheilt hat.

...Eine alte Frau. Sehr alt. Ich weiß nicht, was sie hatte. Sie sah sehr schlecht aus und zitterte die ganze Zeit. Er bestrich ihre Stirn mit einer Salbe, betete über ihr, sie lag vielleicht noch eine Woche, aber dann ging sie wieder normal.

Und nun versuchen Sie Jesus in der Wüste zu finden.

...Ja.

Was tut er dort?

Er kam dort hin, es ist ungefähr – er ging von einem Dorf etwa drei Tage lang, er betete dort am Morgen, auch tagsüber und an den Abenden, er schlief auf Sand –, aber die meiste Zeit ging er umher und suchte nach Wasser... Ich kann nicht sagen, wie lange er dort war, ob es diese vierzig Tage waren, aber er war längere Zeit dort.

Sehen Sie, daß er sich irgendwie konzentriert, oder war er vielleicht hypnotisiert oder etwas Ähnliches?

...Nein, er ist einfach gegangen, hat gebetet oder geschlafen. Ich sehe nichts besonders Ungewöhnliches. (Diese Aussage muß nicht im Widerspruch zu dem stehen, was Milena berichtete [S. 81]. Zdenka kann ihn bei anderer Gelegenheit gefunden haben.)

Einige Zeit später nahm er mit seinen Jüngern an einer Hochzeit teil (Johannesevangelium 2, 7). Laut der Bibel verwandelte er dort Wasser in Wein. Angeblich befand der Wein sich in sechs steinernen Gefäßen. Finden Sie heraus, was es war.

...Sie haben dort keinen Wein getrunken. Ich sehe es nicht als Wein. Es ist einfach farblos, und es sieht wie Wasser aus.

Sehen Sie Jesus dort?

Ja.

Was hat er mit dem Wasser gemacht?

Sie haben es in eine Art große Krüge aus Ton gegossen – und bevor sie es ausschenkten, führte er seine Hände darüber, als streichle er sie. Aber es kann auch sein, daß er sie nur zählte. Dies war das einzige Seltsame, das ich sehe, und es war noch genauso farblos wie zuvor. Könnte es sein, daß es für sie nur wie Wein schmeckte?

Versuchen Sie Jesus zu finden, da er mit seinen Jüngern in einem Boot auf dem See ist. Ein Sturm erhob sich, aber er machte eine Geste, und die Wogen glätteten sich. (Matthäusevangelium 8, 26.) Sehen Sie das Boot?

...Das war ein sehr großer See. Es fiel etwas Regen, ein kurzes Gewitter ging nieder. Und Jesus betete. Er betete ziemlich lange, vielleicht eine Viertelstunde. Und bevor er sein Gebet beendete, hörte der Regenguß auf.

Später stieg er aus dem Boot, stimmt das?

Ja.

Kurz danach – wie es in der Bibel steht – begegneten sie zwei von Teufeln besessenen Männern. Und es heißt, daß Jesus ihre Krankheit auf eine Herde Schweine übertrug. Die Schweine liefen ins Wasser und ertranken.

Ich sehe nichts dergleichen hier.

Sehen Sie in der Nähe eine Herde Schweine?

Ja. Sie grasen entlang der Straße... Zwei Männer gingen hier vorbei, aber sie sehen überhaupt nicht seltsam aus. Später folgten ihnen mehr Männer. Die ersten beiden lachten über irgend etwas, aber die Schweine liefen nirgends hin. Ich kann also nichts sagen... Und ich sehe nichts anderes.

Einige Zeit später können Sie Jesus auf dem See gehend finden. (Matthäusevangelium 14, 25–31). Seine Jünger waren auf einem Schiff, und er ging über den See zu ihnen.

...Ja, ich sehe ihn. Er geht ganz normal. Er geht wirklich auf der Wasseroberfläche, aber seine Füße sinken leicht ins Wasser ein.

## **Experiment Nr.** 7 (31. Januar 1949; Versuchsperson: Zdenka)

*Jesus geht auf dem Wasser. Andere Wunder. Jesus und die Geldwechsler. Jesus als Heiler. Versuch, hellsehend auf andere Planeten zu reisen*

Suchen Sie wieder Jesu Tod.

...Ja.

Und nun folgen Sie ihm und suchen Sie ihn wieder, da er auf dem See geht.

Ja.

Bitte beschreiben Sie es.

Die Apostel, oder wer immer sie sind, fahren dort in einem Boot, und er geht auf dem Wasser zu ihnen... Aber es sieht eher wie seichtes Wasser aus. Er ist bis zu den Knöcheln im Wasser. Er geht sehr langsam.

Schauen Sie nach, wie tief das Wasser an dieser Stelle ist.

...Ich sehe den Grund nicht.

Versuchen Sie das Wasser bis zum Grund hinunter zu durchdringen und schätzen Sie die ungefähre Tiefe ab.

...Es können etwa drei Meter sein.

Also geht er wirklich auf der Wasseroberfläche?

Ja.

Können Sie erklären, wie er das macht?

Nein.

In der Bibel heißt es (Matthäusevangelium 14, 28–31), jemand sei aus dem Boot auf ihn zugegangen. Stimmt das?

...Ich sehe niemanden aus diesem Boot im Wasser gehen. Er selbst ging die ganze Strecke zum Boot, aber sonst ging niemand auf dem Wasser.

Wie weit ist er gegangen?

Etwa zwanzig, einundzwanzig Meter.

Was hat er getan, bevor er auf dem Wasser ging? (Mit dieser Frage sollte herausgefunden werden, ob er Meditationsübungen gemacht hatte. Die Versuchsperson reagierte nicht auf diesen Aspekt der Frage, was anzeigt, daß sie nicht telepathisch die Gedanken des Experimentators las.)

...Er war irgendwo in einem Dorf.

Was tat er dort?

...Er war dort mit seinen Aposteln, und er schickte sie voraus, und er sagte zu ihnen – er deutete in eine Richtung und sagte etwas wie, daß er ihnen später folgen würde; ja, daß er ihnen später folgen würde.

Verstehen Sie ihn?

Nein, aber er zeigt das durch seine Bewegungen. Sie waren in irgendeinem Gasthaus, sie geben ihm dort eine Suppe oder was es war, und sie haben dort eine kranke Tochter, also betet er über ihr, streicht ihr irgendwie über die Stirn, und dann geht er weg, um sich mit ihnen zu treffen.

Welche Krankheit hatte die Tochter?

Ich weiß es nicht, sie ist so rötlich, als hätte sie Fieber.

Sehen Sie sie in Farben?

Ja, sie hat so trockene Lippen, es sieht wie Fieber aus.

Wie ist Jesus gekleidet?

Er hat eine Art beiges Kleid an, es ist lang, es sieht wie ein Nachthemd aus, reicht ihm bis an die Knöchel. Und er hat einen Gürtel, der aus demselben Material gemacht ist, und er hat Sandalen an den Füßen. Unter diesem Kleid trägt er nichts. Und er hat nichts auf dem Kopf.

Hat er gebetet, bevor er ans Wasser kam?

...Dort betete er, am Ufer. Er kniete dort, die Hände gefaltet, er betete etwa fünf Minuten, und dann trat er ins Wasser. Er betrat das Wasser.

Hat er die Augen offen?

Ja.

Er sieht also nicht aus, als schlafe er?

Nein. Er rief ihnen sogar etwas zu.

Was?

Ich weiß es nicht, aber die fuhren und sahen ihn nicht, und dann wandten sie sich um und hielten inne, als warteten sie auf ihn.

Laut der Bibel speiste Jesus zu irgendeiner Zeit, da er mit seinen Aposteln in dem Dorf war, eine große Menschenmenge mit einigen wenigen Laiben Brot. (Matthäusevangelium 14, 19–21.) Finden Sie heraus, wie das war.

...Es waren fünf große Brotlaibe da, und das Dorf war ziemlich klein, und jeder bekam drei Scheiben.

Wie viele Menschen waren dort?

Nicht viele; sagen wir, etwa dreißig.

Hatten sie auch Fisch?

Ich sehe keinen. Diese fünf Laibe liegen auf – es sieht aus wie ein Tisch, aber sonst ist nichts da.

In der Bibel heißt es, von diesen fünf Laiben seien zwölf Körbe mit Brocken übriggeblieben.

Die Apostel brachten diese zwölf Körbe mit. Aber diese Körbe waren sehr klein.

Haben sie wirklich Brotkrumen gesammelt?

Ja, sie lasen etwas auf.

Und waren alle Körbe voll?

Nicht alle. Nur etwa sieben.

Wie groß waren die Laibe?

Aber diese Brocken stammten nicht von den Laiben. Die Laibe hatten etwa die Größe von Landbrot (in der Tschechoslowakei häufiges Brot), nicht mehr als je zehn Pfund.

Woher kamen die Brocken?

Ich weiß nicht, woher sie sie hatten. Sie hatten sie schon, als sie eintrafen.

Wenn Sie Jesus in eine spätere Zeit folgen, können Sie ihn auf einem Esel reitend finden. Es kann bei einer festlichen Gelegenheit gewesen sein.

...Ja.

Beschreiben Sie dieses Ereignis. Schildern Sie, worum es sich handelte.

Er predigte in irgendeinem Dorf, oder – es war so eine kleine Versammlung, und er sagte zu den Leuten dort etwas. Dann boten sie ihm den Esel an – als würden sie ihn in ein anderes Dorf einladen, und sie wollten nicht, daß er zu Fuß gehe, und deshalb brachten sie ihm den Esel. Aber es ist seltsam, er ritt darauf in so seltsamer Weise, so leicht, als sitze er überhaupt nicht darauf, und die Apostel folgten ihm. Es ist so seltsam, der Esel geht so flott, als sitze niemand auf ihm.

In der Bibel heißt es, sie hätten ihm Blumen auf den Weg gestreut.

Keine Blumen, es stand niemand dort. Sie begleiteten ihn bis zum Ende des Dorfes, und dann war er allein mit seinen Aposteln. Niemand sonst ging dort.

Wohin begaben sie sich als nächstes?

Wieder in ein Dorf.

War es groß oder klein?

Nicht zu groß.

Wie viele Einwohner konnte es haben?

Sagen wir, etwa zweihundert. Wie ein mittelgroßes Dorf in unserem Land.

Was tat er dort?

...Er ging zu jemandes Haus – um ein Kind zu begraben, so ein kleines Kind – dann verheiratete er jemanden, zwei Menschen waren da, ziemlich jung, er machte Gesten über ihren Köpfen und sprach mit ihnen – dann gingen sie mit ihm zu Tisch, und sie ließen ihn auch dort schlafen. Ja, er schlief in diesem Haus.

In der Bibel steht, an dem Tag, an welchem er auf dem Esel ritt, sei er nach Jerusalem gelangt; Sie würden es eher als größere Stadt sehen. In der Bibel heißt es, er sei zu einer Kirche gekommen, in der einige Händler ihre Stände hatten. Jesus stieß ihre Tische um (Matthäusevangelium 21, 12) und heilte dort auch einige Menschen. Können Sie diese Szene beschreiben?

Ich sehe nichts. Vielleicht war es später.

Bitte versuchen Sie es zu finden.

Das, was ich sah, geschah davor, als er jung war. Ich würde vermuten, daß er etwa siebenundzwanzig war. Und als er die Dinge umstieß –, das könnte später geschehen sein, vielleicht kurz vor seinem Tod.

Versuchen Sie es zu finden.

In irgendeinem Tempel stieß er etwas um. Es sind Aufbauten, aber es sieht seltsam aus. Ich würde es nicht als Kirche bezeichnen. Sie haben einen Altar dort, das ist wahr, aber es ist ein schmutziger, unordentlicher Ort.

Ist das in einer größeren Stadt?

Ja.

Wie gelangte er in die Stadt?

In die Stadt ging er zu Fuß, und als sie hineinkamen, ritt er auf einem Esel. Und die Apostel gingen hinter ihm.

War irgendeine Feier, als sie hineinkamen?

Nein.

In dem Tempel, wo er die Aufbauten umstieß, wie Sie sagen, kamen einige Menschen zu ihm, und er heilte sie.

Nein, sie sind nicht zu ihm gekommen. Sie knieten in der

Nähe des Tempels, und als er an ihnen vorbeikam, machten sie, daß er sich zu ihnen beugte, und er heilte sie.

Wie hat er sie geheilt?

Er machte ein Kreuz oder eine Geste über ihnen, dann strich er ihnen mit der Hand über die Stirnen – ja, das ist alles, und dann waren sie geheilt; sie dankten ihm sehr.

Was tat er als nächstes?

Dann ging er wieder mit seinen Aposteln weg – nein, er war noch in dieser Stadt, er ging zu einer alten Frau, sie beweinte jemanden, es war vielleicht ihr Sohn, weil er leprakrank war.

Wie können Sie das sagen?

Er zitterte sehr – und er heilte ihn.

Hatte der Kranke Geschwüre?

Er hatte etwas dergleichen an den Füßen. Auf den Fußsohlen hatte er Geschwüre, fünf oder acht Zentimeter breit, sehr tief, und seine Arme und Beine zitterten.

Was hat Jesus getan?

Er bespritzte seinen Kopf mit Wasser, bestrich seine Geschwüre mit einer Salbe, eher einer leichten, dann bestrich er seine Stirn mit Öl, es war sehr schmierig, aber ich kann nicht sicher sagen, ob es Öl war; dann betete er etwa eine Stunde über ihm, und der Mann wurde in etwa einer Woche gesund.

Er hatte keine Geschwüre mehr?

Nein.

Hat Jesus ihn später nochmals besucht?

Nein.

Was tat Jesus nach dieser Heilung?

Er verließ die Stadt und ging mit seinen Jüngern woanders hin.

War es am selben Tag?

Nein, sie kehrten in einem Gasthaus ein; dort war – ein betrunkener Mann, er wollte kämpfen, und Jesus erhob sich über ihn, mit der Hand machte er über seinem Kopf einen Heiligenschein, betete kurz über ihm, und der Mann wurde wie in einem Augenblick nüchtern und bat ihn um Verzeihung. Und er betrank sich nie mehr. Dann schliefen sie in diesem Gasthaus bis zum nächsten Morgen, und dann gingen sie weg.

An einem dieser Tage sahen sie wahrscheinlich einen Baum, und

Jesus befahl ihm zu verdorren, und der Baum verdorrte (Matthäusevangelium 21, 19). Wie war das?

Es war ganz in der Nähe dieser Stadt, aber ich glaube nicht, daß etwas Seltsames daran war. Der Baum war sehr groß, und er war sehr trocken, als sie bei ihm ankamen. Er sah aus, als gehe er bereits ein, wegen des heißen Wetters damals. Ich weiß nicht, ob Jesus besondere Macht besaß oder ob es eher auf die Hitze zurückzuführen war.

Ist der Baum augenblicklich verdorrt?

Nein, es dauerte mindestens einen Tag.

Waren sie bei dem Baum, als er verdorrte?

Nein, sie blieben etwa zwei Stunden dort, und während dieser zwei Stunden veränderte sich an ihm nichts. Sie kamen kurz vor Mittag hin, sie nahmen dort ihr Mittagessen ein, und der Baum verdorrte einige Zeit, nachdem sie gegangen waren.

* * *

Bei früherer Gelegenheit (hier nicht geschildert) versuchte Zdenka, hellseherisch künftige Raumflüge zu anderen Planeten zu beobachten. In diesem Zusammenhang wurde sie einmal aufgefordert, geistig auf einen anderen Planeten zu reisen. Sie klagte über unerwartete Schwierigkeiten, die verhinderten, daß sie dorthin gelange.

Ich kann nicht dorthin gehen.

Warum nicht?

Ich weiß es nicht, es ist, als wäre etwas wie Elektrizität dort oder etwas Ähnliches. Etwas wie ein heftiger Wind.

Versuchen Sie trotzdem, dorthin zu gelangen.

Ich werde nicht zu dem anderen Planeten gelangen. Es ist schwer und ich glaube auch gefährlich.

Welche Gefahr erwarten Sie?

Ich weiß es nicht, es ist, als hätte mich jemand geschlagen oder etwas Dergleichen.

Haben Sie wirklich etwas gespürt?

Ja, es war von einem Stoß dieses Windes, doch es war nicht stark. Aber, wissen Sie, jetzt habe ich Angst.

Beschreiben Sie, wie es sich anfühlte.

Es war, als fiele etwas auf mich, aber nicht auf meinen Körper, sondern auf mein Gehirn und meine Gedanken. Ich weiß nicht, wie ich es besser beschreiben soll.

(Dieses Thema wurde später wieder aufgegriffen und folgendermaßen weiter behandelt:) Erinnern Sie sich, wie Sie in einem Ihrer früheren Experimente auf einen anderen Planeten gehen wollten, aber ein Hindernis auf Ihrem Weg fanden?

Ja.

Versuchen Sie jetzt, zum Mond zu gehen, und stellen Sie fest, ob da ein Hindernis besteht.

Ich kann nicht dorthin gehen. Mir ist sehr kalt. Ich habe – soweit ich es beurteilen kann – etwa zwei Drittel der Entfernung zwischen der Erde und dem Mond zurückgelegt; aber da ist etwas wie dieser Strom, eine Spannung.

Gehen Sie statt dessen zur Sonne.

Das wird auch nicht gelingen.

Beschreiben Sie Ihre sämtlichen Empfindungen.

Wissen Sie, vielleicht wäre ich fähig zu gehen, aber es ist so unangenehm. Ich weiß nicht, wie ich es beschreiben soll. Wenn ich eine bestimmte Entfernung über der Erde erreiche, dann scheint mir, daß ich nicht weiter kann, weil dort irgendeine Gefahr besteht.

Versuchen Sie, so weit wie möglich zu gelangen. Sie können bestimmt ein wenig unangenehme Gefühle aushalten. Nur wenn Sie wirkliche Gefahr spüren, kommen Sie zurück. Und beschreiben Sie Ihre sämtlichen Empfindungen.

Durch die Atmosphäre kann ich ganz leicht emporsteigen. Aber wenn ich höher komme, ist da so ein Nebel.

Wie hoch sind Sie?

Ich würde sagen, etwa fünf Erddurchmesser hoch.

Was fühlen Sie dort?

So einen seltsamen Druck. Einen großen Druck.

Und wenn Sie versuchen, ihn zu überwinden?

Ich kann nicht. Es ist etwas so Seltsames. Dort ist etwas wie ein Gas, und der Druck dieses Gases ist so seltsam bedrückend, es ist eine so seltsame Kraft. Ich weiß nicht, was es sein könnte.

Ist es dasselbe Gefühl wie damals, als Sie den Strom spürten?

Damals war es so eine starke Strömung, aber dies hier läßt sich nicht ausdrücken. Stellen Sie sich etwas Undurchdringliches und doch Unsichtbares vor. Damals bewegte es sich; hier ist es etwas Ähnliches, aber es ist stationär.

## **Experiment Nr. 8** (9. Februar 1949; Versuchsperson: Milena)

### *Wie sah Mose aus? Weitere Wunder des Mose in Ägypten. Der Tod des Elija – ein lange vergessener Mord?*

Suchen Sie jetzt Mose.

Ja.

Beschreiben Sie ihn und seinen Bruder.

Der jüngere Mann ist etwa einen Meter fünfundsechzig groß, hat dunkles Haar. Auf den ersten Blick sieht er nicht wie ein jüdischer Typ aus; später, wenn ich ihn länger ansehe, hat er einige jüdische Gesichtsmerkmale, aber nicht zu ausgeprägt. Er hat ein langes Gesicht, ziemlich große Nase und ist völlig bartlos. Er ist ähnlich gekleidet, wie die Römer gemalt werden, aber nicht genauso. Er hat auch etwas um den Leib gewunden, und darüber hat er etwas – etwas wie einen Mantel; etwas, wie es die Römer über ihre Schultern zurückgeworfen hatten. Der ältere Mann ist ein bißchen kleiner, er hat einen Bart, der sieht wie rot aus. Ich beurteile das an der Tatsache, daß er weder hell noch dunkel ist, und sein Haar ist ganz genauso. Er hat auch ein langes Gesicht und hat eigentlich nur leicht jüdische Gesichtszüge.

Welcher von ihnen starb als erster?

Der ältere.

Versuchen Sie herauszufinden, wer die beiden die Kunst der Hypnose lehrte.

Sie lernten sie von einem Mann, der behauptete, ein Zauberer zu sein, und als er starb, sagte er dem älteren das Geheimnis.

Nun suchen Sie noch einmal die Szene, da die Juden in die Fallgrube fielen. Laut der Bibel warfen die Juden einen Tag nach dem Ereignis

Mose und seinem Bruder vor, sie trügen die Schuld am Tod jener, die in die Grube fielen (Numeri 17, 6–7). Aber die Bibel sagt, es sei eine Wolke aufgezogen, „und die Herrlichkeit Jahwes erschien". Was war es?

Ich sehe nur, wie er ihnen erklärt, was geschah. Er erklärt, daß sie Rebellen seien, die nicht wollten, daß die Gruppe das Land erreiche, in das Mose sie führe, aber ich sehe nichts von dieser Wolke.

Wonach beurteilen Sie, was er ihnen sagt?

An den Bewegungen. Diese Menschen sind dann befriedigt, und sie beten.

Laut der Bibel fanden kurz danach etwa 14700 Menschen den Tod (Numeri 17, 14). Wie geschah dies?

(Die Versuchsperson schwieg lange.)

In jenen Tagen fanden manchmal viele Menschen den Tod. Was war es?

Ich sehe nichts. Ich versuchte vorwärts und rückwärts in der Zeit zu gehen, und der einzige Fall, wo viele Menschen starben, war das Ereignis im Meer, da die Menschen in der Flut ertranken (siehe Seite 85).

Suchen Sie nun den Tod von Mose. Wußte er im voraus, daß er sterben würde?

Nein, er hat nicht davon gewußt. Er stirbt vermutlich im Schlaf an einem Schlag.

Was läßt Sie an einen Schlaganfall denken?

Ich weiß nicht, was sonst einen so plötzlichen Tod verursachen könnte.

Welchen der beiden Brüder sehen Sie sterben?

Es ist der jüngere, der später starb.

Ist seine Seele durch die Wand gelangt?

Ja.

Im folgenden werden wir versuchen, Erklärungen für einige frühere Ereignisse aus der biblischen Geschichte zu finden. Wir werden wieder mit der Beobachtung von Moses Besuch beim Pharao beginnen. Kurz nach dem Augenblick, da er für den Pharao den Stab in eine Schlange verwandelte, werden Sie Mose mit dem Pharao am Fluß sehen. Mose verwandelte das Wasser im Fluß in Blut (Exodus 7, 20).

Der Pharao befindet sich im Schlaf (d. h. in Hypnose). Mose oder sein Bruder haben es ihm suggeriert.

Etwas später starb das Vieh der Ägypter, nicht dagegen jenes der Juden (Exodus 9, 6).

Die ägyptischen Kühe grasten auf verseuchten Weiden. Es können Zecken gewesen sein. Und die Kühe der Juden grasten woanders.

Später erkrankten einige Menschen an Geschwüren. Laut der Bibel waren es nur Ägypter (Exodus 9, 10).

Sie tranken verunreinigtes Wasser.

Bekamen sie Typhus?

Ich weiß nicht, wie Typhus aussieht.

Beschreiben Sie, wie diese Krankheit aussah.

Sie hatten offene Wunden, manchmal etwa zweieinhalb Zentimeter groß.

Starben sie daran?

Einige starben.

Wie heilten sie die Krankheit?

Sie wußten nicht, was es war. Durch Zauberprozeduren verschiedener Art, Beschwörungen oder etwas Ähnliches.

Ein wenig später suchten Hagel und Feuer Ägypten heim (Exodus 9, 23).

Das war ein Gewitter. Nur ein heftiges Gewitter.

Hat einer der beiden Männer das vorausgesagt?

Ich glaube, der ältere kann es im Schlaf gesehen haben. Aber er verbreitete die Nachricht nicht.

Und später kamen Heuschrecken (Exodus 10, 13).

Das ist eine normale Sache. Der ältere Mann wußte es im voraus, und er sagte es sofort dem jüngeren.

Und noch später herrschte über Ägypten drei Tage lang Finsternis (Exodus 10, 22).

Das war keine wirkliche Finsternis. Das waren sehr trübe Tage. Aber es hat nicht geregnet. Es war nur sehr wolkig.

War es keine Sonnenfinsternis?

Aber diese dauert doch nicht so lange ... Nein, es war keine.

Und noch später wurden die erstgeborenen Kinder in Ägypten irgendwie getötet (Exodus 12, 29).

Aber es waren nicht immer die erstgeborenen Kinder. Sie wurden vergiftet. Entweder die Juden selbst taten es, oder sie stifteten irgendwelche Familienmitglieder dazu an.

Wie viele Menschen starben?

Etwa hundert.

Nachdem die Juden das Meer durchquert hatten, zogen sie etwa drei Tage lang durch eine Wüste. Sie fanden dort Wasser, aber es war bitter (Exodus 15, 23–25). Mose warf ein Stück Holz ins Wasser und machte es süß.

Es war normales frisches Wasser. Ich beurteile es an der Tatsache, daß... Ja, es war ganz normal. Sie haben kein Holz hineingeworfen, und alle tranken davon.

Ein wenig später trug sich etwas zu, das die Bibel ungefähr auf diese Weise beschreibt: Mose trat in das Zelt ein, und eine Wolkensäule senkte sich zum Eingang des Zeltes herab, und Gott sprach durch sie mit Mose (Exodus 33, 9).

Ich sehe die Säule dort, aber ich sehe sie nicht zu Mose sprechen.

Was war diese Wolkensäule?

Sie hatte dieselbe Konsistenz wie die Materie, die ich zuvor gesehen habe, die von dem Medium ausströmte (sie bezog sich auf das Experiment, in welchem sie die Materialisationen in Séancen mit Eusapia Palladino beobachtet – siehe Seite 91), aber ich weiß nicht, woher sie kommt.

Versuchen Sie es herauszufinden.

Ich glaube, der ältere Mann befindet sich wieder im Schlaf, aber ich kann nicht erkennen, ob sie von ihm ausströmt.

Wie sieht die Säule aus?

Sie ist wie die Seele, die ich früher beschrieb, aber sie ist im Unterteil nicht schmaler. Sie ist wirklich wie ein Pfeiler.

Können Sie sie berühren?

Ja, sie hat eine Konsistenz wie etwas – wie Honig.

Einige Zeit später fielen mehrere Menschen in die Fallgrube, und noch später fanden die Juden Wasser im Sand. Das sahen Sie bereits, erinnern Sie sich?

Ja.

Danach trug sich irgendwo eine Episode zu, wo die Menschen gegen

Mose murrten und, laut Bibel, Feuerschlangen erschienen und die Menschen bissen (Numeri 21, 6).

Dies widerfuhr nur einigen. Sie zerkratzten sich an einer Art Dornen, und ihre Beine schmerzten davon.

Wie konnten sie darin Schlangen sehen?

Wenn die Dornen sie kratzten, war die Wunde lang, bei manchen reichte sie vom Knöchel bis zum Knie. Sie war blutig und entzündet. Ich weiß nicht, was sie darin sehen konnten.

Einige Zeit nach Aarons Tod beteten die Juden fremde Götter an. Zu jener Zeit könnten Sie vielleicht einen Mann sehen, der einen anderen Mann und eine Frau, die diesen Mann begleitete, mit einem Speer durchbohrte (Numeri 25, 6–9). Laut Bibel starben zur gleichen Zeit vierundzwanzigtausend Menschen. Was war mit den vierundzwanzigtausend?

Sind jene Juden gestorben?

Ja.

Es war nicht deswegen, und es waren auch nicht so viele. Unter ihnen herrschte eine Infektionskrankheit. Gestorben sind etwa zwei- oder dreihundert.

Beschreiben Sie die Krankheit.

Sie hatten hohes Fieber und großen Durst. Vielleicht war es sogar ein Sonnenstich. Ich sehe keine anderen Symptome.

Nach dem Tod des Mose führte Josua die Juden. Als sie den Jordan erreichten, blieb angeblich das Wasser in dem Fluß stehen, als sei dort ein Damm errichtet worden, und sie zogen im Trockenen hindurch (Josua 3, 16–17). Was geschah dort?

Es war seichtes Wasser. Eine Furt. Nichts sonst geschah.

Und nun suchen Sie bitte den Tod des Propheten Elija. Um Ihnen bei Ihrer Orientierung zu helfen, werde ich Ihnen mehr darüber sagen. Sie müßten einige Jahrhunderte später irgendwo am Jordan nach ihm Ausschau halten. Sie können eine Szene finden, in welcher zwei Männer an den Jordan kommen. Diese beiden Männer sind Elija und Elischa. Als sie an den Jordan kamen, nahm Elija seinen Mantel, wickelte ihn zusammen und schlug damit aufs Wasser. Das Wasser im Fluß teilte sich, und die beiden konnten den Fluß durchqueren. Als sie ihren Weg fortsetzten, wobei sie etwas erörterten, erschien der Bibel zufolge ein feuriger Wagen mit fünf feurigen

Rossen, und Elija wurde im Sturmwind gen Himmel gefahren. Dann nahm Elischa den liegengebliebenen Mantel Elijas, kehrte zum Fluß zurück, wo er damit aufs Wasser schlug, das sich erneut teilte, und ging wieder ans andere Ufer. Dort sprach er mit etwa fünfzig Männern (2 Könige 2, 8–16).

Wann geschah das?

Vielleicht zu irgendeiner Zeit zwischen 600 und 900 v. Chr., aber ich kann es nicht sicher sagen.

Das ist ein Problem. Ich weiß nicht, wo ich nach ihm schauen soll. Vielleicht bin ich bereits müde, da ich es bei anderen Malen sofort sehe, wenn ich mir den Befehl gebe, es zu sehen... (Der Versuchsperson wurde eine kurze Ruhepause gewährt.) Ich glaube, ich könnte es jetzt versuchen... Ich sehe einen Mann, aber ich weiß nicht, ob er es ist. Ich werde ihm folgen... Es sieht so aus, als ob er es sei. Dort ist eine Art Steg über den Fluß. Und er tut nichts mit seinem Mantel.

Sehen Sie zwei Männer?

Ja. Und dann kommt dort ein Wagen. Es ist bereits dunkel, und an dem Wagen sind vier Fackeln. Es ist ein offener Wagen, und er wird von rötlichen Pferden gezogen. Und – die Pferde haben auch Fackeln auf den Köpfen. Und dann... Mir scheint, als würde Elija entführt. Er hat nicht einmal Zeit, Elischa auf Wiedersehen zu sagen, und er vergißt seinen Mantel dort. In dem Wagen ist nur ein Fahrer und ein Mann mit einer Maske, er hat eine Art Haube über dem Kopf, und als sie außer Sicht von Elischa sind, löschen sie die Fackeln. Der Mann mit der Maske tut dies.

Was geschah mit Elija?

Er ist ungeheuer überrascht und fragt – aber ich weiß nicht, was. Sie sprechen miteinander... Dann tötet der Mann mit der Maske Elija und begräbt ihn in der Erde.

Warum hat er ihn getötet?

Ich weiß es nicht.

Beschreiben Sie diesen Mord.

Elija beginnt ein Gespräch. Zuerst spricht der Mann nicht mit ihm, dann sagt er ein paar Worte. Elija will aus dem Wagen springen, aber die Pferde galoppieren. Der Mann zieht ein Messer heraus; Elija versucht sich zu verteidigen, aber er hat keine Waffe, also tötet der Mann ihn.

Suchen Sie jetzt Elischa. Das ist der andere Mann, der bei Elija war.

Er hebt den Mantel auf, überquert den Fluß auf dem Steg, trifft einige Leute... Ich möchte sagen, er läuft auf jemanden zu, um ihm zu sagen, was Elija widerfuhr. Sie nehmen es als Botschaft von Gott; sie beten und suchen nicht mehr nach Elija.

Hat Elischa ein körperliches Gebrechen?

Er hinkte ein wenig, aber wirklich sehr wenig.

Sie werden Elischa finden, wie er an eine Stadt kommt, wo Kinder ihm etwas nachrufen. Er blickt zurück, verflucht vielleicht die Kinder, und dann erscheinen zwei Bären und zerreißen mehrere Kinder (2 Könige 2, 24).

Ich sehe nichts dergleichen. Ich sehe ihn in der Stadt, doch nichts Derartiges geschah.

Später sprach Elischa mit einer Frau. Sie hatte nur einen Krug Öl zu Hause. Elischa befahl ihr, von ihren Nachbarn so viele Gefäße zu borgen wie möglich und das Öl hineinzugießen. Die Bibel sagt, die Frau habe alle geborgten Gefäße füllen können (2 Könige 4, 3–6). Es scheint, als habe die Ölmenge in den Gefäßen zugenommen.

Die Gefäße, die sie borgte, waren sehr klein. Sie füllte sie, und in dem Krug blieb nichts übrig.

Nach einiger Zeit, vielleicht sogar ein paar Jahre später, kam Elischa in ein Haus, in dem sich ein totes Kind befand. Er legte sich über das Kind, tat seinen Mund auf den Mund des Kindes und seine Hände auf jene des Kindes. Auf diese Weise vermochte er das Kind wiederzubeleben (2 Könige 4, 32–35).

...Das ist etwas, das ich nicht erklären kann. Das Kind war nicht tot. Es war krank, aber ich weiß nicht, wie... Und mir scheint, als blase er ihm Luft ein. Er hält die Arterien an beiden Händen. Das Kind steht nicht auf, aber es öffnet die Augen und gibt Lebenszeichen.

Was geschah mit der Seele und der Wolke des Kindes und Elischas?

Im Kind ist es, als fließe die Wolke in seine Seele über. In Elischa sehe ich keine Veränderung. Während er die Luft in den Mund des Kindes bläst, wird dessen Wolke dichter; die Substanz kehrt aus der Seele in die Wolke zurück.

**Experiment Nr. 9** (10. Februar 1949; Versuchsperson: Milena)

*Wunder des Elija und des Elischa. Weitere Wunder Jesu. Was tat Jesus nach seinem zwölften Lebensjahr? Die überraschende Rolle Johannes des Täufers. Wie verhält es sich mit der Empfängnis des heiligen Geistes?*

Suchen Sie Elischa wieder, als er das Kind heilte.

...Ja.

Beschreiben Sie die Krankheit dieses Kindes.

Sieht so aus, als hätte es ein Fieber. Es deliriert... Und es hat kleine Furunkel am Körper. Ich kann ihre Farbe nicht nennen.

Wie lange war das Kind schon krank?

Etwa zwei oder drei Wochen, aber ich bin nicht sicher, daß ich die Zeit richtig schätze.

Könnten Sie herausfinden, wie es erkrankte?

...Vermutlich Infektion durch Wassertrinken.

Was waren die ersten Symptome?

...Appetitverlust.

Was geschah mit der Seele und der Wolke des Kindes?

Zuerst war es völlig normal, und erst kurz bevor Elischa kam, begann das Gas aus der Wolke in die Seele zu fließen.

Wie äußerte sich dieser Vorgang im Körper des Kindes?

Es sah aus, als stürbe es... Dann kam Elischa und... Das ist, was ich nicht verstehe: wie er es gemacht hat. Er setzte sich wirklich zu dem Kind nieder, preßte dessen Arterien an beiden Handgelenken zusammen, und es war, als atme er in es aus. Er blies in das Kind. Und in dem Augenblick begann das Gas aus der Seele des Kindes in seine Wolke zurückzufließen, und nach einiger Zeit war das Kind wieder gesund.

Wie alt war das Kind?

Etwa zwei Jahre.

Was geschah mit der Wolke und der Seele Elischas? War er in Trance?

Nein, und während der Heilung gab es keine Veränderung.

Wie lange dauerte sie?

Etwa eine halbe Stunde – aber ich bin nicht sicher. Es könnten auch etwa zwei Stunden gewesen sein.

Und das Kind, stand es sofort auf?

Nein... Aber nach etwa drei Wochen stand es auf und war geheilt.

Hat Elischa außer dem Blasen noch etwas getan?

Ich sehe nichts.

Ich werde Ihnen jetzt eine weitere Episode aus der Bibel beschreiben, und Sie werden die Einzelheiten herausfinden (2 Könige 5, 6–27): Ein aussätziger Mann kam zu Elischa und bat, geheilt zu werden. Der Mann wurde wirklich geheilt, als er Elischas Rat folgte und siebenmal im Jordan badete. Dann bot er Elischa viele Geschenke an, Elischas Diener folgte dem Mann später und bat um Silber und Kleidung. Als Elischa den Diener zurückkommen sah, sagte er etwas zu ihm, und der Diener wurde aussätzig.

...Ich glaube, der aussätzige Mann war nicht wirklich aussätzig, sondern eher ein Rheumatiker. Ich glaube, Elischa war ein sehr fähiger Heiler, und vielleicht wußte er, daß der Jordan Heilkraft hatte oder vielleicht sehr warm ist – so würde ich es zumindest erklären –, und der aussätzige Mann badete dort jeden Tag, aber es waren mehr als sieben Tage, es war vielleicht ein halbes Jahr. Und es wurde wirklich besser bei ihm.

Ich habe noch nie von irgendeiner Heilwirkung des Wassers im Jordan gehört.

Ich auch nicht. An der Stelle, wo er badete, war der Fluß sehr seicht, und er war vermutlich gut aufgewärmt. Aber ich sagte, daß ich es nicht sicher wisse, daß es nur eine Vermutung sei.

Wie breit ist der Fluß an dieser Stelle?

Etwa achtundzwanzig Meter.

Was geschah dann mit dem Diener?

...Elischa nahm die Geschenke nicht an, und der Diener bat den geheilten Mann wirklich um Silber, aber als er nach Hause zurückkam, traf ihn Elischa und sah das Silber. Der Diener gestand, und Elischa wurde schrecklich ärgerlich und der Diener auch, weil er das Silber nicht aufgeben wollte, und ich glaube, er wurde gelähmt.

Wie geschah das?

Durch einen Schlag.

War der Diener alt?

Etwa fünfzig, aber die Menschen lebten kürzer in jenen Zeiten.

Hat Elischa diesen Schlaganfall irgendwie ausgelöst?

Er drohte, ihn aus seinem Dienst zu entlassen.

Woran können Sie beurteilen, was er sagte?

Er wies zur Tür.

Und der Diener hatte den Schlaganfall unmittelbar danach?

Ja.

Später fällten Elischa und einige Leute am Jordan Holz. Eine Axt, die einem der Männer gehörte, fiel ins Wasser. Elischa nahm einen Stock, warf ihn ins Wasser, und die metallene Axt begann zu schwimmen (2 Könige 6, 5–6).

Ich sehe nur, daß seine Axt ans Ufer fiel, aber nicht ins Wasser. Und er ging normal hin, um sie aufzuheben.

Vielleicht haben Sie einen anderen Fall gesehen, da eine Axt wegfiel. Spielte sich vielleicht das Ereignis, an das ich denke, zu einer anderen Zeit ab?

...Ich sehe nichts dergleichen.

Suchen Sie nun Elijas Tod.

Ja.

Ist seine Seele durch die Wand gelangt?

Ja.

Nun folgen Sie ihm zurück in die Zeit, bis Sie ihn an einem Bach sehen. Es kann irgendwo unweit des Jordan gewesen sein. Er lebte dort einige Zeit, und laut der Bibel (1 Könige 17, 6) brachten ihm Raben Nahrung dorthin, Fleisch und Brot.

...Er hatte eine Hütte dort. Sie stand zwischen Felsen, und die Raben hatten Nester dort. Es waren viele Nester dort. Aber ich weiß nicht, ob diese Vögel Raben waren; ich weiß nicht, wie sie aussehen. Wenn diese Vögel zu ihren Nestern flogen, mußten sie über eine Strecke offenen Raum fliegen, wo Elija seine Hütte hatte. Wenn sie mit ihrer Beute zurückkamen, geschah es manchmal, daß ihnen das Fleisch aus den Schnäbeln fiel, aber ich sehe kein Brot.

Wie breit war der Bach?

Etwa drei Meter.

Später trocknete der Bach aus, Elija verließ die Stelle, und als er zu einer Stadt kam, sah er eine Frau, die Holz sammelte. Er sagte ihr etwas in dem Sinne, das Mehl in ihrem Faß und das Öl in ihrem Krug würden nie alle, und das geschah wirklich (1 Könige 17, 10-16).

> ... Ich sehe sie die ganze Zeit Mehl kaufen. Sogar nachdem Elija wegging. Ich sehe es nicht von selbst mehr werden.

Kurz danach wurde der Sohn dieser Frau krank, und Elija heilte ihn (1 Könige 17, 21).

> ... Das Kind hatte vermutlich nur Grippe oder etwas Ähnliches, und Elija betete und tat sonst nichts... Etwa zwei Wochen danach war das Kind gesund.

Wie alt war das Kind?

> Etwa fünf Jahre.

Einige Zeit später baute Elija einen Altar, legte Holzscheite darauf und sein Opfer. Laut der Bibel (1 Könige 18, 38) „fiel das Feuer Jahwes herab" und verzehrte das Opfer. Könnte es ein Blitz gewesen sein?

> ...Ja, denn sein Altar stand auf einer flachen Ebene, und der Altar war zu einer Höhe von ungefähr acht Metern gebaut worden. Wissen Sie, er hatte dahinter einen Stützpfahl.

Ging ein Gewitter nieder?

> Ja, ein kurzes Gewitter.

Wußte Elija im voraus, daß der Blitz seinen Altar treffen würde?

> Ja, deshalb hat er den Pfosten hoch genug gebaut, so stellte er das Wunder sicher.

Wie hat er es erfahren?

> In einem hypnotischen Schlaf.

Und wie wurde er in diesen versenkt?

> Durch Autosuggestion.

Wie hat er das gelernt?

> Von Elischa.

Und von wem hat es Elischa gelernt?

> ...Von seinem Vater.

Warum hat Elischa das Geheimnis an Elija weitergegeben?

> Weil er nicht fähig war, es selbst zu nutzen. Er war nicht fähig, sich in diesen Zustand zu bringen.

Können Sie für mich herausfinden, was er Elija darüber gesagt hat? Ich meine, wenn Sie ihn verstünden, beispielsweise auf dieselbe Art, in der Sie mit Jesus verkehren konnten.

...Ich weiß wirklich nicht.

Kurz vor Elijas Tod könnten Sie ihn im Gespräch mit etwa fünfzig Männern finden. Dann fiel laut der Bibel (2 Könige 1, 9-12) „Feuer vom Himmel“ und tötete diese Leute. Wie konnte Elija das im voraus erfahren?

...Hat er es wirklich im voraus gewußt?

Ich weiß es nicht. Versuchen Sie es herauszufinden.

...Sie standen in der Nähe eines Wäldchens. Der Blitz traf zwei Bäume dort, und als sie fielen, erschlugen sie etwa fünf Männer. Aber Elija wußte es nicht im voraus. Er war selber erschrocken.

Und nun suchen Sie bitte Jesus wieder.

...Ja, ich sehe ihn dort in der Wüste.

Befand er sich in Trance, während er dort war?

Ja.

Beschreiben Sie, wie er aussah. Seien Sie bei Ihrer Beobachtung besonders sorgfältig, denn die andere Versuchsperson sah ihn anders als Sie beim letzten Mal; sie sah ihn mit Bart. (Aus methodischen Gründen, um Milenas kritische Aufmerksamkeit zu stimulieren, wurde der Unterschied in Zdenkas Beschreibung überbetont – siehe Seite 93.)

Eher klein, schlank, dunkles Haar, wenn auch nicht ganz schwarz, schmales, längliches Gesicht, scharfe Nase. Er hat keinen Bart.

Suchen Sie Jesus, als er mit seinen Aposteln in einem Boot war, irgendwo auf dem Meer oder auf einem See. Die See war stürmisch, aber er machte irgendeine Geste in Richtung der Wellen, und sie legten sich (Matthäusevangelium 8, 26). Was geschah?

Ich glaube, es war erstens der Einfluß von Jesus auf diese Männer, die glaubten, daß die See ruhig würde, und zweitens eine große Portion Glück.

Ist die See wirklich ruhig geworden?

Nicht ganz. Aber der Wind legte sich nach einer Weile, und dann wurden die Wellen kleiner.

War es offenes Meer oder ein See?

Ein See.

Kurz bevor sie dieses Boot bestiegen, heilte Jesus mehrere Personen, einen aussätzigen Mann, einen gelähmten Mann – er könnte einen

Schlaganfall gehabt haben, und Jesus heilte ihn aus der Ferne, ohne zu ihm zu gehen –, ferner eine Frau mit Schüttelfrost und „viele Besessene“ (Matthäusevangelium 8, 2-16). Finden Sie heraus, was dort geschah.

...Der Mann mit dem Schlaganfall wurde zuerst geheilt. Jesus heilte ihn durch Suggestion. Er sagte ihm immer wieder, daß er gesund würde. Ich weiß nicht, ob es möglich ist, auf diese Weise zu heilen, aber ich sehe sonst nichts. Aber Jesus besuchte ihn, und er besuchte ihn ziemlich oft, und nur weil er immer wieder zu ihm sagte, er würde bestimmt gesund, besserte sich seine Krankheit wirklich. Aber der Mann wurde nicht ganz gesund.

Was sonst noch?

Mit dem aussätzigen Mann ist es genauso wie mit dem, was ich über Elija sagte: rheumatisch... Und der Schüttelfrost war die Folge eines Fiebers. Und die Frau wurde bald danach gesund.

Was war mit diesen „Besessenen“?

...Es war Trunkenheit.

Was hat er mit den Betrunkenen gemacht?

Nichts, er ließ sie sein, bis sie nüchtern wurden.

Nachdem er den See überquert hatte, begegnete er zwei von Dämonen besessenen Männern. Nicht weit davon weidete eine Schweineherde. Jesus trieb die Dämonen aus und ließ sie in die Schweineherde fahren. Die Schweine stürzten sich in den See und ertranken (Matthäusevangelium 8, 28-32).

...Aber das hing nicht mit den betrunkenen Männern zusammen. Das Ufer des Sees war schlammig. Die Schweine hatten vermutlich Durst. Es waren etwa zehn. Sie blieben dort. Sie sanken in den Schlamm. Aber diese Schweine waren keine solchen, wie ich sie kenne. Sie hatten längere Borsten. Sie sahen aus wie Wildschweine, wie ich sie von Bildern kenne. Aber ich habe nie lebende Wildschweine gesehen, also weiß ich nicht genau, wie sie aussehen. Und diese waren zahm.

Sind die Schweine zu der Zeit ertrunken, als Jesus und seine Männer den beiden Betrunkenen begegneten?

Ich sehe nur Jesus mit seinen Männern und etwa fünf betrunkene Männer.

Gingen die fünf zusammen?

Nein, zuerst begegneten sie zwei Männern, und diesen folgten etwa drei weitere.

Später speiste Jesus fünftausend Menschen mit nur fünf Brotlaiben und zwei Fischen, und zwölf Körbe voll Brocken blieben übrig (Matthäusevangelium 14, 19-21 – siehe auch Seite 99. Beachten Sie, daß Zdenkas Bericht etwas anders lautete; das kann auf einen Irrtum zurückzuführen sein, oder die Versuchspersonen beschrieben ähnliche, aber verschiedene Szenen).

...Sie haben unterdessen weiteren Fisch gefangen. Und es waren keine fünftausend Menschen dort; nicht annähernd so viele

Wer hat gefischt?

Die Apostel.

Und wie war es mit dem Brot?

Sie haben auch etwas Brot aus der Stadt gebracht.

Beschreiben Sie die ganze Episode genauer.

Jesus predigte, und es war so interessant, daß jedermann gefangen war. Er wußte, daß er eine lange Predigt halten würde, und deshalb trug er seinen Aposteln im voraus auf, daß sie etwas Fisch fangen und etwas Brot bringen sollten. Jeder bekam ein Stück Fisch und eine Scheibe Brot. Aber ich habe sie keine Brotbrocken aufheben sehen.

Befand sich Jesus in Trance, als er predigte?

Nein.

Wie bekamen die Apostel das Geld, um das Brot zu bezahlen, das sie kauften?

...Die Bäcker gaben ihnen das Brot, weil sie Jesus gern hatten, und als sie hörten, daß die Menschen, die ihm lauschten, hungrig waren, gaben sie es umsonst her.

Einige Zeit später ging Jesus auf einen Berg und betete dort etwa vier Tage. Danach wandelte er auf dem See (Matthäusevangelium 14, 23-25).

...Auf dem Berg war er allein, da er die Natur sehr liebte. Er betete zu dem Unbekannten, der die Welt erschuf. Zumindest denke ich, daß er an jemanden geglaubt haben muß, der alles das erschuf. Und er wandelt wirklich auf dem See.

Wonach beurteilen Sie, zu wem er betete und an was er glaubte?

Er war allein auf dem Berg, ausgenommen am Morgen und am Abend, wenn sie ihm Essen und Trinken brachten... Wissen Sie, ich sehe, wie tief er den Himmel bei Nacht bewunderte. Ich finde dies durch seine Bewegungen.

Und woran beurteilen Sie, an was er glaubte?

Dies war meine Vermutung.

Beschreiben Sie das Wandeln auf dem Wasser und was ihm vorausging.

Er geht zum Ufer, und eine Menge folgt ihm.

Befindet er sich in Trance?

Nein.

Sind Sie sicher?

Ja. Und einer der Apostel sagt allen diesen Menschen, daß Jesus ein Wunder vollbringen werde als Beweis, daß er der Sohn Gottes ist.

Wie können Sie das wissen?

Durch seine Bewegungen – und Jesus lächelt und wandelt wirklich ganz normal auf dem See. Er ging etwa zwanzig Meter vom Ufer weg.

Und wo sind seine Jünger?

Am Ufer.

Zu einer anderen Zeit können Sie die Apostel in einem Boot sehen, und Jesus geht auf dem Wasser zu ihnen.

...Ja. Das war einige Zeit später. Die Apostel fischten, und als sie zum Ufer zurückkamen, sahen Sie Jesus auf dem Wasser zu ihnen kommen.

Befand er sich dieses Mal in Trance?

Nein.

Berührten seine Füße den Wasserspiegel?

Ja. Es sieht genauso aus, wie wenn man auf der Erde geht. Es sieht aus, wie wenn man auf Moos geht; vielleicht hat er die Füße leicht im Wasser.

Sind seine Füße naß? Ich meine, bleibt das Wasser an seinen Füßen oder ist es eher, als ginge er auf Quecksilber?

Ja, seine Füße sind naß.

Hat er auch jemand anderen gelehrt, auf Wasser zu gehen?

Nein, ich sehe niemanden.

Hat er vor dem Gang viel gebetet?

Nein, aber er fastete viel. Er aß mindestens einen Monat lang das Minimum.

Wie hat er diesen Gang bewerkstelligt?

Dies ist etwas, das ich nicht zu erklären weiß.

Ist in ihm irgendeine geistige Anstrengung zu sehen?

Nein.

Finden Sie heraus, wer ihn dies gelehrt hat oder wie er überhaupt erfuhr, daß es möglich ist.

...Als er etwa zwölf Jahre alt war, brachte ihn ein Mann in ein unbekanntes Land.

Sagt er Ihnen dies, oder sehen Sie es?

Ich sehe es.

Bitte fahren Sie fort.

Da stand eine einsame Hütte, und er sperrte ihn dort ein... Jesus hat sie etwa zwanzig Jahre lang nicht verlassen. Er war die ganze Zeit in der Hütte. Es war völlig dunkel dort, ich sehe nicht, was er dort tat... Und nach diesen zwanzig Jahren sehe ich ihn wieder, er ist vollkommen geblendet von dem Licht, und der Mann, der ihn herbrachte, kommt, und er zeigt ihm – offenbar soll er ihm zeigen, was er gelernt hat. Es ist Abend. Der Mann bringt ihm etwas wie ein Bettlaken, es ist naß, und er wickelt ihn hinein, und das Laken wird in fünfzehn Minuten völlig trocken. (Die Versuchsperson wurde nach dem Erwachen aus der Hypnose befragt, und sie erklärte, nie von diesem Verfahren gehört zu haben, das in östlichen okkulten Praktiken angeblich manchmal angewendet wird – siehe Seite 137.)

Befindet sich Jesus in Trance, während er das Laken trocknet?

Nein.

Was folgte darauf?

Er wickelt ihn dann in drei solche Laken, und wieder sind sie in einer halben Stunde trocken.

Hat Jesus in dieser Hütte etwas gegessen?

Ja, etwa einmal die Woche gaben sie ihm einen Teller mit Essen durch ein Loch unter der Tür, aber sonst sprachen sie nicht mit ihm.

Wer gab ihm die Nahrung?

Ein Mann, aber nicht derjenige, der ihn unterrichtete.

Finden Sie heraus, ob der Mann, der ihn unterrichtete, später in einem Gefängnis starb.

...Ja, sie schlagen ihm den Kopf ab.

Beschreiben Sie, was mit dem Kopf geschah.

Sie legten ihn auf eine Art Tablett und brachten ihn vor – in einen Saal, wo viele Menschen waren, reiche Menschen. Es ist irgendein hochstehender Mann und seine Frau oder Tochter... Und der Diener legt das Tablett vor die Tochter oder Frau. (Der Tod Johannes des Täufers ist im Matthäusevangelium 14, 6-12 beschrieben. Als die Versuchsperson *nach dem Erwachen aus der Hypnose* befragt wurde, erklärte sie, daß sie nie gehört habe, wie Johannes der Täufer gestorben sei.)

Suchen Sie Jesus in dieser Hütte.

...Ja.

Können Sie mir sagen, welchen Rat der Mann Jesus gab, bevor er ihn dort einsperrte?

Nein. Ich verstehe ihn nicht.

Fahren Sie nun in der Beschreibung dessen fort, was die beiden taten, nachdem Jesus aus der Hütte kam.

Diese Sache mit den Laken, und – dann setzte er sich in einer solchen Stellung hin, wie Buddha sitzt – er hypnotisierte sich – und er schwebt empor... Aber später war er wach, und er tat dasselbe. Dann gingen sie zu einem Fluß, und der Mann fordert ihn offenbar auf, zu versuchen, auf das Wasser zu treten. Jesus zögert zuerst, aber später versucht er es. Zuerst sinkt er in das Wasser, aber dann geht er wirklich etwa zehn Schritte auf dem Wasser. Danach taten sie nichts mehr.

Hat Jesus den Mann, der ihn lehrte, danach noch getroffen?

Er hat ihn nicht mehr gesehen.

Wie ist der Mann selbst zu diesem Wissen gelangt?

...Es war eine Familientradition. Immer der älteste Sohn ging in diese abgeschiedene Hütte. Es gab viele solche Hütten, aber sie waren weit voneinander entfernt.

Wie konnten Sie herausfinden, daß es sich um eine Familientradition handelte und daß immer der älteste Sohn ausgewählt wurde?

Ich sah es von Generation zu Generation.

Und wie können Sie sagen, daß es der älteste Sohn war?

Er sah am ältesten aus.

Suchen Sie nun Jesus wieder.

Ja.

Zu irgendeiner Zeit während seiner Predigerlaufbahn, d. h. nachdem er die Hütte verließ, könnten Sie Jesus mit seinen Aposteln auf einer Hochzeit in irgendeiner Stadt finden. Der Bibel zufolge verwandelte er Wasser in sechs steinernen Krügen in Wein (Johannesevangelium 2, 7-8). Was geschah dort?

Die Diener dachten – wissen Sie, es war Weißwein in diesen Krügen, aber die Diener dachten, es sei Wasser.

Wein ist doch gut von Wasser zu unterscheiden. Wie konnten sie es verwechseln?

Ich weiß es nicht... Ich sehe sie etwas für sich selbst ausgießen – natürlich sehe ich die Farbe nicht – und sie ziehen schiefe Gesichter und gießen den Wein zurück in diese Krüge, und sie gehen zu anderen Gefäßen, die vermutlich Rotwein enthalten, und aus diesen trinken sie.

Ist es möglich, daß Wasser in jenen Gefäßen war und Jesus ihnen suggerierte, es sei Wein?

...Ja, Sie haben recht, so war es.

Sind Sie sicher, daß meine Fragestellung Sie nicht suggestiv beeinflußt hat und Sie es so sehen läßt?

Ich bin sicher.

Woran beurteilen Sie, daß es sich um Wasser und Suggestion handelte?

Weil nicht genug Wein da war und der Gastgeber deswegen in Verlegenheit geriet, und Jesus wußte im voraus, daß ihm Wein fehlen würde, deshalb rief er den Gastgeber, deutete auf das Gefäß und forderte ihn offensichtlich auf, das Wasser zu servieren... Der Gastgeber zögert, aber Jesus geht, nimmt einen Becher, er geht in den Gang, gießt die Flüssigkeit aus einem dieser Gefäße in seinen Becher und lädt den Mann ein zu trinken. Der Mann will zuerst nicht trinken, deshalb trinkt Jesus selbst, macht eine sehr befriedigte Miene und bietet ihn noch einmal dem Gastgeber an. Er ist sehr überrascht und fordert sofort die Diener auf, den Wein zu servieren. Jesus geht zurück in die Halle – und aus seinen Gesten vermute ich, daß er den Gastgeber lobt, und es ist, als biete er den Wein allen an.

Wonach beurteilen Sie, daß es ursprünglich Wasser war?

An den Dienern, wie sie schiefe Gesichter zogen.

Wie viele Gefäße waren da, und wie sahen sie aus?

Sie bestanden aus Ton und waren ungefähr einen Meter hoch und sahen aus wie Krüge ohne Henkel. Und es waren sechs da.

Wie gossen sie den Inhalt heraus?

Sie neigten sie zum Boden.

Nun würde ich gerne wissen, warum der Mann, der Jesus lehrte, gerade ihn für die Ausbildung auswählte.

... Er kannte ihn schon früher, und ich glaube, es war Johannes der Täufer.

Was bringt Sie auf diesen Gedanken?

Ich sehe, wie er ihn in dem Fluß taufte. (Beachten Sie: Milena hatte Johannes den Täufer an seinem Tod im Gefängnis nicht erkannt, weil sie mit dieser Episode nicht vertraut war – siehe Seite 120.)

Wie sah die Taufe aus?

Johannes der Täufer hatte eine Muschel in der Hand, er schöpfte nur Wasser hinein und goß es auf den Kopf von Jesus aus.

Waren noch andere Leute anwesend?

Ja.

Warum wählte Johannes der Täufer gerade Jesus für diese Ausbildung?

Er erfuhr von der Mutter von Jesus, daß er sehr begabt sei... Ich sehe, wie die Mutter von Jesus ihn Johannes dem Täufer zeigt, wie geschickt er im Schnitzen ist, und er sah ihn auch lesen und schreiben, und das war, glaube ich, sehr ungewöhnlich bei einem Kind. Er war damals ungefähr zwölf.

Und nun finden Sie heraus, ob es wahr ist, daß Jesus vom Heiligen Geist empfangen wurde (Matthäusevangelium 1, 18).

... Nein, er war ein Sohn wie jedes andere Kind.

Und nun suchen Sie bitte Jesus, so, daß Sie mit ihm sprechen können wie schon zuvor.

...Es war nur dort in der Wüste.

Befand er sich damals in Trance?

Ja.

Suchen Sie ihn in einem Augenblick am Beginn seiner Trance und fragen Sie ihn, wie er gelernt hat, in diesen Zustand zu gelangen.

...Er will mir das nicht sagen.

Warum?

Ich weiß nicht. Er lächelt. Wissen Sie, ich höre das in Tschechisch (der Muttersprache der Versuchsperson), und er sagt, es sei nicht möglich.

Sagen Sie ihm, Sie hätten ihn letztesmal sagen hören, er sei durch Zufall darauf gestoßen, und dann, Sie hätten hellseherisch gesehen, daß er das Wissen von Johannes dem Täufer bezog.

...Er sagt, Johannes der Täufer habe ihn durch Zufall ausgewählt, und er wolle mir nicht mehr sagen. (Wir möchten auf ein methodisches Versehen aufmerksam machen, das hier geschah: Die Versuchsperson wurde aufgefordert, sich mit Jesus am Beginn seiner Trance in Verbindung zu setzen, aber die Fragen bezogen sich auf Aussagen aus einem anderen angenommenen Kontakt – der vom Standpunkt der Versuchsperson und des Experimentators früher lag, von Jesus Standpunkt vielleicht aber später, und das könnte an der relativen Ärmlichkeit der hier erhaltenen Ergebnisse schuld sein.)

Letztesmal sagte er Ihnen, er habe über ein Problem nachgedacht, sei durch Zufall eingeschlafen, und so habe er den Hypnosezustand entdeckt. Aber Sie sahen, wie Johannes der Täufer ihn lehrte.

Er sagt mir, er habe es wirklich selbst gefunden. Johannes der Täufer sagte ihm nur, er würde viel lernen, was andere Menschen nicht wissen.

Hat Johannes der Täufer ihm irgendwelche Anweisungen erteilt?

...Jesus antwortet nicht.

Warum will er es Ihnen nicht sagen?

Ich weiß nicht.

Fragen Sie Jesus, ob auch er im Menschen diese Gebilde erkennen kann, die Sie als die Seele und die Wolke bezeichneten.

Er will mir nichts mehr sagen. Er sagt, daß er mehr weiß als andere Menschen und das müsse mir genügen.

Fragen Sie ihn, ob er Ihnen einen besonderen Rat erteilen oder eine besondere Information geben möchte.

Er sagt, ich sei klug genug, selbst Rat zu finden.

Fragen Sie ihn, warum er das Privileg, mehr zu wissen als andere Menschen, für sich behalten will.

Er sagt, daß er nicht der einzige ist, der dieses Wissen hat, und daß jeder es selbst entdeckt.

Fragen Sie ihn um Rat, was Sie tun sollen, wenn Sie dieses Wissen ebenfalls haben möchten.

Aber, er verschwindet. Ich sehe ihn nicht mehr klar.

**Experiment Nr. 10** (12. Februar 1949; Versuchsperson: Milena)

*Telepathisches Interview? Jesus schildert seine Ausbildung und erklärt seine Lehren. Was geschah mit Jesu Leichnam (Verifizierung früherer Ergebnisse)?*

Suchen Sie jetzt Jesus in der Wüste.

...Ja.

Fragen Sie ihn: Gab es in seiner Familie Menschen mit geheimen Fähigkeiten?

Er sagt, er weiß von keinen.

Warum hat er sich in diese Hütte sperren lassen?

...Weil er ein Kind war und dem Mann nicht Widerstand leisten konnte.

Was hat der Mann zu ihm gesagt, als er ihn dort einsperrte?

...Daß er von Gott erwählt würde, daß er keinen Widerstand leisten dürfe und daß es Gottes Wille sei.

Wie hat Johannes der Täufer herausgefunden, daß Jesus die richtige Person war?

...Johannes der Täufer hatte hellseherische Kräfte. Aber das hat er mir nicht gesagt, ich habe es selbst herausgefunden.

Fragen Sie Jesus, ob er je in diesen Trancezustand gelangte, bevor er in der Hütte eingesperrt wurde.

Nein.

Als Sie zuvor sagten, Sie hätten hellseherisch herausgefunden, daß

Johannes der Täufer hellseherische Kräfte besitze, wie haben Sie das gesehen?

...Ich sah ihn Jesus in der Zukunft beobachten.

Wie haben Sie es gesehen?

Ich sehe ihn im Hypnosezustand, und wenn ich wünsche zu sehen, was er sieht, sehe ich es auch.

Sie sehen Johannes den Täufer und das, was er sieht, gleichzeitig?

Ja, was er sieht, erscheint als separates Bild über ihm, rechts von seinem Kopf.

Wie beurteilen Sie, daß das Bild, welches Sie sehen, das ist, was er sieht?

Weil ich mir selber den Befehl gab, daß ich sehen solle, was er sah, und es erschien genau in dem Moment... Aber das Bild ist verkleinert.

Jesus sagte Ihnen einmal, er habe über etwas nachgedacht, und das habe ihn in den Hypnosezustand gebracht. Fragen Sie ihn, wo dies geschah.

Ich sagte es Ihnen schon, es war in der Hütte.

Fragen Sie Jesus, ob Johannes der Täufer ihm Anweisungen gab, bevor er ihn in diese Hütte sperrte, was er darin tun sollte usw.

...Nein. Er sagte ihm, wenn er von Gott auserwählt werden wolle, müsse er es selbst herausfinden.

Wie war es mit der Nahrung? Wieviel bekam er?

...Am Anfang einen Teller voll jeden Tag.

War es genug?

...Er mußte sich daran gewöhnen. Und später bekam er immer weniger, bis er schließlich nur jede Woche einen Teller voll bekam.

Bitten Sie Jesus, Ihnen zu schildern, was er in dieser Hütte tat.

„Als ich in die Hütte gebracht wurde" – er sagt, er sei einsam gewesen und habe nicht gewußt, was er tun solle. „Es war dunkel dort und – ich war oft hungrig... Und es war kalt in den Nächten... Bald wurden mir meine Kleider zu klein – und ich wollte wenigstens warm werden... Ich versuchte mir vorzustellen, daß mir sehr heiß sei. Ich versuchte das jeden Tag, und nach etwa einem Jahr gelang es mir so, daß ich – daß ich mich durch bloßes Denken erwärmen konnte... Dann, etwa – ich...

Diese meine Fähigkeit steigerte sich von Jahr zu Jahr, und später mußte ich sogar darauf achten, mir nicht zuviel Wärme zu suggerieren, da ich sonst nicht in der Lage gewesen wäre, in der Hütte zu bleiben. Mit der Nahrung war es ähnlich. Es fiel schwer, sich an das Wenige zu gewöhnen, das ich erhielt... Und ich bin sicher, daß ich stark abnahm, aber es ließ mich gleichgültig. Im Gegenteil, ich fühlte mich leichter, und so kam ich eines Tages auf den Gedanken, ich könnte versuchen, mich selbst ohne Hilfe zu heben, nur durch die Kraft meines Willens. Zuerst gelang es mir nicht, und nur durch meine starke Entschlossenheit und tägliche Bemühung gelang es mir nach etwa zehn Jahren, mich etwa einen Meter über die Erde zu heben, obwohl ich nicht in Trance war... Ich vergaß fast zu essen und zu trinken. Andererseits schlief ich manchmal drei Tage und Nächte ohne Unterbrechung." – Er fragt mich, was ich sonst noch wissen möchte.

Fragen Sie ihn, ob er, während er in dieser Hütte war, von seiner künftigen Mission wußte.

...Er wußte davon, aber erst gegen Ende seines Aufenthalts dort, da diese Hypnose... Wissen Sie, bis er die Autohypnose lernte, das dauerte etwa zehn Jahre.

Fragen Sie ihn, ob er irgendeine Konzeption seiner Lehren formulierte, während er sich noch in der Hütte befand, ob er seine Ansichten damals schon gebildet hatte.

...Nein.

Wann geschah das?

...Nachdem er wieder mit Menschen zusammentraf.

Fragen Sie ihn, wie er die Levitation bewerkstelligte.

Nur durch Willenskraft.

Woran denkt er, während er das tut?

...Er stellt sich vor, daß das Gewicht seines Körpers auf ein Minimum reduziert ist, daß er sehr leicht ist – nichts sonst, nur intensive Gedanken an dieses eine.

Fragen Sie ihn, ob er seine Ansichten, seine Lehren schon gebildet hatte, als er in die Wüste ging.

...Nein, da er zu dieser Zeit noch nicht genug Kontakt mit Menschen gehabt hatte.

Heilte er damals schon Menschen?

...Nein.

Sagen Sie ihm, daß Sie ihm gern einige Fragen über seine Ansichten stellen würden. Fragen Sie ihn, ob er bereit ist, Ihnen zu antworten und möglicherweise sogar seine ASW einzusetzen, um zu ermitteln, was Sie wissen wollen.

Es hängt von den Fragen ab, die ich habe.

Welches sind die Bestandteile des menschlichen Individuums? Sie wissen, ich versuche Ihre Behauptungen zu verifizieren und herauszufinden, ob Sie richtig sahen, als Sie beschrieben, daß Sie die Seelen und die Wolken sähen.

...Er antwortet nicht.

Fragen Sie ihn, warum er nicht antwortet.

Weil er mir sagte, daß er jene Fragen nicht beantworten würde, die er nicht beantworten will.

Was geschieht mit einem Menschen nach seinem Tod?

...Er wird in zwei Teile geteilt, die ich ziemlich gut beschrieb.

Woher kann er sagen, wie Sie sie beschrieben?

...Er sagt, er könne es hellseherisch sehen.

Fragen Sie ihn, ob er Ihnen helfen und die Teile nach dem Tod besser beschreiben wolle, als Sie es könnten.

Er sagt, dies sei dieselbe Frage wie die vorhergehende.

Was ist der letzliche Sinn der Existenz des Menschen?

Die Natur unter Kontrolle zu bringen und solch ein Mensch zu werden, solch ein Wesen, wie wir es jetzt nicht zu erfassen vermögen.

Bitten Sie ihn, mehr über diesen Punkt zu sagen.

Er sagt, alles sei in dieser Antwort enthalten.

Sagen Sie ihm dies: Wenn ich ein Ziel erreichen will und nicht weiß, was es ist, wenn ich es nicht erfassen kann, dann ist es schwer zu erreichen. Wenn ich ein Ziel erreichen soll, muß ich wissen, was es ist.

...Es ist kein Ziel für einen einzelnen, sondern für die ganze Welt. Deshalb können Sie es nicht verstehen... Und die Menschheit wird es von selbst erreichen.

Demzufolge, was er sagt, scheint der Mensch – seiner Meinung nach – kaum mehr zu sein als ein urteilsloses Spielzeug von Naturkräften.

...Im allgemeinen, sagt er, ja. Tatsächlich hätte hier (auf der Erde) ein ganz anderes Wesen erscheinen und dieselbe Rolle erfüllen können wie wir.

Wenn die Entwicklung der Menschheit, sagen wir, automatisch erfolgt, wären alle menschlichen Anstrengungen, jedes Streben nach dem Guten, nach Schönheit usw. vergebens und jeder Ehrgeiz sinnlos. Es würde ja ohnehin alles von selbst genauso verlaufen.

...Nicht im mindesten sinnlos. Aber wir können es einfach noch nicht verstehen, da wir Gefühle haben, die zu subjektiv sind, und die Menschheit wird ihr Ziel nicht erreichen, bis sie kollektiv zu fühlen beginnt statt subjektiv.

Billigt er den Ehrgeiz eines einzelnen im Sinne des Strebens nach Vollkommenheit?

...Wenn wir zum universellen Fortschritt beitragen.

Wenn jemand der Menschheit helfen will, ihren letzlichen Sinn zu erfüllen, muß er zuerst das Ziel kennen. Fragen Sie ihn, ob er Ihnen helfen kann, in dieser Hinsicht irgendeinen Einblick zu erlangen.

...Nein, da ich dann privilegiert wäre. Und ich würde der Zeit voraus gelangen.

Kennt er selbst das Ziel?

Nicht in konkreter Form, da es sehr weit voraus ist, aber er fühlt es. Und wir alle fühlen es, aber wir verbergen es oft hinter unseren subjektiven Werten.

Fragen Sie ihn, ob er Ihnen irgendwie helfen kann, diese vollkommene Zukunft der Menschheit irgendwann in der Zukunft zu sehen.

Er sagt, es sei genauso, wie er früher schon sagte, und ich wäre wieder privilegiert. Und er sagte zuvor, daß er das Ziel nicht kennt, daß er es nur fühlt.

Dieses Gefühl ist zumindest ein Stück Wissen, und er muß zugeben, daß es ihn privilegiert, im Vergleich zu anderen Menschen. Warum weigert er sich, dieses Gefühl mit Ihnen zu teilen?

Er sagt, er weigert sich nicht. Wir alle tragen dieses Wissen vom Ziel in uns, aber wir sind uns dessen nicht bewußt.

Was muß der Mensch tun, um diese Bewußtheit zu erlangen?

Jedermann muß selbst darauf kommen. Aber dies ist gleichzeitig auch eine kollektive Aufgabe für die ganze Welt.

Sagen Sie ihm, der Mensch von heute wünsche konkretes Wissen.

Wenn der heutige Mensch glauben soll, daß das menschliche Leben irgendeinen letztlichen Sinn hat, und wenn er zu dessen Erfüllung beitragen soll, muß er ihn konkret kennen.

...Er sagt, weder er noch ich seien hier, um diese Aufgabe zu übernehmen.

Kann er Ihnen Gott beschreiben? Wie nimmt er Gott wahr?

...Er gibt keine Antwort.

Sagen Sie ihm, daß heute die Mehrheit der Menschen nicht an Gott glaubt. Fragen Sie ihn, ob Gott wirklich existiert und ob es möglich ist, seine Existenz auch einem Atheisten zu beweisen.

Er sagt, es sei ein großer Fehler, wenn Sie meinen, die Menschheit glaube nicht an Gott. Jedermann hat etwas, an das er glaubt, und das muß nichts Übernatürliches sein. Er wird die zweite Frage nicht beantworten.

Woran glaubt er, oder was bezeichnet er als „Gott"?

Er sagt, dieser Frage liegt derselbe Gedanke zugrunde wie der vorherigen.

Warum weigert er sich zu antworten.

Er sagte es Ihnen schon.

Wie kam das Universum zustande, was ist seine Natur und sein Sinn?

Das weiß er nicht.

Stellen Sie dieselbe Frage im Hinblick auf das Leben.

Über seinen Ursprung weiß er nichts, und der Sinn des Lebens, sagt er, ist derselbe wie der Sinn der Menschheit.

Sagen Sie ihm, daß in der Trance große Gefahr von Irrtümern durch Autosuggestion besteht. Fragen Sie ihn, ob er sich in diesen schwierigen und abstrakten Fragen, die Sie ihm stellten, getäuscht haben könnte.

...Er ist ein Mensch, und deshalb kann er sich täuschen. Er sagt Ihnen nur seine Ansichten, seine Meinungen, für die er sich fest verbürgt, und wenn Sie seine Lehre nicht glauben – brauchen Sie sich nicht die Mühe zu nehmen zu fragen.

Bitten Sie ihn um Entschuldigung für diese zweifelnde Frage und sagen Sie ihm, daß Sie ihn nicht verletzen wollten. Dann fragen Sie ihn nach seiner Meinung zu der Theorie, daß sich der Mensch schrittweise aus affenähnlichen Vorfahren entwickelt habe.

...Zuerst einmal, er ist nicht böse mit mir, sondern eher mit Ihnen. Daß die Theorie richtig zu sein scheint, aber er kann sich nicht ganz dafür verbürgen.

Warum nicht?

...Er ist nur ein Mensch, und er kann sich täuschen.

Sagen Sie ihm, er könnte sein Hellsehvermögen einsetzen; es könnte möglich sein, hellsehend die Linie der Vorfahren von irgendeinem Menschen zu seinen Eltern, Großeltern, Urgroßeltern usw. durch mehrere Dezimillennien zurück zu beobachten, und er könnte es schließlich sicher ermitteln. Er könnte herausfinden, ob er letzlich einen Affen sähe oder nicht.

...Sie dürfen nicht denken, daß es nur einige Dezennien sind.

(Offensichtlich wurde die Jahresangabe falsch wiedergegeben.)

Fragen Sie ihn, ob er Ihnen sagen kann, wie lange der Mensch schon auf Erden existiert. Oder wenn er den Vorfahren nicht unmittelbar zum Ursprung des Menschen folgen kann, lassen Sie sich von ihm wenigstens die Zeitdauer sagen, von der er sicher weiß, daß der Mensch auf Erden existiert.

...Etwa vierzigtausend Jahre.

In der Bibel werden folgende Worte Jesu zitiert: „Wenn ihr nicht umkehrt und werdet wie die Kinder, so werdet ihr nicht in das Himmelreich eingehen" (Matthäusevangelium 18, 3). Fragen Sie Jesus, was er mit diesen Worten sagen wollte.

...Kleine Kinder sind sich überhaupt nicht bewußt... Wissen Sie, sie fühlen sich einander gleich, und wenn nicht alle Menschen auf diese Stufe kommen, werden sie das Ziel nicht erreichen.

Er sagt, daß die Menschen einander gleich sind. Fragen Sie ihn, ob ein begabter Mensch als einem ungebildeten Menschen gleich erachtet werden könne, ob diese Gleichheit, von der er spricht, nicht nur eine ungefähre Gleichheit der Körper ist oder, sagen wir, eine Gleichheit vor dem Gesetz; aber geistig unterscheiden sich die Menschen. Des weiteren: ist ein moralischer Mensch einem Verbrecher gleich?

...Nachdem die Menschen das Ziel erreichen, werden sie alle gleich sein. Und unbegabte Menschen – ich meine unbegabte, nicht ungebildete, da diese die Fähigkeit haben, etwas zu lernen

– werden in der Lage sein, ihre Begabungen in manueller Arbeit zu zeigen.

Lassen Sie ihn Erläuterungen zum Unterschied zwischen moralischen Menschen und Verbrechern geben.

Der wird unwichtig sein, nachdem das Ziel erreicht ist.

Aber in der gegenwärtigen Zeit, sind die Menschen einander gleich oder nicht?

Sie sind einander in ihrer inneren Struktur gleich, aber die Gesellschaft macht sie verschieden.

Befragen Sie ihn zu einem anderen Zitat in der Bibel: „Wer nicht von oben her geboren wird, kann das Reich Gottes nicht schauen“ (Johannesevangelium 3, 3). Was meinte er damit?

... Er antwortet nicht.

Ein anderes Zitat: „Wer nicht aus Wasser und Geist geboren wird, kann nicht in das Reich Gottes eingehen“ (Johannesevangelium 3, 5). Fragen Sie, was es bedeutet.

... Das bedeutet, daß mit dem körperlichen Aspekt immer der geistige einhergehen muß.

In welchen Situationen setzt sich der „freie Wille“ durch, und spielt er im Universum eine wesentliche Rolle?

... Der freie Wille existiert ganz einfach überhaupt nicht, da er von der Gesellschaft fast völlig unterdrückt wird.

Er sagte „fast völlig“. Heißt das, daß er bei manchen Gelegenheiten noch arbeitet?

Die Menschen mit einem freien Willen werden von der Gesellschaft als Verbrecher gezeichnet. (Beachten Sie: Die Antwort deutete auf eine Unkenntnis des philosophischen Begriffs freier Wille hin.)

Lassen Sie mich versuchen, ihm anhand eines Beispiels (das vielleicht nicht das beste ist, mir aber gerade einfällt) klarzumachen, was ich meine: Nehmen wir einmal an, ich habe die Wahl, zwei verschiedene Orte zu besuchen, die mir beide gleich wichtig sind. Ich kann entscheiden, wohin ich zuerst gehen will, indem ich (1) alle damit zusammenhängenden Umstände rational bewerte oder (2) lose. Die Wahl des Verfahrens, eine Entscheidung zu treffen, würde von meinem freien Entschluß abhängen, und die Möglichkeit, einen freien Entschluß zu fassen, unabhängig von äußeren Faktoren, ist das, was ich meinen „freien Willen“ nenne. Bitten Sie ihn, sich zu diesem Beispiel zu äußern.

...Er glaubt, daß man bei wichtigen Angelegenheiten immer die Umstände bewertet und den Einfluß der Gesellschaft respektiert und daß man die andere Entscheidung nur bei belanglosen Angelegenheiten trifft, deshalb ist Ihr freier Wille unwichtig.

Fragen Sie ihn, ob böse Taten zu Lebzeiten des Menschen oder nach seinem Tod durch irgendeine göttliche Verfügung bestraft werden. Ich meine Bestrafung im Sinne einer Vergeltung durch das Schicksal, nicht durch eine von der Gesellschaft verhängte reguläre Strafe.

Nein.

Wenn die Menschen das erfahren, werden sie, so fürchte ich, in ihren Taten skrupellos werden. Derzeit haben die Menschen oft Angst vor Strafe nach dem Tod, und diese Angst macht sie moralisch.

Die Gesellschaft wird es sie lehren.

Aber die Gesellschaft ist nicht immer fair. Sagen wir, ein brutaler Mörder kann dasselbe Strafmaß erhalten wie ein Mensch, der aus Mitleid tötete, das Gericht aber nicht von seinen Motiven zu überzeugen vermochte.

Die Gesellschaft ist nicht vollkommen.

Warum sollten einige Menschen ungerechtem Leiden ausgesetzt werden?

...Wenn wir ein Ziel erreichen wollen, muß etwas geopfert werden.

Wir wollen als Beispiel zwei Männer oder zwei Völker anführen, die gegeneinander kämpfen. Beide können glauben, sie seien im Recht. Der Sieger zwingt dem Verlierer, der auch geglaubt haben kann, für die gerechte Sache zu kämpfen, eine Strafe auf. Vielleicht focht der Verlierer wirklich für edlere Dinge als der Sieger. Viele unschuldige Menschen leiden in Eroberungskriegen. Sieht Jesus dies ebenfalls als notwendiges Opfer an? Und was, wenn sogar die Hälfte der gesamten Menschheit zum Leiden verurteilt wäre?

Absolute Wahrheit gibt es nicht in dieser Gesellschaft, und Dispute darüber sind nichts als menschliche Unvollkommenheiten.

Also glaubt er, daß dies wirklich ein notwendiges Opfer ist?

...An dem die Menschen selbst schuld sind.

Wenn es kein Führungsprinzip des Guten und Gerechten gibt, dann heißt das letztlich, daß das Recht dort liegt, wo die Macht ist. Das könnte uns dazu bringen, Kriege und Böses als etwas Unvermeidliches zu betrachten, und jedes Streben nach Frieden wäre vergebens.

...Je mehr wir nach Frieden streben, desto eher werden wir das Ziel erreichen. Deshalb ist es nicht vergebens.

Wenn es wahr ist, wie Sie sagen, daß es kein höheres Gesetz gibt, welches böse Taten bestraft, und wenn die Menschen das erfahren, entscheiden sie sich zwangsläufig für Krieg, wann immer sie zu der Ansicht gelangen, er sei vorteilhaft für sie.

...Wenn die Menschen weiter entwickelt sind, werden sie nie den Krieg wählen, da sie wissen werden, daß nur Friede ihnen letztlich Vorteil bringen kann. Die ganze Gesellschaft wird erkennen, daß nur Friede zu ihrem Vorteil sein wird.

Wenn ein Mensch von der Gesellschaft so entscheidend beeinflußt wird, ist es vernünftig anzunehmen, daß der Begriff des Guten nur eine Konvention ist. Das Gute ist, was angenehm oder vorteilhaft für die Gesellschaft ist. Meiner Meinung nach ist jedoch der ethische Begriff des Guten etwas anderes.

...Sie sind noch immer unfähig zu verstehen, daß die Menschheit, als vollkommene Gemeinschaft, wissen wird, was gut ist und was nicht.

Sie sagten, die Menschheit werde das Ziel von selbst erreichen. Wenn das aber wahr ist, sind alle Bemühungen, dem Menschen die richtige Lebensweise zu zeigen, überflüssig. In diesem Sinne wäre sogar Ihr persönliches Opfer unnötig.

...Ich betrachte die Führer der Menschheit als integralen Bestandteil des Menschengeschlechts.

Glauben Sie nicht, daß die Menschen heute jemanden brauchen, der ihnen eine bessere Lebensweise zeigt, einen Weg, besser zu leben als bisher?

...In jedem Jahrhundert glauben die Menschen, daß sie besser leben müßten. Aber sie erkennen nicht, daß sie besser leben als die Menschen vor ihnen, weil sie nicht in vergangene Jahrhunderte blicken und sie vergleichen können.

Ich würde sagen, in diesem Jahrhundert sollte jemand aufstehen und die Menschen lehren, welches ihr Ziel und der eigentliche Sinn ihrer Existenz ist; jemand, der auch Ihre Lehre dem modernen Menschen erklären würde. Meiner Meinung ist viel von Ihrer Lehre verzerrt und vergessen worden. Was sagen Sie dazu?

Ich bin nicht im mindesten besorgt darüber, daß meine Lehre vergessen wird und – ich glaube nicht, daß sie vergessen ist.

Aber glauben Sie nicht, daß mehr Menschen dazu geführt werden sollten, sie besser zu verstehen?

Verstehen Sie selbst sie vollkommen?

Nein, und aus diesem Grund möchte ich Ihnen noch viele weitere Fragen stellen.

Das zeigt die Unvollkommenheit des Menschengeschlechts, wenn ihr euch nicht selbst helfen könnt. Ich meine nicht nur Sie, sondern fast alle Menschen. Und ich glaube nicht, daß es meine Aufgabe ist, sie Ihnen zu erklären, aber ich würde gern bei Ihnen leben.

Was würden Sie tun?

Dasselbe wie das, was ich tat, als ich lebte, aber der modernen Menschheit angepaßt.

Könnten Sie es konkreter erklären? Es gibt nicht viele historische Aufzeichnungen über Ihr Leben, und ich weiß nicht viel darüber.

Das historisch Wesentliche, die historische Beschreibung meines Lebens ist in der Bibel enthalten, und ihre wesentlichen Teile sind höchst korrekt.

Welche Vorstellungen haben Sie hinsichtlich dieser Änderung oder Anpassung Ihres Lebens an die gegenwärtigen Zeiten?

... Er antwortet nicht, weil ... Er will seine Vorstellungen nicht verkünden, wenn er sie nicht in der Praxis anwenden kann.

Bitten Sie ihn, nicht verletzt zu sein, aber sagen Sie ihm, in meinen Experimenten mit Menschen in Trance sei es häufig geschehen, daß sie bei Problemen, denen sie ohne Lösungen gegenüberstanden, irgendeine plausible Entschuldigung erfanden, um nicht ihre Unfähigkeit zugeben zu müssen. Bitten Sie ihn, nicht böse zu sein; aber seine Antwort erinnerte mich erfahrungsgemäß an derartige Entschuldigungen.

... Er sagt, er sei auch ein Mensch, und deshalb verstehe er ... Ihr Mißtrauen, aber er sagt, Sie seien noch zu unerfahren. Und

Sie könnten plagiieren – tatsächlich können Sie sich das, was Sie erfahren, nicht als Verdienst anrechnen.

Sagen Sie ihm, nach meiner Meinung sei seine hellseherische Fähigkeit nicht absolut vollkommen gewesen. Ich beurteile das an der Tatsache, daß er Judas zum Apostel wählte, der nicht nur nicht zur Verbreitung seiner Lehren beitrug, sondern ihn sogar verriet und so die indirekte Ursache seines schmerzlichen Todes war. Außerdem: Wenn seine parapsychischen Fähigkeiten vollkommen gewesen wären, hätte er sie zu seiner Verteidigung nutzen könne. Hätte er etwa vierzig Jahre länger gelebt, würde sein Leben meiner Ansicht nach der Menschheit mehr gegeben haben, als sein Tod es tat. Die Tatsache, daß er sterben mußte, wie er starb, scheint darauf zurückzuführen, daß er sich nicht mit seiner Kraft gegen äußere Einflüsse verteidigen konnte – oder hatte er vielleicht einen besonderen Grund, sich einem solchen Tod zu unterwerfen?

...Erstens fragt er Sie, ob Sie je einen Menschen gesehen haben, der in allem ganz vollkommen wäre, und er ersucht Sie, ihn immer als Menschen zu betrachten. Er hat im Zusammenhang mit Judas das Hellsehen nicht benutzt – und er erachtet übrigens seinen Tod für absolut wichtig, um Jahrtausende nach seinem körperlichen Tod lebendig zu bleiben.

Sagen Sie ihm, ich pflichte ihm natürlich darin bei, daß kein Mensch vollkommen sei. Aber erklären Sie ihm, der Zweck meiner Fragen sei es, seine Lehre der Denkweise des modernen kritischen Menschen anzupassen. Er dürfe sich nicht verletzt fühlen, wenn diese Fragen für ihn ungewöhnlich klingen.

Er sagt, natürlich verstehe er Sie.

Sagt er sonst noch etwas?

Nein.

Er sagte zuvor, der Mensch werde für seine bösen Taten vom Schicksal nicht bestraft. Kann er mir dann die Beobachtung erklären, die ich häufig machte: Wenn ich bewußt etwas tat, das nicht gut war, passierte mir sehr bald danach etwas Unangenehmes, und zwar in einer solchen Weise, daß ich den starken Eindruck hatte, es sei eine Strafe für die unrechte Tat.

Er sagt, das sei bestimmt nur ein Eindruck gewesen. Sie wurden die ganze Zeit von Gedanken an diese böse Tat gequält und brachten sie dann mit allen unangenehmen Ereignissen in Verbindung, die Sie erlebten und normalerweise gar nicht beachtet hätten.

Bitten Sie Jesus, so freundlich zu sein und Ihre Fragen das nächstemal, wenn Sie mit ihm Verbindung aufzunehmen versuchen, wieder zu beantworten.

Er sagt, es werde ganz von mir abhängen, ob ich Ihre Fragen beantworten werde.

Wie das?

Ich weiß es nicht. Er sagt nichts. Er lächelt nur und entschwindet.

Nun finden Sie bitte heraus, was mit Jesu Leichnam nach seinem Tod geschah.

...Er wurde in eine Art Höhle gelegt – und dann wurde er in einem Garten in der Nähe begraben.

Der Leichnam blieb nicht in der Höhle?

Nein.

Sind Sie sich bei dieser Aussage wirklich sicher?

Wissen Sie, ich sehe ganz klar, wie ein Mann unter dieser Höhle gräbt und in sie einbricht, weil sie völlig verschlossen war. Und dann bestattet er den Leichnam in dem Garten.

Liegt die Höhle, die Sie sahen, unter einer Art Hügel?

Ja, aber der Hügel ist nicht sehr hoch.

Ist der Leichnam später zerfallen wie jeder andere menschliche Leichnam?

...Ja.

Nach dem Experiment wurden der Versuchsperson im normalen Wachzustand einige Fragen gestellt. Damit sollte Einblick in die Überzeugungen und den Wissensstand der Versuchsperson erlangt werden. Wir hofften, auf diese Weise eine Vorstellung davon zu erlangen, inwieweit die Antworten der Versuchsperson von ihren eigenen psychologischen Vorgängen beeinflußt sein konnten. Ein solcher Einfluß ist nie auszuschließen. Doch alle Aussagen der Versuchsperson, die entweder über ihr Wissen hinausgingen oder sich von ihren eigenen Meinungen unterschieden, deuteten darauf hin, daß sie ihre Informationen wirklich aus einer äußeren Quelle erhielt, möglicherweise – wie sie behauptete – von Jesus.

Haben Sie eine eigene Meinung darüber, wie Jesus die Levitation bewerkstelligt haben könnte?

Ich habe nie darüber nachgedacht.

Haben Sie je darüber nachgedacht, ob die Menschen in ihren Entscheidungen frei sind oder ob ihre Entscheidungen festliegen?

Nein.

Ist Ihnen früher schon einmal der Gedanke gekommen, es könnte göttliche oder höhere Gesetze geben, die böse Taten bestrafen?

Meine Meinung war immer, daß jeder bösen Tat eine Strafe folgt. Sie war genau in dem Sinn, in dem Sie fragten. Was Jesus sagte, war eine große Überraschung für mich.

Haben Sie je über den Sinn der menschlichen Existenz, des Lebens oder des Universums nachgedacht?

Nicht sehr. Wissen Sie, ich habe mich für diese Fragen nicht übermäßig interessiert. Aber wenn Sie glauben, daß meine Meinungen das beeinflußt haben könnten, was ich sagte, ich bezweifle das sehr. In dem ganzen Experiment unterschieden sich die Meinungen von Jesus von meinen persönlichen Meinungen, und ich bemerkte viele Male, wie überrascht ich von seiner Antwort war.

Wie lange, glauben Sie, existiert der Mensch schon auf Erden?

Keine Ahnung.

Haben Sie je Berichte gehört oder gelesen, daß in einigen orientalischen Völkern Menschen angeblich in der Lage waren, nasse Laken zu trocknen, die man ihnen ähnlich um die Körper gewickelt hatte, wie Sie es bei Jesus sahen?

Nie, da bin ich ganz sicher. (Die letzte Frage wurde nach dem Experiment vom 10. Februar gestellt, im Zusammenhang mit den auf Seite 119 geschilderten Beobachtungen.)

## **Experiment Nr. 11** (17. Februar 1949; Versuchsperson: Milena)

### *Johannes der Täufer spricht. Jesu Geburt. Weitere Lehren Jesu*

Bitte suchen Sie Johannes den Täufer.

...Ja.

Und nun suchen Sie ihn in einer Situation, wo er sich in Trance befindet.

...Ja.

Versuchen Sie ihn zu fragen, wie Sie Jesus fragten: Hat er ein asketisches Leben geführt? (Die Bedeutung des Wortes wurde der Versuchsperson erläutert.)

...Aber ich höre das wie aus sehr großer Entfernung... Ja, etwa von seinem zwanzigsten Lebensjahr an.

Wer baute die Hütten wie jene, in der Jesus eingesperrt wurde, und wem gehörten sie?

...Sie wurden von Menschen gebaut, die zuerst den Gedanken hatten, ein abgeschiedenes Leben, weg von den Menschen, zu führen. Und sie gehörten denen, die hineinkamen.

Kannten damals viele Menschen den Trancezustand?

...Nicht sehr viele.

Welche Menschen kannten ihn? Nahmen sie unter ihren Mitmenschen eine Sonderstellung ein?

...Sie wurden zufällig ausgewählt.

Von wem hat er dieses Wissen?

...Vom ältesten in der vorhergehenden Generation.

Woher hat seine Familie dieses Wissen?

...Er antwortet nicht.

Fragen Sie ihn noch einmal; weisen Sie – wenn er es nicht weiß – darauf hin, daß er es hellseherisch erfahren kann.

Er weiß es, aber er will es Ihnen nicht sagen.

Warum?

...Er weiß nicht, warum Sie es wissen müssen.

Ich möchte herausfinden, wo dieses Wissen entdeckt wurde. Ich diene damit der Forschung.

...Er bedauert, er kann es Ihnen auch jetzt nicht sagen, da er an einen Eid gebunden ist.

Warum hat er gerade Jesus für diese Ausbildung ausgewählt?

...Weil er in seiner hypnotischen Trance sah, daß er es sei, der sich um Jesus kümmern müsse, außerdem wußte er, daß Jesus sehr intelligent war – und persönlichen Charme hatte.

Kannte er keine Methode, Jesus auszubilden, die leichter und weniger drastisch war als die von ihm angewandte?

...Er war nach dieser Methode ausgebildet worden, und deshalb wandte er sie auch zur Ausbildung anderer an.

Was hat er Jesus gesagt? Hat er ihm irgendwelche Anweisungen erteilt?

Er sagte ihm nur, daß er von Gott erwählt sei, daß es sein Schicksal sei, ein Lehrer der Menschheit zu werden.

Versuchen Sie herauszufinden, woher das Wissen seiner Familie stammt.

...Ich sehe das sehr undeutlich. Zuerst sehe ich sehr klar, aber später... ich kann nicht sicher sein. Ich wäre nicht in der Lage, es sicher zu sagen.

Schildern Sie mir, was Sie klar sehen.

...Ich folge ihnen von einem Familienmitglied zum anderen. Es war immer der älteste Sohn. Aber manchmal hatten sie keinen eigenen Sohn. Dann nahmen sie irgendein anderes Kind zu sich.

Versuchen Sie so weit in die Vergangenheit zurückzugehen, wie Sie klar sehen.

...Ja.

In welcher Zeit sind Sie jetzt?

...Etwa fünfhundert Jahre vor dieser Zeit.

Versuchen Sie noch weiter zurückzugehen, aber Sie sollten sich darüber klar sein, daß die Leute vielleicht an einen anderen Ort zogen. In diesem Fall müßten Sie, während Sie ihnen folgen, geistig nicht nur in die Zeit reisen, sondern auch an einen anderen Ort im Raum. Das wird Ihnen wahrscheinlich helfen, es klar zu sehen. (Dies war ein methodischer Rat an die Versuchsperson: ihm lag der Gedanke zugrunde, daß die Versuchsperson einen möglichen Umzug der Familie übersehen und sie so verloren haben könnte.)

...Tut mir leid, ich sehe es immer noch sehr undeutlich.

Versuchen Sie nun, Jesus wiederzufinden. Sie sahen ihn auf dem Wasser gehen. Höchstwahrscheinlich hat er das mehrere Male getan; aber Ihre Aufgabe ist es nun, den bestimmten Fall zu finden, wo er auf dem Wasser zu seinen Jüngern ging, die in einem Boot saßen. Laut der Bibel (Matthäusevangelium 14, 25 und 29; siehe auch Seiten 97 und 118) forderte er einen seiner Jünger auf, ebenfalls auf dem Wasser zu gehen. Dieses Ereignis trug sich vermutlich kurz nach Jesu Rückkehr von seinem viertägigen Aufenthalt auf dem Berg zu.

...Ich sehe nichts dergleichen... Ich sehe Jesus hier zu dem Boot gehen, aber ich sehe oder höre ihn keinen auffordern, dort zu gehen.

Und nun finden Sie heraus, was geschah, als die drei Weisen zu Jesus kamen, kurz nachdem er geboren worden war (Matthäusevangelium 2, 1-12).

...Ja, sie sind gekommen, aber sie waren nicht allein. Es waren andere Leute dabei; sie können ihre Diener gewesen sein. Nun, sie kamen, und sie brachten Jesus irgendwelche Geschenke.

Wie haben sie von ihm erfahren?

...Sie wußten es von ihrem Freund – einem König, und ich glaube, es war Herodes, der einen Hellseher an seinem Hof hatte, und dieser Hellseher sagte das voraus.

Beschreiben Sie genauer, was geschah.

...Herodes hatte keinen Sohn, und er wollte wissen, wer nach ihm König würde. Und dieser Hellseher – aber ich weiß nicht, was er ihm sagt.

Versuchen Sie herauszufinden, was der Hellseher sah.

Er folgt dem Leben von Jesus, er sieht ihn unter Menschenmengen, er sieht, wie Jesus fasziniert und wie die Menschen ihn mögen. Und Herodes bekam Angst, als er erfuhr, es würde kein Mann von edler Geburt sein, und er wollte seine Freunde gegen Jesus aufhetzen, und er wollte sich mit ihnen verschwören, um ihn zu ermorden. Aber diesen ausländischen Magnaten war es ziemlich egal, wer in Herodes' Reich herrschen würde, und sie wollten wahrscheinlich die Gunst des neuen vorausbestimmten Königs erlangen.

Wie haben Sie herausgefunden, daß es sich bei dem König um Herodes handelte?

Ich habe es verifiziert, als ich ihn den Befehl geben sah, diese Kinder zu ermorden.

Und als Sie ihn den Befehl geben sahen, woher wußten Sie, daß es sich um die Ermordung der Säuglinge handelte?

Er rief zwei Männer und sagte ihnen etwas... Und sie – wissen Sie, ich kann es nicht anders erklären. Sie gaben diesen Soldaten keinen ausdrücklichen Befehl, hinauszugehen und sie zu ermorden. Irgendwie hetzten sie sie auf, oder sie versprachen ihnen etwas. Ich weiß nicht, was sie zu ihnen sagten... Und nicht alle von ihnen ermorden die Säuglinge, und es wurden nicht mehr als fünfunddreißig Kinder ermordet.

Wie wählten die Soldaten die Kinder aus, die ermordet werden sollten? Hatten sie einen besonderen Plan?

Offenbar sagte man ihnen, sie sollten nur kleine Kinder ermorden, Jungen – die erstgeborenen Söhne... Ich sehe kein anderes Zeichen.

Wie viele Soldaten waren beteiligt?

Etwa fünfzig.

Und sie ermordeten etwa fünfunddreißig Kinder.

Richtig.

Sind sie auch zu Jesus gekommen?

...Sie sind gar nicht zu dieser – zu dieser Hütte gekommen.

Sind Jesu Eltern damals weggezogen? In der Bibel heißt es, sie seien irgendwohin nach Ägypten gegangen.

...Aber das war später. Vielleicht nach einem Monat oder so.

Suchen Sie Jesus wieder in der Wüste.

...Ja.

Fragen Sie ihn, ob er die Levitation erklären kann.

...Welche?

Seine Levitation, zum Beispiel, als er sich vor Johannes dem Täufer in die Luft erhob.

...Als er dann auf dem Wasser ging?

Nun gut, als er auf dem Wasser ging.

...Es ist Suggestion.

Diese Frage: „Als er dann auf dem Wasser ging?" – hat Jesus sie gestellt oder waren Sie es?

Er.

Fragen Sie ihn nun, was ein Gedanke ist.

...Er gibt keine Antwort.

Welches ist der wesentliche Unterschied zwischen dem Hypnosezustand (oder der Trance) und dem normalen Schlaf?

Er sagt, daß Sie das schon wissen. (Bis dahin waren die in diesem Experiment erhaltenen Antworten bei weitem nicht befriedigend, aber sie veranschaulichen die Zwanglosigkeit der Experimentalsituation.)

Bitten Sie ihn nun, eine Beobachtung zu erklären, die ich viele Male gemacht habe. Es geschah zum Beispiel, daß ich irgendeinen Plan hatte und ihn einer anderen Person anvertraute, die nicht wollte, daß mein Plan gelinge. Ich weiß, daß diese Person nichts tun konnte, um meinen Plan zu verhindern, und dennoch scheiterte ich wiederholt damit. Das bloße vorzeitige Enthüllen des Plans schien also zu genügen, ihn scheitern zu lassen. Kann er das erklären?

...Er sagt, daß erstens dieser Mann versucht, Ihren Plan durch seine Taten zu verhindern; auch wenn er das nicht kann, denkt er ständig daran, daß er Ihr Scheitern wünscht.

Kann er erklären, warum ein bloßer Gedanke eine solche schädliche Wirkung zu haben vermag?

...Er glaubt, daß Gedanken eine Art Dampf sind, eine Art gasförmiger Materie, die sich ausbreitet. Wenn der Mann intensiv denkt, daß er Ihren Erfolg nicht will, dann vertreibt seine Wolke Ihre Wolke.

Wenn er von der Wolke spricht, gebraucht dann er dieses Wort, oder formulieren Sie es so?

Ich höre ihn „gasförmige Materie" sagen, aber ich fühle eine starke Abneigung, das Wort „Materie" im Zusammenhang damit zu gebrauchen.

Kann er erklären, wie die Gedanken entstehen – ob im Gehirn oder anderswo?

...Dies ist die Frage, die Sie vorhin gestellt haben.

Warum will er nicht antworten?

Weil er keine – fast keine Verbindung mit geistigem Wissen hat, weil Sie das vom medizinischen Standpunkt erfahren können.

Als ich ihn früher nach dem Unterschied zwischen dem Hypnosezustand und dem Schlaf fragte, antwortete er, ich würde ihn kennen. Aber ich glaube nicht, daß ich ihn kenne. Wenn er ihn kennt, möchte er ihn mir doch sagen.

...Er sagt, „alles erfassen, alles verlieren"... Er weiß nur zu gut, warum er es Ihnen nicht sagen will.

Kann er mir sagen, warum?

...Sie würden unangenehme Konsequenzen für sich selbst erleben. Es würde unangenehm für Sie sein. Er sagt, daß es etwas Ähnliches wie diese Strafe ist.

Sagen Sie ihm, wenn er von einer Gefahr für einen Menschen wisse, sollte er es sagen, damit die Gefahr gemieden werden könne.

...Er sagt, hier sei eine moralische Gefahr im Spiel.

Kann der nächtliche Schlaf irgendwie in den Hypnosezustand verwandelt werden?

...Er sagt, wenn er Ihnen das sagen würde, könnten Sie es verwerten.

Fragen Sie ihn: Gibt es auf der Welt irgendein höheres oder intelligentes Gesetz, das zielbewußt das Schicksal der Menschen steuert – oder ist alles bloß Zufall, ein blindes Wechselspiel von Naturkräften?

...Er sagt, daß es im kleineren Teil nur Zufall ist, und im weit größeren Teil folgt ein Ereignis aus dem anderen. (Die Frage war als Fortsetzung der Diskussion über das Karma gedacht – siehe Seite 132 –, aber wir erhielten eine interessante und einfache Definition der Kausalität.)

Gibt es das absolute Gute? Oder ist es nur eine Erfindung von uns, etwas als gut und etwas anderes als böse anzusehen?

...Er ist der Meinung, daß wir das Gute nicht kennen, und sogar wenn wir es kennen würden, wäre es von keinem Vorteil für die Menschheit.

Warum?

...Weil die Menschheit nicht wüßte, wie sie es einschätzen soll.

Gibt es das absolut Gute und absolut Böse?

...Wenn wir beides nicht kennen, können wir keines absolut vom anderen trennen.

In der idealen künftigen menschlichen Gesellschaft, wie er sie versteht, gibt es da auch Böses?

Ja, aber es wird auf das Minimum reduziert sein.

Es gibt eine ultilitarische Ansicht, die alles als „das Gute" etikettiert, was irgendeinem Menschen oder einer Gruppe zum Vorteil gereicht. Ist diese Ansicht seiner Meinung nach richtig?

Sie ist nicht absolut gut, aber er läßt diesen Standpunkt gelten.

Weiß er, was das absolut Gute ist?

...Der Fortschritt.

Aber der Fortschritt kann auch ein „Fortschritt zum Schlimmeren" sein. Ist das auch gut?

...Er weiß von keinem konkreten Fall dieser Art.

Was ist Glück, und wie entsteht es?

...Glück ist ein Gefühl, das völlig persönlich ist.

Was sieht er als höchstes Glück an?

...Für jeden ist höchstes Glück etwas anderes. Für ihn war es das größte Glück, wenn er andere Menschen glücklich sah. In diesem Fall ist es die Liebe zu seinem Mitmenschen.

Ist er bereit, zuzugeben, daß andere Menschen recht haben, die etwas ganz anderes als höchstes Glück betrachten?

...Ja.

Und was, wenn das Streben dieser Menschen nach ihrem Glück das Glück anderer Menschen zerstört?

...Jesus sagt, daß Sie wahrscheinlich an materielles Glück denken. Für ihn ist Glück nur ein Gefühl.

Glauben Sie, daß Ihre eigenen Meinungen einen Einfluß auf die eben geäußerten Antworten gehabt haben könnten?

Ich war mir dieser Gefahr immer bewußt und habe immer versucht, mich meiner eigenen Meinungen zu enthalten. Und meine Meinungen sind anders, also glaube ich nicht, daß eine Verzerrung durch meine Gedanken stattfand.

Sagen Sie Jesus, daß nach meiner Meinung Glück, auch wenn es ein Gefühl ist, irgendeine materielle Basis erfordert, die Erfüllung grundlegender Bedürfnisse, die einem erlaubt, glücklich zu sein.

...Natürlich sieht jeder wirkliches Glück anders.

Kann er das konkreter ausdrücken?

...Zum Beispiel kann ein armer Mann völlig glücklich sein und der reiche Mann nicht.

In seinen Lehren, laut der Bibel, nennt er Gott seinen Vater. Wie sollen wir das genau verstehen?

...Gott ist der Vater von uns allen... Und deshalb sieht er keinen Grund, warum er es nicht verkünden sollte.

Welche Vorstellung hat er von Gott? Wie versteht er das, was er seinen Vater nennt?

...Es ist etwas, das er nicht verstehen kann, aber wir wissen doch, daß es unter uns ist.

Kann er „Ihn“ irgendwie faßbarer beschreiben? Vielleicht könnte er ein abstraktes Wort benutzen, wenn er seine Definition gibt – wie Emotion oder Kraft oder was immer er will.

...Es kann Emotion, Kraft sein, aber vor allem ist es Unendlichkeit.

Es gibt verschiedene Emotionen. Welche würde er Gott zuschreiben?

...Fast alle Emotionen, die wir als gut ansehen.

Er möge sie aufzählen.

Liebe, Glauben, Glück, Hoffnung, Sehnsucht – Begeisterung.

Er sprach von Kraft, er möge sagen, was er damit meinte.

...Es ist ein Zustand von einer Art irgendwo zwischen Emotion und Unendlichkeit.

Kraft soll ein „Zustand“ sein? (Der Begriff „Kraft“ hat eine besonders gut definierte physikalische Bedeutung, die sich nicht mit dem Ausdruck „Zustand“ vereinbaren läßt.)

Er sagt das. Ich werde ihn fragen... Zustand und Wirkung.

Hier eine andere Frage: Ist es vernünftig, daß der Mensch seine menschliche Natur unterdrückt, ich meine, seine Instinkte wie sexuelles Verlangen usw.?

Wesen, die ihre Instinkte nicht beherrschen, sind Tiere.

Ja, aber hier geht es darum, in welchem Ausmaß die Instinkte unterdrückt werden.

Den Grad bestimmt die Gesellschaft, in welcher der einzelne lebt... Ich sagte Ihnen bereits mehrere Male, daß es die Gesellschaft ist, die die Normen moralischen Verhaltens bestimmt.

Woran ich tatsächlich denke, das ist die Askese. Welche Meinung hat er über sie?

Für den gegenwärtigen Menschen ist völlige Askese fast unmöglich.

Glaubt er, Askese sei für geistige Entwicklung erforderlich?

...Nur für jene Menschen, die eine positive Einstellung dazu haben, aber nicht für andere.

Worauf ich mich hauptsächlich bezog, das ist die völlige sexuelle Enthaltung. Es gibt Leute, die behaupten, paranormale Kräfte ließen sich ohne Enthaltsamkeit nicht entwickeln.

...Er pflichtet dieser Meinung nicht bei, natürlich nur insoweit, als sexuelles Verlangen mit Liebe einhergeht.

Lassen Sie mich ihm noch eine andere Frage stellen: Was war Jesu letzter Gedanke, bevor er in eine Trance sank?

Er wolle so lange wie möglich schlafen.

Hat er im voraus die Länge der Zeit bestimmt, die er schlafen wollte?

...Nein.

Und warum ist er in die Wüste gegangen?

Weil er sich dort am besten auf diesen Schlaf konzentrieren konnte.

Und warum wollte er so lange schlafen?

..Es war nur seine Neugier, denn er wollte prüfen, wie lange er ohne Nahrung bleiben konnte... Und er sagt, daß er, bevor er einschlief, einige Zeit versuchte, an nichts zu denken.

Wer riet ihm, seine Gedanken zu eliminieren?

Johannes der Täufer.

Wann?

Am Anfang, als er zwölf Jahre alt war.

**Experiment Nr. 12** (23. Februar 1949; Versuchsperson: Milena)

## *Auftretende Schwierigkeiten*

Suchen Sie wieder Jesus in der Wüste.

...Ja.

Fragen Sie ihn, warum er früher sagte, ich würde den Unterschied zwischen nächtlichem Schlaf und dem Hypnosezustand kennen (Seite 141).

...Weil eine Ihrer Versuchspersonen Ihnen den Unterschied ziemlich gut sagte.

Wer?

...Er antwortet nicht.

Fragen Sie ihn noch einmal.

...Ich bin sehr verwirrt, weil er meinen Namen nennt, und ich bin nicht sicher, ob ich es nicht mir selbst suggerierte.

Fragen Sie ihn, wie er Ihren Namen erfuhr.

...Er folgte dem Mädchen, bis er es beim Namen rufen hörte. (Das war die übliche Anweisung, die Milena früher als Beispiel dafür erhalten hatte, wie sich in Experimenten mit reisendem Hellsehen mit einiger Sicherheit der Name einer Person ermitteln ließ.)

Wo?

In der Schule.

Bitten Sie ihn, einige Namen anderer Versuchspersonen zu nennen, mit denen ich experimentiert habe. (Die vorausgegangenen Antworten waren verdächtig, weil sie zuviel für die Versuchsperson charakteristisches Wissen enthielten; ich meinte deshalb, die letzte Frage anfügen zu müssen, um die Funktionsweise der ASW in diesem Experiment zu prüfen.)

...(Sie nannte einige Namen mir unbekannter Personen: Offensichtlich basierten die vorhergehenden Antworten lediglich auf der Phantasie der Versuchsperson. Wir können vermuten, daß diese Komplikation durch die erneute Befragung über Hypnose und Schlaf verursacht wurde, ein Thema, das sich schon früher – Seiten 141–143 – als empfindlicher Punkt erwiesen hatte. Eine weitere Ursache könnte das Bestehen des Experimentators auf einer Antwort gewesen sein.)

Haben Sie die Namen deutlich gehört?

Ja.

Sagen Sie ihm nun, daß er mit diesen Namen nicht recht hatte. Ich kenne diese Leute nicht.

...Er sagt, ich hätte ihn nicht gefragt, ob ich diese Namen richtig wiedergab.

Kann er Ihnen helfen, sie richtig wiederzugeben? Und warum hat er Ihnen nicht gesagt, daß Sie sich irrten?

...Er weiß nicht, wie er das machen soll. Er kann mich nicht aufhalten, wenn ich etwas Falsches zu sagen beginne. Er kann nur zu mir sprechen, wenn ich ihn frage.

Fragen Sie ihn, ob er Sie sieht, wenn er mit Ihnen spricht.

...Nur als Silhouette. Und ziemlich undeutlich... Er sagt, er sieht mich dort in der Wüste.

Versuchen Sie, ihn in die Gegenwart zu führen, damit er Sie hier sehen kann.

...Er sagt, es sei schwierig, Details so weit voraus in die Zukunft zu sehen.

Aber er sagte zuvor, daß er Sie in der Schule sah und dort Ihren Namen hörte. Bitten Sie ihn, das zu erklären.

...Er sagt wieder, Sie hätten ihn nicht gefragt, ob ich es richtig wiedergab.

Woher kann er wissen, wie Sie Wörter wiedergeben?

...Er sagt, er hört mich.

Will er in Ihren früheren Aussagen etwas korrigieren?

...Er hat überhaupt keine Namen gesagt. Er ist mir nicht in die Schule gefolgt und hat meinen Namen nicht gehört.

**Experiment Nr. 13** (24. Februar 1949; Versuchsperson: Milena)

## *Versuche, Jesu Identität zu beweisen. Jesu Theorie vom Hellsehen*

Bitte suchen Sie Jesus wieder in der Wüste.

...Ja.

Sagen Sie ihm, daß wir noch immer nicht sicher seien, ob wir wirklich mit ihm in Verbindung stehen. Versuchen Sie ihm zu erklären, die bloße Tatsache, daß Sie dieses Gefühl haben, überzeuge uns nicht hinreichend. Ihr Gefühl könnte nur eine Halluzination von Ihnen sein – aber wir hätten gern einen überzeugenden Beweis, daß wir wirklich mit ihm sprechen. Und dann fragen Sie ihn, ob er irgend etwas vorschlagen kann, wodurch er seine Identität zu beweisen und uns zu überzeugen vermag, daß wir wirklich mit ihm in Verbindung stehen.

...Er kann in seiner Sprache zu mir sprechen.

Stimmt das?

Ja.

Lassen Sie ihn das versuchen.

...Aber ich höre es schon übersetzt.

Was sagt er?

...Warum sprechen Sie in dieser Weise mit mir? Wie wagen Sie sich dieses Privileg anzumaßen? In meiner Zeit konnten sich nur eingeweihte Menschen solche Privilegien nehmen. Ich spreche – ich spreche nichts von Bedeutung. Ich möchte Ihnen nur zeigen, daß ich es bin, der zu Ihnen spricht.

(Nach dem Experiment wurde die Versuchsperson im Wachzustand befragt. Sie wußte, daß ihre subjektiven Gefühle nicht als Beweis für eine wirkliche Verbindung zwischen ihr und Jesus akzeptiert werden konnten. Wir hatten das Problem zuvor schon erörtert. Sie sagte, sie habe mehrmals darüber nachgedacht und einen Weg zu finden versucht, wie sich ein gültiger Beweis erhalten ließe. Der überzeugendste Plan, den sie sich vorstellen konnte, sei gewesen, Jesu Worte in seiner eigenen Sprache wiederzugeben – genau wie es oben vorgeschlagen worden war. Doch Milena erklärte sofort, ihr sei klar, daß Jesu Worte, wie oben dargeboten, keinen Beweis erbrachten.)

Fragen Sie Jesus, ob er die Wand sieht, die Sie in früheren Experimenten sahen, und fragen Sie ihn weiter, was sich hinter dieser Wand befindet.

...Er kann Ihnen nicht sagen, was dahinter ist.

Warum nicht?

...Wenn Sie sterben, werden Sie vielleicht sehen, was dahinter ist.

Weiß er, was hinter der Wand ist?

Natürlich, sicher, er war dort.

Wann?

Als er starb.

Nach seinem Tod am Kreuz?

Ja, ich starb am Kreuz.

War er während seines Aufenthalts in der Wüste oder zu einer anderen Zeit davor hinter dieser Wand?

Nein, nur tote Menschen können dorthin.

In diesem Fall kann er aber nicht wissen, wie es dort aussieht.

Wenn er es zur gegenwärtigen Zeit in Beziehung setzt, kann er das nicht. Aber er kann einen Gedanken daran beschwören. Seine Erinnerung.

Will er Ihnen sagen, woran er sich erinnert?

Er sagte Ihnen bereits, daß er es nicht kann.

Gibt es irgendein Gesetz, das es verhindert?

Er kann es einfach nicht.

Fragen Sie ihn, ob ich oder vielleicht Sie irgendwie einen Gedanken an das, was hinter der Wand ist, beschwören könnten.

...Nein, da Sie nicht dort gewesen sind.

Aber er war auch nicht dort. Zumindest sagte er Ihnen, er sei vor seinem Aufenthalt in der Wüste nicht dort gewesen.

...Er war nicht dort, weil... Jetzt ist er gleichzeitig dort und auch in der Wüste.

Wie könnten wir es bewerkstelligen, Sie oder ich, auch dorthin zu gelangen?

...Sie wollen also sterben?

Er lebt, und er sagt, er sei dort gewesen. Ich glaube, daß manche Menschen, vielleicht während sie sich im Hypnosezustand befinden, es fertigbringen könnten, ebenfalls dorthin zu gelangen.

...Nur nachdem sie gestorben sind.

Aber er ist nicht tot.

...Aber er war tot.

Wie kann er so etwas sagen?

Er konnte doch nicht fast zweitausend Jahre am Leben bleiben!

Wenn er jetzt zu Ihnen spricht, in welcher zeitlichen Periode befindet er sich?

...Er sagt, er versteht die Frage nicht. Er will Ihnen nur sagen, daß – wenn Sie einmal hinter der Wand gewesen sind, Sie in Ihr eigenes Leben zurückgerufen werden können. In das Leben, das Sie hier lebten.

Bedeutet dies, daß er seinen materiellen Körper sogar nach seinem Tod behalten kann?

Es ist nur eine Projektion seines Lebens. Sie können niemals Ihr wirkliches Leben zurückbeschwören.

Wo befindet er sich jetzt, genau in dem Augenblick, da Sie ihn sehen und mit ihm sprechen?

...Ich bin in der Wüste, aber mein Körper ist nicht materiell, er ist nur hierhin projiziert, und die Zeit ist dieselbe wie die Zeit, zu der ich lebte.

(Wir möchten erwähnen, daß die Versuchsperson früher behauptete – Seite 82 –, sie sei mit dem wirklichen physischen Körper Jesu in Verbindung. Die Unvereinbarkeit der obigen Aussagen mit den Überzeugungen der Versuchsperson sowie das offensichtliche Nichtverstehen des modernen Begriffs Zeit könnten als Hinweis dafür gelten, daß die Quelle dieser Aussagen wirklich außerhalb des Geistes der Versuchsperson lag.

Doch die vorhergehenden und die folgenden Aussagen dürfen nicht als Anzeichen für einen objektiv existierenden „Phantomkörper" genommen werden; sie stellen vielmehr ein seltsames Bemühen dar, eine Art Theorie des Hellsehens oder der Telepathie zu liefern – und diese Theorie kam allem Anschein nach von einer Person, der die moderne Vorstellung von der Zeit nicht vertraut war.)

Fragen Sie ihn, wo sein wirklicher physischer Körper ist.

...Er ist tot.

Aber er sagte vorhin: „Die Zeit ist diesselbe wie die Zeit, zu der ich lebte."

...Hm, die Umgebung ist dieselbe.

Lassen Sie ihn sagen, was Zeit ist.

...Zeit ist Leben.

Bitten Sie ihn, eine bessere Definition zu geben.

...Er sagt, Sie sollten wählen, woraus immer Sie wollten.

Sagen Sie ihm, daß ich ihn nicht verstehe und daß hier eine Diskrepanz liegt: Er sagt, er sei zu der Zeit in der Wüste, da er lebte, und dann beharrt er darauf, daß sein Körper tot ist.

...Er wird versuchen, es Ihnen zu erklären. Er lebte einige Zeit, und dann starb er. Als er starb, verlor er seinen materiellen Körper. Er ging hinter die Wand, und wenn jemand sein Leben zu sehen wünscht – dann projiziert er sein Leben als Ganzes, wie es durchlebt wurde. Aber da besteht ein Unterschied, sein Körper ist nicht mehr physisch; nur sein geistiger Teil ist anwesend.

In welche Zeit wird sein Leben dann projiziert?

In die Zeit, welche von der Person gewünscht wird, die sein Leben beschwört.

Wenn ich wünschte, ihn in genau die Zeit zu „projizieren", da er lebte, und genau an den bestimmten Ort, wo sich sein materieller Körper zu der Zeit befand, wäre das möglich?

Sie werden nie seinen lebenden Körper in seiner wirklichen Substanz sehen. Was Sie sehen, ist eher ein sprechendes Bild, wenn Sie die Person sehen und sprechen hören können – obwohl sie in Wirklichkeit tot ist... Er fragt, ob Sie es verstehen.

Ich möchte gern wissen, ob wir auf diese Weise auch Personen „projizieren" können, deren Seelen nicht durch diese Wand drangen.

Ja.

Es scheint also kein Unterschied zwischen jenen zu bestehen, die durchdringen, und jenen, die es nicht tun, richtig?

Nicht in dieser Hinsicht.

**Experiment Nr.** 14 (2. März 1949; Versuchspersonen: Milena)

*Jesus über die Reinkarnation. Versuch, Dokumente über das Leben Jesu zu finden*

Suchen Sie wieder Jesus in der Wüste.

...Ja.

Fragen Sie ihn jetzt, ob irgendein Unterschied besteht zwischen den Seelen, die nach dem Tod durch diese Wand dringen, und jenen, die es nicht tun. Ich meine, ein Unterschied hinsichtlich der Art des Lebens, das sie auf Erden führten.

...Er kennt den Unterschied nicht.

Kann er ihn für Sie herausfinden?

Leider, er kann es nicht.

Sind dort mehrere solche Wände hintereinander?

...Er kann es Ihnen nicht sagen.

Warum nicht?

Niemand sagte ihm, daß er es niemandem sagen dürfe, aber er weiß irgendwie, daß er es nicht sagen darf. (Diese Antworten entbehren tieferen Inhalts. Das kann auf das Vorhandensein einer objektiven Barriere gegen das Erlangen weiteren Wissens hindeuten; oder, was wahrscheinlicher ist, es deutet nur eine zeitweilige Unfähigkeit der Versuchsperson an – welches auch immer der Grund dafür sein mag –, Informationen zu erhalten, die über den Stand ihres Wissens hinausgingen.)

Befinden sich hinter dieser Wand irgendein Lohn oder eine Strafe für Taten, die man auf Erden getan hat?

...Einige fühlen sich dort unglücklich, andere wieder sind sehr glücklich.

Wie verträgt sich diese Aussage mit dem, was er früher sagte (Seite 132), nämlich daß es keine Strafe für irdische Sünden gebe?

...Er betrachtet Unglücklichsein nicht als Strafe.

Glaubt Jesus an die Reinkarnation der Seelen?

Ja.

Geht die Reinkarnation endlos weiter, oder nimmt der Vorgang irgendwann ein Ende?

...Sie geht eigentlich endlos weiter. Die Seele rastet nur, wenn sie müde ist. Und nur dann macht sie eine Pause.

Wie lange dauert es nach dem Tod, bis die Seele reinkarniert?

...Er weiß es nicht.

Und was macht die Seele müde?

...Wenn die Seele in einer agileren Person ist, wird sie müder als in einer langsamen Person.

Wird diese Seele reinkarnieren?

Natürlich.

Wann?

...Er weiß es nicht.

Haben auch Tiere Seelen?

...Nein.

Wie ist die Seele entstanden?

...Durch Evolution.

Woraus?

...Aus dem Körper.

Aus dem materiellen Körper?

...Ja.

Werden die Seelen auch irgendwie zu existieren aufhören?

Was die sehr ferne Zukunft anbelangt, weiß er es nicht.

Einige Menschen sind der Meinung, daß ein Bestandteil der menschlichen Persönlichkeit allen Menschen gemeinsam sei und daß diese Bestandteile der einzelnen Menschen irgendwie verschmelzen und etwas bilden, was man sich als „Kollektivseele“ oder „kollektives Unbewußtes“ vorstellen kann. Was meint er dazu?

...Er hörte nie davon und hat keine Ahnung, was es sein könnte.

Ob er davon hörte oder nicht, könnte er vielleicht die ASW einsetzen, um es herauszufinden?

...Er kann es nicht sofort herausfinden.

Warum sagte er „sofort"?

...Weil es notwendig ist, daß er sich längere Zeit dafür interessiert.

Gibt es etwas, das unserem Universum überlegen ist und es in sich umfaßt? Ich meine, ein noch größeres kosmisches Gebilde, das unser gesamtes Universum nur als Bestandteil enthält?

...Er weiß es nicht.

Liegt irgendeine wirkliche Bedeutung in dem Ausdruck „kosmische Seele"?

...Etwas, das der gesamten Menschheit gemein ist, das Menschen verbindet.

Was ist es konkret?

...Er stellt sich nur die Bedeutung vor, er weiß nicht konkret, was es sein könnte... Er möchte hinzufügen, daß es seiner Meinung nach das Ziel der Menschheit in der Zukunft sein könnte.

Fragen Sie Jesus, ob er seine ASW einsetzen kann, um ein Ereignis vorauszusagen, das von der freien Entscheidung eines einzelnen Individuums abhängen würde.

...Er wird es versuchen.

Legen Sie ihm nahe, daß sich ein Ereignis in der nahen Zukunft – in seiner eigenen Zeit – für diesen Zweck am besten eignet.

...Er hat nichts von Wichtigkeit gefunden.

Sagen Sie ihm, daß es mir vor allem darum geht, die Lösung folgenden Problems zu finden: Stellen wir uns vor, er habe vollkommene ASW und sage irgendeine Handlung einer Person voraus. Er ist sicher, daß er sie richtig vorausgesagt hat. Aber dann erfährt die Person die Vorhersage und entschließt sich absichtlich, etwas anderes zu tun, nur um zu zeigen, daß er unrecht hatte.

...Er sagt, daß er nicht vorhersagt – nicht, was die Person tun wird (die Versuchsperson wirkte verwirrt) – und daß die Person es nicht nur tut, weil er es vorhergesagt hat.

Bitten Sie ihn, es noch einmal zu sagen.

...Er sagt vorher, was die Person tun wird, aber er beeinflußt diese Person bestimmt nicht durch seine Vorhersage, so daß sie es tun müßte.

Ja, ich weiß; wenn er aber dieser Person die Vorhersage enthüllt und die Person dann absichtlich genau das Gegenteil tun würde?

...Sie wird nicht das Gegenteil tun... Er sagt nichts mehr.

Fragen Sie ihn weiter: Besteht eine Verbindung zwischen der Seele und parapsychischen Kräften?

...Er hat nie darüber nachgedacht, und er würde meinen, daß keine solche Verbindung besteht.

Sagen Sie ihm, es gebe eine Theorie, daß sich parapsychische Kräfte durch bestimmte Atemübungen entwickeln ließen. Was ist seine Meinung dazu?

...Er glaubt nicht, daß es möglich ist.

Fragen Sie ihn weiter: Er sagte, das Ziel des Menschen sei es, die Natur unter Kontrolle zu bringen. Ein anderes Mal aber sagte er, der Mensch sei ein blindes Spielzeug von Naturkräften (siehe Seite 127). Das widerspricht sich.

...Eben weil der Mensch ein blindes Spielzeug der Natur ist, muß er versuchen, sie unter Kontrolle zu bringen, so daß er nicht mehr ihr blindes Spielzeug bleibt.

Wird der Mensch, auch wenn er die Natur unter Kontrolle bringen sollte, nicht immer noch unter dem Druck von Kräften innerhalb der menschlichen Gesellschaft stehen?

...Ja. Er bestreitet es nicht.

Wenn der Mensch das Ziel der Menschheit erreicht, wird er dann freien Willen haben?

...Ja, und er wird so fortgeschritten sein, daß er wissen wird, wie er ihn zu benützen hat.

Wie wird er fähig sein, zwischen Gut und Böse zu wählen, wenn es fast nichts Böses mehr geben wird?

...Er wird Entscheidungen fällen, die ihn selbst betreffen.

Verliert der Mensch nach dem Tod das Bewußtsein seines „Selbst“, seiner Individualität?

...Ja.

Und der Mensch der Zukunft, wird er sich seiner Individualität bewußt sein?

Ja, er wird es.

Wie kam Jesus auf die Jogastellung, die Buddha einnimmt?

...Es war am zweckmäßigsten für ihn, so zu sitzen.

Schreibt er dieser Stellung eine besondere Bedeutung zu?

...Nein.

Nun möchte ich gerne fragen, ob es neben der Bibel irgendein anderes historisches Buch gibt, welches das Leben Jesu beschreibt.

...Ja, in unseren Zeiten... Er betrachtet das als Antwort.

Fragen Sie ihn, ob es noch ein anderes historisches Werk gibt, das sein Leben beschreibt.

...Ja, und diese Werke wurden jetzt geschrieben, in unserer Zeit.

Aber ich dachte an ein sehr altes Dokument oder ein Werk, das in seiner Zeit geschrieben wurde, vielleicht ein Werk, das man noch nicht entdeckt hat.

...Er antwortet nicht.

Fragen Sie ihn noch einmal!

...Die Bücher... Er sagt, er kennt etwa drei Bücher, doch sie sind zerstört worden.

Bitten Sie ihn, ein Buch zu suchen, das noch erhalten ist. Vielleicht hat man es noch nicht entdeckt.

...Er sagt, es können die Protokolle vom Hof von Pilatus sein.

Lassen Sie sich von ihm etwas darüber sagen und den Ort nennen, wo sie sich befinden.

...Er sagt, sie seien an sein Kreuz genagelt worden, und dann habe man sie zusammen mit anderen Dokumenten über den Palast, in dem Pilatus lebte, in einen Kasten oder ein Gefäß gegeben.

Fragen Sie ihn, wann diese Dokumente entdeckt werden.

...In etwa dreißig Jahren, aber er weiß nicht, ob die Dokumente über ihn beschädigt sein werden oder nicht.

Warum glaubt er, daß sie beschädigt sein werden?

...Er sagt nicht, daß sie beschädigt sein werden; aber er ist sicher, daß nicht alle vollkommen in Ordnung sein werden.

Lassen Sie sich von ihm den Ort genauer beschreiben, wo sich das Gefäß befindet.

...Es ist in den Ruinen dieses Palasts, doch neue Gebäude wurden über die Ruinen gebaut.

Bitten Sie ihn, die Stelle besser zu lokalisieren.

...Er sagt, es sei im alten Jerusalem. Und – jetzt ist es ein Armenviertel... Er sieht kein besonderes Kennzeichen, an welchem er die Stelle lokalisieren könnte.

Vielleicht könnte er sich an einem herausragenden Merkmal in der Umgebung orientieren.

...Nicht sehr weit von der Stelle ist jetzt ein Klostergarten.

Wie weit entfernt und in welcher Richtung von dem Garten liegt die Stelle?

Sie ist im Süden, ungefähr eineinhalb Kilometer entfernt, und – er sieht das Gefäß.

Wie tief ist es im Boden?

Vielleicht ist es eine Tiefe von etwa neun – nein, etwa neun bis zwölf Metern. (Die Entfernungsangaben sind vermutlich nicht zuverlässig. Auch wenn wir den Rest als authentisch gelten ließen, können wir kaum annehmen, daß Zahlen oder moderne Maßeinheiten zuverlässig angegeben wurden.)

Befinden sich die Dokumente unter einem Haus oder unter einer Straße?

Unter einem Haus.

## **Experiment Nr. 15** (3. März 1949; Versuchsperson: Milena)

### *Das Interview mit Jesus geht weiter. Die stellare Entwicklung. Alte Medizin. Dokumente über Jesus*

Versuchen Sie nun irgendein historisches Schriftstück über Jesus zu finden, und zwar unabhängig von ihm. Fragen Sie ihn nicht, versuchen Sie selbst ein erhalten gebliebenes Dokument mit authentischen Informationen über ihn zu finden.

...Ich finde nichts. Aber ich sage Ihnen offen, ich weiß nicht, wie ich danach suchen sollte.

Haben Sie in unserem gestrigen Experiment den Behälter mit den Dokumenten gesehen?

Ja, aber das war, weil er mit mir ging und sie mir zeigte.

Wie meinen Sie das? Bitte erklären Sie es mir.

Er war in der Wüste, und dann, als ich ihm sagte, daß ich diese Dokumente sehen wollte, ging er mit mir hin. Ich sah mich selbst dort mit ihm.

Wie konnten Sie sich sehen, wenn Sie behaupten, daß Sie Ihren Körper hellseherisch nicht sehen? (Ein seltsames Merkmal von Milenas ASW-Fähigkeit sollte hier erwähnt werden – siehe Seite 63 –: Vermutlich als Folge einer Autosuggestion war sie unfähig, ihren eigenen Körper hellseherisch zu sehen. Aus einer ähnlichen Beschränkung heraus behauptete sie, nicht in der Lage zu sein, hellseherisch Gegenstände im Dunkeln zu sehen.)

Ich habe nicht meinen Körper dort gesehen, sondern nur meine Seele.

Haben Sie sie flach gesehen, wie Sie sie früher einmal beschrieben, oder in dreidimensionaler ovaler Form?

Flach.

Und als Jesus Ihnen diese Dokumente zeigte, haben Sie da seinen Körper gesehen?

Ja, und er brachte mich zu diesem Ort, und dann konnte ich sogar die Dokumente unter dem Boden sehen.

Als Sie mir die Entfernungen nannten, während Sie dieses Gefäß lokalisierten, bezogen Sie sich da auf das, was Jesus Ihnen sagte oder was sie selbst sahen?

Was Jesus mir sagte.

Suchen Sie nun dieses Gefäß selbst!

...Ich weiß nicht, wie.

Warum das?

Weil Jesus nicht bei mir ist.

Suchen Sie Jesus wieder in der Wüste.

...Ja.

Fragen Sie ihn: Hatte er Kinder?

Nein.

War er verheiratet?

Nein.

Er sagte uns letztesmal, die Seele sei durch Evolution aus dem materiellen Körper entstanden. Lassen Sie ihn das genauer erklären.

...Die Seele entstand, als der Mensch gezwungen war zu arbeiten, das heißt zu denken.

Und was ist die Natur der Seele?

...Ich glaube, sie ist gasförmig. Das sagt er.

Glaubt er, daß Materie der elementare Bestandteil war, der das Universum bildet?

...Er glaubt, es waren Gase.

Fragen Sie ihn weiter: Was ist Materie? Sagen Sie ihm aber nichts über die moderne Physik und die Vorstellungen der Physiker von Materie.

...Feuer und Wasser – und Luft.

Bitten Sie ihn, das zu erklären.

...Er leitet es vom Ursprung der Erde ab.

Ersuchen Sie ihn, seine Gedanken genau zu beschreiben. Was führte ihn zu dieser Meinung?

...Er sah, daß die Erde, das heißt Materie, aus Feuer gebildet wird, dann brachte das Wasser Leben, und die Luft schuf – Lebensbedingungen.

Sind Sie sicher, daß Ihr Denken keinen Einfluß auf diese Antwort hatte? Daß Sie sich beispielsweise nicht vorstellten, wie ein Mensch, der zu jener Zeit lebte, antworten würde?

Ich bin sicher, daß ich nicht daran gedacht habe.

Er sagt, er habe gesehen, wie die Erde entstand. Bitten Sie ihn, Ihnen zu sagen, was er über den Ursprung des Universums erfahren kann. Lassen Sie ihn zum Beispiel beginnen: Soweit ich zurückgehen kann, sehe ich... Und lassen Sie ihn fortfahren bis zur Gegenwart.

...Zuerst ist da der Dampf – der sich kondensiert, bis er zu einer glühenden Materie wird – und er kühlt später ab, und Leben erscheint darauf. Das ist etwa alles, was er zu sagen hat.

Dieser Dampf am Anfang – war er kalt?

...Er weiß es nicht.

Warum nicht?

Er weiß nicht, wie er es feststellen soll.

Sieht er den Dampf? Ist er selbst innerhalb oder außerhalb des Dampfes?

...Als würde er ihn von außen betrachten.

Sieht er ihn leuchten?

...Er sieht ihn grau – aber ich weiß nicht, ob ich mir das nicht suggeriert habe, weil ich keine Farben sehe.

Versuchen Sie Ihre eigenen Gedanken zu eliminieren und fragen Sie ihn erneut.

...Die Antwort war richtig.

Sieht er nur dieses dampfähnliche Gebilde, oder ist sonst noch etwas da?

...Er sieht auch einen anderen Dampf.

Ist dieser größer oder kleiner?

Größer und dichter.

Haben beide einen gemeinsamen Ursprung?

...Er sieht nicht weiter.

Warum nicht?

...Er sieht es zu undeutlich.

Warum das?

...Es ist zu weit zurück.

Er möge Ihnen nun sagen, was Licht ist. Und versuchen Sie Ihre sämtlichen Gedanken zu eliminieren.

...Licht ist eine Ausstrahlung, ausgesandt von Materie, die mit Licht übersättigt ist.

Wodurch wird sie übersättigt?

...Sie hat Hitze in sich.

Soll ich das so verstehen, daß Hitze gleich Licht ist?

...Das ist gut möglich.

War dies seine Antwort?

Ja.

Und nun fragen Sie Jesus, wie sein Temperament in seiner Kindheit und später war.

...Er war tiefsinnig, und er spielte verhältnismäßig wenig mit Kindern, aber er imitierte sehr gern Erwachsene... Jetzt ist er nachdenklich, aber er ist auch gern heiter.

Eine andere Frage: Wie entstand der unter den Menschen so weit verbreitete Glaube, zu Lebzeiten begangene Sünden würden nach dem Tod bestraft?

...Weil die Menschen gewußt haben, daß die Gerechtigkeit auf der Welt nicht absolut ist; und sie wünschten, daß derjenige, der zu Lebzeiten nicht bestraft wurde, nach dem Tod seine Strafe erhielt und daß jene, die einen Lohn verdienen, wirklich belohnt würden.

Hat dieser Glaube irgendeine echte Grundlage?

...Er bezweifelt es.

Ist ein Mensch moralisch berechtigt, durch Erziehung, Strafe usw. in das Leben anderer Menschen einzugreifen?

...Wenn er es im Namen der Gesellschaft tut, zweifellos.

Aber bei unserem beschränkten Wissen kann niemand absolut sicher sein, daß sein Einfluß der beeinflußten Person wirklich den maximalen Nutzen bringen wird. Vielleicht würde sich die Person ohne diesen Einfluß anders entwickeln und vielleicht zu ihrem größeren Vorteil.

...Er bittet Sie, ihm ein konkretes Beispiel zu nennen.

Nun, die Erziehung zum Beispiel formt den Charakter von Kindern. Das Kind wird ausgebildet, in Ausdrücken und einer Art zu denken, die seine Vorfahren an es weitergaben, und seine Individualität wird so geformt, daß sie in das Schema der existierenden Zivilisation paßt. Würde dem Kind erlaubt, sich natürlich zu entwickeln, ohne den äußeren Einfluß der existierenden zivilisatorischen Struktur, ginge es vielleicht vom Denk- und Lebensstil ab, der ihm von anderen aufgeprägt wird, und es würde sich vielleicht unabhängig entwickeln, unverdorben von den Fehlern seiner Lehrer, möglicherweise zu reicheren Erfahrungen. Wäre das nicht besser?

...Er weiß nicht, wie dies in der Praxis durchgeführt werden könnte –, aber stellen Sie sich vor, wie es wäre, wenn alle Kinder auf natürliche Weise aufgezogen würden. Und er glaubt, daß sie keine Fortschritte, sondern Rückschritte machen würden... Wissen Sie, die Menschen haben die Zivilisation nicht angenommen, sie schufen sie selbst und für sich selbst.

Eine andere Frage: Es passierte mir ziemlich oft, wenn ich mich mit einem Problem befaßte, daß mir die Lösung später einfiel, oft genau in einem Augenblick, wo ich überhaupt nicht daran dachte. Was ist das?

Die Frage da – kommt in Ihr Unterbewußtes, und das Unterbewußte findet dann die Lösung, die auf verschiedenen Erfahrungen aus Ihrem vergangenen Leben basiert, die Sie bereits vergessen haben können.

Was ist das Unterbewußte?

...Alles, was für uns vergessen scheint.

Können Sie mir sagen, wo das Unterbewußte liegt?

...Es ist dieses Gas über dem Gehirn und – hinter dem Gehirn.

Nichts sonst?

...Auch ein Teil des Gehirns.

Welcher Teil?

...Er weiß es nicht genau.

Was ist ein Gedanke?

...Die Reaktion des Gehirns auf die Außenwelt.

Was ist Intuition? Sie können ihm die Bedeutung dieses Ausdrucks erklären, wenn er es benötigt.

...Es ist ein seltsamer Übergang zwischen der Emotion und einem Sinn, dessen Urvater der Instinkt bei Tieren ist.

Welcher Teil des Menschen bildet die Intuition?

...Zum größeren Teil ist es das Gehirn, und auch die Wolke.

Waren die Menschen zu irgendeiner Zeit in der Vergangenheit vollkommener als heute? In einigen religiösen Lehren wird der Niedergang des Menschen beschrieben. Hat dies eine echte Grundlage?

...Er fragt: Vom religiösen Standpunkt?

Von jedem Standpunkt. Er möge die Frage von verschiedenen Standpunkten behandeln.

...Im allgemeinen sind die Menschen jetzt vollkommener... Es mag einige Ausnahmen in der Kultur geben, besonders bei den schöpferischen Künsten. Und in einzelnen Fällen der Hygiene und Medizin.

Die Ausnahmen, die er nannte – bedeuten sie, daß die Menschen früher auf diesen Gebieten weiter fortgeschritten waren als heute?

...Nein, sie stehen auf ziemlich derselben Entwicklungsstufe.

Und vom religiösen Standpunkt?

...Er glaubt, daß die Menschen jetzt einen besseren Gott haben, weil er ihnen näher ist.

Was war das Prinzip seines Heilens?

...Es basierte auf Suggestion.

Welche medizinischen Methoden wurden zu seiner Zeit angewandt?

...Sie verwendeten hausgemachte und natürliche Heilmittel.

Protestieren Sie jetzt und fragen Sie, ob er glaubt, daß dies dieselbe Stufe medizinischer Fürsorge gewesen sei wie heute, wo Chirurgen am Schädel, an den Augen usw. operieren.

...Er meinte nicht die Medizin seiner Zeit. Er dachte zum Beispiel an die ägyptische Medizin.

Bitten Sie ihn, Ihnen mehr darüber zu sagen.

...Er fragt Sie, ob Sie so gut mumifizieren konnten wie die Ägypter.

Aber das Mumifizieren betrifft die Erhaltung toter Leiber. Die Frage ist doch, inwieweit es die Ägypter verstanden, lebende Menschen zu heilen.

...Natürlich konnten sie das... Haben Sie nicht von den großartigen Kopfoperationen gehört?

Fragen Sie ihn: Haben die Ägypter die Patienten im Zustand vollen Bewußtseins operiert oder verwendeten sie Narkosemittel?

...Sie machten es auf beide Arten.

Und was verwendeten sie als Narkosemittel?

...Starken Alkohol.

Wie wandten sie ihn an? Als Getränk oder gaben sie ihn in die Wunde oder vielleicht als Injektion?

...Als Getränk.

Lebten die Menschen früher länger als heute?

...Im Gegenteil.

Kann er schätzen, welches Durchschnittsalter die Menschen in seinen Tagen erreichten?

...Etwa vierzig Jahre.

Und nun fragen Sie ihn, was das Gedächtnis ist und welche Grundlage es hat.

...Das Gedächtnis ist die Fähigkeit, alles zu bewahren, was durchlebt wurde – und es basiert auf dem Gehirn.

Kann er das besser erklären?

...Es ist alles, was nicht ins Unterbewußte eingeht.

Basiert das Gedächtnis nur auf dem Gehirn oder noch auf etwas anderem?

...Nur auf dem Gehirn.

Eine andere Frage: Es gibt eine Meinung, daß jeder Himmelskörper seinen Geist oder ein intelligentes geistiges Prinzip hinter sich hat. Ist diese Vorstellung richtig? (Die Frage bezog sich auf Vorstellungen von „planetären Geistern“ aus der mittelalterlichen Magie.)

...Solange er diese Körper nicht kennt, kann er nichts über sie oder diese Vorstellung sagen.

Glaubt Jesus, daß er sich, nachdem er aus seiner Trance erwacht, daran erinnern wird, daß er mit Ihnen sprach? Stellen Sie ihm diese Frage.

...Er weiß es nicht sicher, aber er glaubt, wahrscheinlich schon.

Fragen Sie ihn: Was ist seine Vorstellung von Gott? Er möge Ihnen mehr darüber sagen.

...Er stellt sich Gott als etwas vor, das er nicht zu verstehen vermag. Es ist etwas, das die ganze Welt erschuf.

Fragen Sie ihn weiter: In der Bibel steht ein Zitat von ihm: „Wer nicht von oben her geboren wird, kann das Reich Gottes nicht schauen" (siehe Seite 131). Welche Bedeutung hat diese Behauptung?

...Er kann sich nicht erinnern, daß er das je gesagt hat.

Vielleicht sagte er das später, nach seiner Rückkehr aus der Wüste.

...Er weiß nichts davon.

Wie würde er diesen Ausspruch verstehen, wenn er ihn von jemand anderem hörte?

...Wenn jemand nicht rein ist wie ein Kind, wird er nach seinem Tod nicht glücklich sein.

Hat er seinen Jüngern das Geheimnis seiner Wunder und seiner hypnotischen Trance enthüllt?

...Nur einigen.

Warum nur einigen?

...Weil die anderen es nicht verstehen würden.

Wie hat er seine Jünger ausgewählt?

...Keine Auswahl, sie wurden durch Zufall gefunden.

Die folgende Frage ist nicht für Jesus gedacht, sondern für Sie. Versuchen Sie, es selbst zu ermitteln. In der Bibel steht (Matthäusevangelium 3, 16–17), als Johannes der Täufer Jesus taufte, „die Himmel taten sich auf, und er sah den Geist Gottes herabschweben wie eine Taube", und „eine Stimme aus den Himmeln sprach: ‚Dieser ist mein geliebter Sohn, an dem ich Wohlgefallen habe.'" Vermögen Sie zu finden, was das gewesen sein könnte?

...Ich sehe nichts dergleichen.

Und nun suchen Sie Jesus wieder in der Wüste!

...Ja.

Bitten Sie ihn, herauszufinden, ob diese Dokumente über ihn, die er uns beschrieb, wirklich nicht vernichtet wurden.

...Er sagt, ein großer Teil von ihnen sei vernichtet worden.

Was ist erhalten?

...Die Beschreibung seines Lebensendes.

Wieviel ist es?

...Er weiß nicht, wie Sie das gemeint haben.

Ich meine, wie viele Seiten oder so.

...Etwa fünf Fragmente.

Wie groß?

...Von verschiedenen Längen, und das längste ist etwa zehn Zentimeter lang.

Wie viele Zeilen sind auf dem längsten?

...Etwa zwei Zeilen.

Ist aus diesen Fragmenten klar zu ersehen, daß sie von ihm sprechen?

...Vielleicht nicht.

Wird sein Name dort genannt?

...Nein.

Welcher Art sind die Dokumente in dem Kasten? Ich meine allgemein.

...Es sind Protokolle von Gerichtsverfahren.

Wird darin eine bekannte Person erwähnt?

...Pilatus wird darin erwähnt.

Fragen Sie ihn nochmals, wie viele Zeilen das längste Fragment hat.

...Zehn. (Die bereits auf Seite 157 erwähnte mangelhafte Zuverlässigkeit von Zahlenangaben trifft auch hier zu.)

Kann er Ihnen vorlesen, was dort geschrieben steht?

...Es ist schwierig – das Schriftstück ist beschädigt.

Bitten Sie ihn, das zu lesen, was er lesen kann, was erhalten ist.

...Gepeitscht mit Weidenruten – und verleumderisch beleidigt, zu Pilatus gebracht – zum Tode – Kreuz – drei Schurken – trug das schwere Kreuz zu dem Ort – gefesselt – mit Nägeln befestigt, die anderen mit Seilen – früher – Sturm – in einer Höhle. – Das ist alles.

Fragen Sie Jesus: Erfolgten zu seiner Zeit alle Hinrichtungen am Kreuz?

...Es gab auch andere Arten, aber meistens am Kreuz.

Welche andere Art?

...Man vergiftete sie.

Und noch eine andere Art?

...Oder Mörder wurden gedungen.

Wurde in dem letzteren Fall die Person nach einer Verhandlung erschlagen, oder heißt dies, daß ein wirklicher Mord stattfand?

...Sie bekam eine Verhandlung.

Und wußte sie, daß sie ermordet würde?

...Nein.

Wie wurde die Hinrichtungsart bestimmt?

...Nach der Schuld.

Wie war die Abstufung?

...Wer die geringste Schuld hatte, wurde vergiftet, der nächste wurde ermordet, und wer die größte Schuld hatte, wurde gekreuzigt.

Bitten Sie ihn, Sie zu dem Kasten mit den Dokumenten zu führen, so daß Sie später fähig sind, diesen selbst zu finden.

..Er wird mich an den Ort führen, aber ich werde den Kasten nicht sehen, weil – er ist in der Erde, und ich sehe in der Dunkelheit nicht.

Bitten Sie ihn, an die Stelle zu schauen, wo sich der Behälter befindet, und Sie werden versuchen zu sehen, was er sieht, dann werden auch Sie den Behälter sehen. Und Sie werden den Standort beschreiben.

...In unmittelbarer Nachbarschaft ist nichts Charakteristisches, ausgenommen dieser Garten. Es ist das Armenviertel.

Schätzen Sie die Entfernung des Kastens zu dem Garten so genau wie möglich.

...Etwa hundertsiebzig Meter.

Und wie tief ist er unter der Straßenoberfläche?

Etwa acht Meter.

**Experiment Nr. 16** (9. März 1949; Versuchsperson: Milena)

## *Suche nach alten Dokumenten*

Suchen Sie wieder Jesus in der Wüste.

...Ja.

Nun wird es Ihre Aufgabe sein, den Standort des Behälters mit den Dokumenten über Jesus so genau wie möglich zu bestimmen. Wenn Sie Schwierigkeiten haben, ihn selbst zu sehen, werden wir einen Umweg machen; Sie werden versuchen, ihn aus dem zu ermitteln, was Jesus sehen wird; Sie werden ihn bitten, auf den Kasten zu blicken, und in Beantwortung meiner Fragen werden Sie ihn führen und ihm sagen, was er ansehen soll. Dann werden Sie das zu erblicken versuchen, was er sieht, und Sie werden berichten, was Ihnen erscheint. Meine erste Frage lautet: Befindet sich der Kasten innerhalb oder außerhalb der Stadtmauer?

...Innerhalb.

(Die Versuchsperson, die nie in Jeusalem gewesen war und nie eine Karte oder eine Abbildung der Stadt gesehen hatte, wurde angewiesen, sich entweder selbst oder mit Jesu Hilfe ein Luftbild Jerusalems zu vergegenwärtigen. Kubbet es-Ṣachra – der Felsendom – wurde ihr beschrieben, und als wir die Überzeugung hatten, daß sie das Gebäude sah, bekam sie folgende Frage gestellt:)

Wie weit ist der Kasten von dem Gebäude entfernt?

...Etwa achthundert Meter. (Natürlich muß diese Entfernungsangabe nicht genau sein.)

(Auf dieselbe Weise wie oben wurde die Versuchsperson zum Bab en Nadhir geführt.)

Beschreiben Sie nun den Weg, den Sie gehen würden, wenn Sie von diesem Platz aufbrächen und sich zu den Dokumenten begäben.

...Es ist eine ziemlich lange Straße (Aqabat el Takiyeh), und ich gehe auf dieser Straße etwa zweihundert Schritt, dann biege ich nach rechts ab, der Winkel der Straße ist etwas kleiner als neunzig Grad (vermutlich die el-Wad-Straße). Ich gehe etwa fünfzig Schritt, biege dann wieder rechts ab, und wieder ist der Winkel kleiner als neunzig Grad. Ich gehe etwa achtzig Schritt, dann folge ich einer Linksbiegung von etwa neunzig Grad und gehe etwa fünfzig Schritt, und dort ist ein kleiner freier Platz. Ich überquere diesen freien Platz und gehe auf der Straße, die die Fortsetzung der vorhergehenden ist. Ich gehe etwa zwanzig Schritt. Dann gehe ich etwa zwanzig Schritt nach rechts, und dort ist ein scharfer Winkel nach rechts. Ich gehe etwa noch zehn Schritt, und hier ist es. Wie ich gehe, ist es auf der linken Straßenseite.

Beschreiben Sie die Stelle genauer.

Es ist eine schmale Straße, mit holperigen Steinen gepflastert; dort stehen sehr niedrige Häuser, einige davon aus Holz gebaut.

Suchen Sie das Haus, unter dem der Behälter liegt.

...Ja – aber er ist nicht direkt unter dem Haus, er ist unter dem Pflaster, das zu dem Haus gehört.

Aber Sie sagten letztesmal, er sei unter dem Haus.

...Nein, er ist unter dem Pflaster.

Wie weit von der Hauswand entfernt?

Etwa sechzig Zentimeter horizontal gemessen.

Und wie tief ist er in der Erde?

Etwa eineinhalb Meter.

Aber Sie sagten letztesmal, acht Meter.

Ich versuchte dies selbst zu sehen. Dieses Mal habe ich nicht darauf geschaut, wie Jesus es sah.

Und ist es derselbe Behälter, den Sie letztesmal sahen?

Ja, aber ich bin mir bei der Tiefe nicht sicher, da ich immer noch nicht in der Dunkelheit klar sehe.

Kann Jesus auf die Stelle schauen und Ihnen helfen, sie besser zu sehen?

...Ja, es ist dieselbe Stelle, und die Dokumente liegen etwa acht bis zehn Meter tief.

Unter dem Haus oder unter dem Pflaster?

...Unter dem Pflaster.

Und wie weit weg von der Hauswand?

Weniger als sechzig Zentimeter.

Versuchen Sie irgendein Schild mit dem Namen der Straße zu finden, und vielleicht können Sie den Namen lesen.

...Ich kann das nicht lesen ...Auch nicht, wenn Jesus es ansieht. Ich sehe es grau ...Nein, ich kann es nicht lesen.

Beschreiben Sie das Haus, bei dem sich die Schriften befinden.

Es ist niedrig, es unterscheidet sich nicht besonders von den anderen dort. Es ist aus Stein gebaut, und es hat drei Fenster und eine Tür. Wenn ich mit dem Gesicht zum Haus stehe, dann ist auf meiner rechten Seite in einer Entfernung von etwa zwei Häusern ein Brunnen.

Gibt es noch einen anderen Brunnen in dieser Straße?

Nein. Die Straße ist ziemlich kurz.

Ist es eine Sackstraße?

Nein.

Gibt es in der Gegend noch irgendein anderes herausragendes Merkmal?

...Eines von diesen kleinen Häusern hat einen größeren Obstgarten, aber er ist von der Straße nicht zu sehen. Dieses Haus steht etwa drei Häuser nach links, d. h. auf der anderen Seite, weg vom Brunnen.

Beschreiben Sie die Lage des Behälters im Verhältnis zu den Fenstern des Hauses, das ihm am nächsten steht.

...Er ist unter dem Fenster, das dem Brunnen am nächsten ist. Nicht genau unter dem Fenster, etwas links davon, vom Brunnen weg.

(Auf dieselbe Weise wie zuvor wurde die Versuchsperson zum Damaskus-Tor geführt.)

Nun gehen Sie von diesem Punkt wieder zu der Stelle, an der sich der Behälter befindet, und beschreiben Sie Ihren Weg.

Ich gehe (auf der el-Wad-Straße) etwa fünfhundert Schritt, dann sehe ich zu meiner Linken ein großes Gebäude. Kurz hinter dem Gebäude wende ich mich nach links auf einer breiten Straße (Via Dolorosa?), ich gehe darauf etwa fünfzig Schritt und mache eine Rechtsbiegung von etwa vierzig Grad... Dann gehe ich etwa achtzig Schritt und mache eine Linkskurve. Dann gehe ich etwa zehn Schritt, dann kommt eine Querstraße, auf der ich etwa fünfundzwanzig Schritt gehe. Ich gehe in einem Winkel von etwa fünfundvierzig Grad nach rechts. Das bringt mich auf diesen freien Platz. Dann wende ich mich in einem scharfen Winkel nach rechts, und etwa fünfundzwanzig Schritt weiter wende ich mich etwa dreißig Grad nach

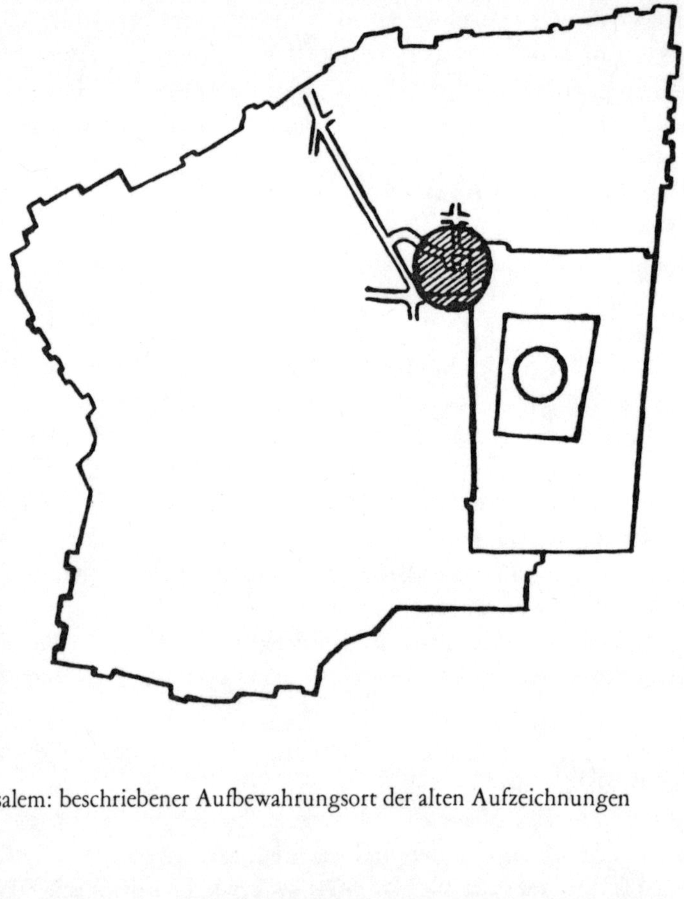

Jerusalem: beschriebener Aufbewahrungsort der alten Aufzeichnungen

links. Ich bin bereits in der Straße, wo der Behälter ist. Ich komme von der Seite, wo der Brunnen ist.

Fragen Sie Jesus jetzt, ob es irgendein anderes schriftliches Dokument über ihn gibt. Vielleicht einen Brief oder etwas anderes.

...Er sagt, er weiß von nichts.

Könnte er nicht hellseherisch ein solches Dokument suchen?

...Er sagt, alle Schriftstücke sind bereits vernichtet.

Vielleicht ist er in einem Buch erwähnt, das ein Historiker seiner Zeit schrieb.

...Er sagt, daß in einem dieser Bücher von den Priestern eine Notiz über ihn als Kind steht.

Lassen Sie sich sagen, in welchem Buch und was dort steht.

...Sie notierten, daß er eine Diskussion mit Priestern in dem Tempel hatte, aber das Buch verfällt vollkommen.

Ist die Notiz über ihn erhalten?

...Nur ein kleiner Teil.

Bitten Sie ihn, ein Schriftstück zu suchen, das unzweideutig beweist, daß er wirklich lebte.

...Er hat es leider nicht gefunden.

Lassen Sie es ihn noch ein wenig versuchen. Die Priester erhoben zahlreiche Anklagen gegen ihn, vielleicht wurden diese irgendwo aufgezeichnet.

Er sagt, die Schriften seiner Apostel seien erhalten.

Meint er damit die Bibel?

Ja.

Sagen Sie ihm, daß einige junge Historiker die Authentizität der biblischen Aufzeichnungen angezweifelt haben und daß Sie deshalb ein anderes Dokument zu finden wünschen, das beweist, daß er wirklich gelebt hat.

...Alle diese Aufzeichnungen über ihn wurden vernichtet. Was seine Apostel anbelangt, sie schrieben es richtig, aber Menschen haben es verändert. Er sagt, wenn Sie alle die hinzugefügten Erdichtungen außer acht lassen, werden Sie die historische Wahrheit haben.

Was ist von der früher erwähnten Notiz über ihn im Tempel erhalten geblieben?

...Er erstaunte alle alten, weisen Priester durch seine Logik und seine Weisheit ...Er war sehr jung, er war erst zwölf oder dreizehn – sie dachten, er sei ein Sohn aus einer geachteten edlen Familie ...Als der Tempel geschlossen wurde, eilte seine Mutter herein, und er war sehr arm gekleidet ...Er war ein Wunderkind. Das ist alles.

Enthält dieses Buch noch eine andere Notiz über ihn?

...Nichts ist erhalten.

Was für eine Art Buch ist es?

...Es war eine Aufzeichnung von Ereignissen, die sich im Tempel und in der nahen Umgebung zutrugen. Immer der älteste Priester schrieb sie.

Wo befindet es sich jetzt?

...In einem der Gräber der Priester.

Versuchen Sie sich nun zu veranschaulichen, was Jesus sieht, und beschreiben Sie selbst die Lage des Grabes.

...Es gab eine Begräbnisstätte für Priester unter diesem Tempel.

Beschreiben Sie genau, wo sie war.

Sie war unter dem Boden des Tempels, vom Hauptaltar zur Tempelmitte.

Wie kommt es, daß die Menschen diese Gräber bis jetzt nicht entdeckt haben?

Niemand weiß davon.

Wo ist der Eingang?

Es gibt keinen Eingang.

Wie gelangt man dorthin?

Wenn Sie unter dem Boden des Tempels graben.

Könnten Sie vielleicht vorschlagen, wo man graben soll, damit man keine historischen Überreste beschädigt?

...Er sagt, er sei kein Architekt.

Versuchen Sie selbst, eine Stelle vorzuschlagen, an der am besten gegraben werden könnte.

...Vor diesem Altar. Dort sind nur Ziegel, ich glaube, dies würde keinen Schaden verursachen.

Wie dick ist die Erdschicht über der Begräbnisstätte?

Etwa fünfzehn Meter.

Das Folgende müssen Sie selbst suchen: Wenn dort eine Beerdigung war, wie gelangten die Menschen dorthin, da es doch keinen Eingang gab?

...Der Tempel war stark beschädigt, wissen Sie, genau wo die Krypta war, und ein neuer Tempel wurde darüber gebaut. Und als sie ihn bauten, verdeckten sie den Geheimgang.

Wäre es nicht besser, statt viel zu graben, die Krypta durch diesen Gang zu betreten?

Aber er endet genau beim Altar. Wissen Sie, bevor der neue Tempel gebaut wurde, stand dort kein Altar, und als sie den Altar bauten, verdeckten sie den Gang; und der Altar steht jetzt genau dort, wo der Eingang in den Gang war.

In welche Richtung führt der Gang? Wenn Sie noch immer nicht im Dunkeln sehen, finden Sie es mit Jesu Hilfe heraus.

Der Gang führt zu diesen Gräbern. Sie liegen auf seinen beiden Seiten. Etwa dreißig auf jeder Seite.

In welchem Grab befindet sich das Buch?

Wenn Sie den Gang hinuntergehen, ist es links, das fünfte Grab in der mittleren Reihe.

Beschreiben Sie den Verlauf des Gangs genauer.

Er ist fast fünfzehn Meter lang. Er endet genau dort, wo der Altar steht. Von dieser Stelle geht er in einem Winkel von etwa fünfundvierzig Grad hinunter in Richtung zur Tempelmitte. In dieser Richtung verläuft er etwa acht Meter, dann geht er etwa neun oder zehn Meter horizontal, und er endet an einer Wand. Die Gräber liegen zu beiden Seiten des horizontalen Teils. Sie sind etwas in Unordnung, und es gibt keine Erkennungszeichen an ihnen.

Welchen Querschnitt hat dieser Gang?

Er ist etwas weniger als einen Meter breit und etwa zwei Meter hoch. Die Wände sind aus Stein gebaut.

Die Decke auch?

...Aber dies sind keine regulären Steine. Sie sehen eher wie Edelsteine aus.

Warum haben die Menschen diese Gräber nicht entdeckt, als sie den Gang auffüllten?

...Sie haben ihn nicht aufgefüllt. Als man den Tempel niederriß, wurde der Gang darunter begraben.

Fragen Sie jetzt Jesus: Führten die Priester vielleicht zu seiner Zeit irgendein Geburtenregister, und könnte er dort erwähnt sein?

...Er sagt, zu seiner Zeit habe man nichts dergleichen getan.

Könnte er vielleicht irgendeine Meldung darüber finden, daß er Unruhen verursachte?

...Natürlich gab es solche Meldungen, aber sie sind alle vernichtet.

Bitten Sie ihn, es noch ein wenig zu versuchen. Vielleicht könnte er einige finden.

...Es gab nicht allzu viele. Er galt als Verbrecher, und es wurden nur kurze Notizen über seine Vergehen gemacht.

Fragen Sie Jesus dies: Wie ist es möglich, daß das ägyptische medizinische Wissen in Vergessenheit geriet?

...Hauptsächlich, weil diese Kunst nur mündlich in der Familientradition von den Vätern an die Söhne weitergegeben wurde und die Kinder sich entweder nicht für diese Kunst interessierten oder die Väter vor der Weitergabe starben.

**Experiment Nr. 17** (12. März 1949; Versuchsperson: Milena)

## *Theorie der psychischen Prozesse und der ASW*

Suchen Sie wieder Jesus in der Wüste.

...Ja.

Stellen Sie ihm einige Fragen über die Funktion der Wolke und der Seele. Erstens, was geschieht mit diesen beiden Komponenten, wenn ein Mensch etwas beobachtet, beispielsweise wenn er etwas visuell wahrnimmt?

...Dies ist nur materiell. Nur materielle Organe sind an diesem Vorgang beteiligt.

Sagen Sie Jesus, Sie hätten die Wolke vibrieren sehen, wenn der Mensch etwas wahrnimmt (Seite 73).

...Das ist möglich, aber es steht in keinem direkten Zusammenhang mit der Wahrnehmung. Wenn das Gehirn dieses Wissen erhält, wirkt es auf die Wolke eher wie ein Echo.

Besteht irgendeine Wechselwirkung zwischen dem Körper, der Wolke und der Seele?

...Der Körper hat eine Verbindung mit der Wolke und die Wolke mit der Seele. Die Wolke ist eine Art Aufzeichnung der Vergangenheit, und die Seele ist eine Art Widerspiegelung des Lebens.

Hat die Seele irgendeine Funktion während des Lebens der Person?

...Er hat nichts bemerkt.

Besteht eine Verbindung zwischen der Seele und der Wolke einerseits sowie geistigen Fähigkeiten andererseits?

...Ja, es besteht eine Verbindung zwischen der Wolke und geistigen Fähigkeiten.

Bitten Sie ihn, mehr darüber zu sagen.

...Das Gehirn ist geteilt, er weiß nicht genau, wie, in mehrere Teile. Und je nachdem, wie sehr die Wolke diese einzelnen Teile beeinflußt, hat der Mensch verschiedene Talente.

Wie geht dieser Einfluß der Wolke vor sich? Wie funktioniert die Wolke?

...Sie erregt und hemmt das Gehirn.

Kann er mehr darüber sagen, wie diese Wirkung erzielt wird?

...Er weiß es selbst nicht.

Ist es möglich, daß eine Seele in einen Menschen eindringt? Ich denke an Fälle sogenannten Besessenseins von Geistern.

...Er hält es nicht für möglich, und wenn solche Fälle auftreten, ist es weder ein Eindringen noch eine Inkarnation der Seele in diesen lebenden Körper.

Was ist es?

...Halluzinationen.

Welchen Ursprung haben Halluzinationen?

...Das Gehirn, das von der Wolke umfassend beeinflußt wird.

Erinnern Sie sich an Ihre Beobachtung von Eusapia Palladino, besonders an diese Substanz, die, wie Sie es sahen, den Tisch hob (Seite 91)? Fragen Sie, woher diese Substanz kommt.

...Er glaubt, es ist ein sehr kleiner Teil der Wolke.

Ich möchte gern wissen, ob es richtig wäre, Hellsehen damit zu erklären, daß sich die Wolke in den umgebenden Raum ausbreitet und dort wahrnimmt.

...In gewissen Ausmaß. Nur ein Teil der Wolke breitet sich in den umgebenden Raum aus, und ein Teil davon bleibt im Körper.

Nimmt die Wolke hellseherisch wahr?

...Wenn sie mit dem Gehirn verbunden ist; anscheinend nimmt also auch das Gehirn wahr.

Ich glaube, daß das Gehirn Informationen von der Wolke erhält; ist das richtig?

...Ja, natürlich, aber ein Teil der Wolke bleibt im Körper.

Wie erhält die Wolke die Informationen über den wahrgenommenen Gegenstand?

...Er sagt, das Bild werde auf sie projiziert, und das Gehirn erhalte es durch ihre Vermittlung. Wissen Sie, die Wolke geht an den Ort, breitet sich dort aus, und sie widerspiegelt ihre Umgebung. Und was auf ihr widerspiegelt wird, das empfängt ihr zweiter Teil, der im Körper ist. Und das Gehirn empfängt es von diesem zweiten Teil der Wolke.

Besteht irgendein Unterschied zwischen dem Teil der Wolke, der den Körper verläßt, und dem anderen Teil, der im Gehirn bleibt?

...Nein, es besteht kein Unterschied – sie können die Plätze tauschen und einander willkürlich ersetzen. Es ist ein Gas, und es ist nicht in besondere Teile unterteilt.

Wenn das Hellsehen auf der Wolke basiert, dann müssen alle Tiere, die auch eine Wolke haben, ebenfalls ASW besitzen, stimmt das?

. . Sie haben vergessen, daß die Wolke den Körper verlassen muß, und das können die Tiere nicht veranlassen.

Bei der folgenden Frage möchte ich wieder, daß Sie die Antwort selbst suchen. Sagen Sie mir, was mit der Wolke eines Tieres geschieht, wenn das Tier stirbt.

...Die Wolke schrumpft in sein Gehirn zusammen und verschwindet. (Beachten Sie die Diskrepanz zwischen dieser Aussage und jener auf Seite 74.)

Welche Tiere haben die Wolke?

...Nur die Säugetiere.

Zum Beispiel auch der Wal?

...Ja.

Es gibt einige Übergangsformen. Versuchen Sie zum Beispiel irgendwo in Australien das Schnabeltier zu finden. (Die erforderliche Beschreibung des Tieres wurde der Versuchsperson gegeben.)

...Es ist schwierig für mich, es zu finden ...Ja, es hat sie.

## **Experiment Nr. 18** (16. März 1949; Versuchsperson: Milena)

### *Entwicklung der Seele. Weitere Erforschung der Reinkarnation*

Suchen Sie wieder Jesus.

...Ja.

Fragen Sie ihn: Welchen Ursprung haben die Wolke und die Seele, die bei dem Kind erscheinen, wenn es geboren wird?

...Die Wolke entwickelt sich vor der Geburt, und die Seele erscheint sofort bei der Empfängnis.

Woraus entwickelt sich die Wolke?

...Er hat den Eindruck, daß sie sich als Teil des Gehirns entwickelt.

In welchem Schwangerschaftsmonat entwickelt sie sich?

...Ungefähr im siebten.

Erscheint sie sofort, oder entwickelt sie sich stufenweise?

...Sie entwickelt sich, aber sehr schnell, so daß der Eindruck entsteht, sie erscheine sofort.

Bitten Sie ihn, die Entwicklung zu beschreiben.

Diese Wolke beginnt wirklich wie durch Verdunstung aus dem Gehirn. Sie ist zuerst völlig farblos, und dann, wenn ihre Dichte zunimmt, erhält sie eine weiße Färbung ...Er weiß nicht mehr darüber zu sagen.

Wie entsteht die Seele?

...Sie kommt von den Seelen der Männer und der Frauen.

Bitten Sie ihn, das zu erklären.

...Einige kleine Teile werden von diesen beiden Seelen getrennt. Diese beiden Teile verbinden sich dann – und die Seele entwickelt sich zusammen mit dem Körper. (Seltsamerweise sieht dieser Bericht über die Seelenentwicklung eher wie eine symbolische Schilderung der geschlechtlichen Fortpflanzung aus.)

Will er sagen, daß diese Trennung während des Koitus erfolgt?

...Ja.

Immer?

...Nein, nur wenn ein Kind geboren werden soll.

Aber wie erkennt die Seele, ob ein Kind geboren wird?

...Das weiß er nicht.

Sie selbst sahen früher, daß die Seele immer einige Zeit an dieser Wand bleibt, dann zur Erde heruntersteigt und in irgendeinem Kind inkarniert, das gerade geboren wird (siehe Seite 67). Erinnern Sie sich daran?

Ja.

Sagen Sie es Jesus und fragen Sie ihn, warum er es anders sieht.

...Es ist gut möglich, daß ich es sah, weil die Seele manchmal wirklich heruntersteigt und das Kind sie nach der Geburt aufnimmt. Die Seele wird dann geteilt und geht teilweise in die Wolke und in die Seele ...Und diese Seele aus der Luft ist gewöhnlich eine Seele von einem der Vorfahren des Kindes; das Kind erbt dann manchmal seine Eigenschaften.

Erhält jedes neugeborene Kind diese „Seele aus der Luft"?

...Nur einige Menschen, und es gibt da keine Regel, weil die Seelen es selbst entscheiden.

Unterscheiden sich die Menschen, die inkarnierte Seelen haben, irgendwie von jenen, die keine haben?

...Nur darin, daß sie gewisse Eigenschaften erben.

Warum inkarnieren diese Seelen?

...Einige von ihnen tun es, weil es ihnen Freude macht, andere, weil sie nicht erfüllten, was sie zu ihren Lebzeiten wünschten. Es kann verschiedene Gründe geben.

Welches sind die anderen Gründe?

...Sie wollen die Welt nach ihrem Tod sehen – tatsächlich wollen sie sich selbst in einer etwas anderen Variation sehen usw.

Müssen diese Seelen reinkarnieren, auch wenn sie es nicht wollen?

...Nein, sie brauchen es nicht.

Fragen Sie ihn, was das Gewissen ist.

...Es ist die Herauslockung des Unterbewußten. Zum Beispiel ein schlechtes Gewissen ist ein erneutes Sicherinnern an die Tat.

Sind Sie sicher?

Ja.

Wird es durch die Aktion der Wolke, der Seele oder von etwas anderem bewirkt?

...Die Wolke macht das.

Nicht die Seele?

...Nein.

Wie macht es die Wolke?

...Wissen Sie, die Wolke ist praktisch das Unterbewußte, und dieses wird völlig vom Gehirn geleitet.

**Experiment Nr. 19** (19. März 1949; Versuchsperson: Milena)

## *Seelen nach dem Tode*

Sie werden wieder diese Seelen nach dem Tod beobachten. Suchen Sie mehrere Seelen, denen es gelingt, durch die Wand zu dringen, und vergleichen Sie deren Leben auf Erden.

...Dies sind Menschen, die auf irgendeinem Gebiet ungewöhnlich talentiert sind, Menschen mit hoher allgemeiner Intelligenz oder Kinder – oder Menschen mit Geschäftssinn. Ich weiß nicht, warum es gerade sie sind.

Fanden Sie viele Menschen mit Geschäftssinn?

Ja.

Könnten Sie bei ihnen einen weiteren gemeinsamen Zug finden? Vielleicht war ihr geschäftlicher Erfolg nur Zufall.

...Sie lieben die Musik, aber das ist nichts Ungewöhnliches.

Spielt die Hypnose eine Rolle? Suchen Sie mehrere Menschen, die zu irgendeiner Zeit ihres Lebens hypnotisiert wurden.

...Nur einige von ihnen. Ich folgte achten, und nur drei kamen durch.

Wie unterscheiden sich diese von den anderen?

...Zwei waren Ärzte, und der dritte war Psychologe.

Und nun suchen Sie einige Wissenschaftler.

...Soweit sie sich nicht auf ihre Gebiete beschränkten; und wenn sie ihre Gebiete wirklich verstanden, dringen sie immer noch unter Schwierigkeiten durch.

Wie viele haben Sie gesucht und aus welchen Gebieten?

Etwa zehn, fünf stammten aus der Industrie, Chemiker usw., andere aus philosophischen und literarischen Gebieten. Sie alle kamen durch.

Wie haben Sie erkannt, daß sie ihre Gebiete verstanden?

An ihrem ganzen Leben. Zum Beispiel konnten sie jede Frage beantworten, sie konnten jedermann Rat geben.

Suchen Sie einige Ärzte.

...Jene, die bekannt waren.

Und nun Künstler.

...Ich weiß nicht, wie ich es sagen soll. Wissen Sie, jene, die etwas schaffen mußten. Sie hatten einfach das Gefühl, daß sie etwas kreieren und ihre Gefühle ausdrücken mußten. Aber nicht jene, die wegen Gewinn oder Ruhm schufen.

Und Handwerker.

...Sofern ihr Geschäft blühte.

Bauern.

...Sofern sie intelligent sind.

Wenig intelligente ländliche Bevölkerung.

...Nein.

Geisteskranke.

...Alle, die ich sah.

Leicht?

Ja, sehr leicht.

Personen mit Dementia senilis (Altersblödsinn; der Ausdruck wurde der Versuchsperson erklärt).

...Sofern sie in ihrem vorausgehenden Leben intelligent waren, öfter aber nicht.

Kleine Kinder.

...Alle.

Wenn alle Kinder durchdringen, in welchem Alter erscheint dann die Unfähigkeit, durchzudringen?

...Bei Mädchen mit etwa vierzehn, bei Jungen mit etwa siebzehn.

Sie meinen, daß unter dieser Altersgrenze alle Seelen durch die Wand dringen?

Ja.

Richten Sie Ihre Aufmerksamkeit nur auf Männer, besonders auf jene Männer, die äußerst, wir können sogar sagen, fanatisch fromm sind.

...Sie sind schwer zu finden ...Wenige, verhältnismäßig wenige.

Nun fanatisch fromme Frauen.

...Ein wenig mehr, aber auch ziemlich wenige.

Und nun richten Sie Ihre Aufmerksamkeit besonders auf Frauen, bewerten Sie verschiedene Kategorien getrennt, und vergleichen Sie sie dann mit Männern.

...Bei geistig aktiven Frauen und Künstlerinnen ist der

Prozentsatz jener, die durchdringen, etwas höher als bei Männern, d. h. sehr wenige.

Vergleichen Sie, ob es bei Frauen, die ein Kind hatten, anders ist als bei kinderlosen.

...Bei jenen, die geistig aktiv sind, besteht kein Unterschied, aber bei diesen gewöhnlichen Frauen würde ich sagen, je mehr Kinder eine aufzog, desto größer ist die Chance, daß sie durch die Wand kommt. Natürlich muß sie die Kinder ordentlich aufgezogen haben.

Unterscheiden sich auch Väter nach der Zahl der Kinder?

...Wenn sie die Kinder selbst aufzogen oder daran im selben Maß beteiligt waren wie die Mütter.

Wie hoch ist der Prozentsatz der Menschen, die nach dem Tod durch die Wand dringen?

...Etwa vierzig Prozent.

Erinnern Sie sich, daß Sie früher (Seite 77) sagten, nur eine sehr kleine Zahl würde durchdringen?

Ja. Vermutlich hatte ich früher unrecht.

Nun beobachten Sie bitte mehrere lebende Geisteskranke. Beobachten Sie ihre Wolken und Seelen und sagen Sie mir, ob diese sich von jenen geistig gesunder Menschen unterscheiden.

...Die Wolke ist gewöhnlich dünn, während die Seele dichter ist.

Trifft dies auf alle diese Kranken zu?

...Ja. Natürlich bestehen Unterschiede in den Schattierungen.

Und nun beobachten Sie normale gesunde Menschen und sagen Sie mir, wie die Wolke und die Seele in der Narkose aussehen.

...Die Seele bleibt dieselbe, und die Wolke ist, als wäre sie eng ans Gehirn gepreßt. Sie sieht wie ein Rauch aus, der aus dem Gehirn verdunstet und in es zurückgesaugt wird, besonders im hinteren Gehirnteil.

Und wie sehen die Wolke und die Seele bei einem Menschen mit schwerem Alkoholrausch aus?

...Genauso wie in der Narkose.

Beobachten Sie jetzt verschiedene Menschenrassen. Haben alle dieselben Wolken und Seelen?

...Ja, das haben sie.

Suchen Sie nun einen Kretin (der Ausdruck wurde der Versuchsperson erklärt).

...Ich kann ihn nicht finden ...Ja, ich habe ihn hier.

Wie sehen seine Wolke und Seele aus?

Ich sehe seine Wolke fast nicht. Und die Seele ist dieselbe wie bei anderen Menschen; natürlich ist sie kleiner.

Suchen Sie nun den Tod einiger von ihnen und schauen Sie, ob ihre Seelen durch die Wand dringen.

...Nein.

Keine?

...Keine.

Nun werden Sie die Erde wie von der Wand aus beobachten. (Die folgenden Fragen waren als erster vorläufiger Test einer Hypothese gedacht, die sich geradezu anzubieten schien, nämlich daß die „Wand", von welcher die Versuchsperson sprach, außerhalb unseres dreidimensionalen Raums existieren könnte, in einer zusätzlichen Dimension.)

Sehen Sie die Erde von dort als Kugel?

Ja.

Können Sie die Kontinente unterscheiden?

Ja.

Sehen Sie die Erde sich drehen?

Ja.

Nun stellen Sie sich irgendeine geometrische Form vor, zum Beispiel einen Zylinder.

Ja.

Natürlich können Sie ihn aus verschiedenen Richtungen betrachten; manchmal können Sie ihn als Kreis sehen oder aus einer anderen Richtung als Rechteck. Richtig?

Ja.

In einer ähnlichen Weise wie bei diesem Beispiel könnten Sie vielleicht einen Punkt finden, von dem aus die Wand völlig anders erschiene. Versuchen Sie eine solche Stelle zu finden, von der aus die Wand Ihnen ganz anders erscheint.

...Tut mir leid, ich sehe sie die ganze Zeit genauso wie zuvor.

Und nun beobachten Sie diese Wand und unsere Erde gleichzeitig. Wir wollen denselben Trick mit der Erde versuchen. Versuchen Sie irgendwo im Raum einen Punkt zu finden, von dem aus Sie unsere Erde nur als gerade Linie sehen.

Nein, das klappt nicht.

**Experiment Nr. 20** (23. März 1949; Versuchsperson: Milena)

## *Jesus über Selbstmord. Weitere Feststellungen über die Seelen nach dem Tode*

Suchen Sie wieder Jesus, so daß Sie ihm einige weitere Fragen stellen können.

...Ja.

Fragen Sie ihn: Sieht er einen Selbstmord als berechtigt an?

...In manchen Fällen ja.

Wann?

...Wenn etwas mehr als diese Person auf dem Spiel steht.

Kann er das erklären?

...Zum Beispiel im Krieg, wenn die Menschen wußten, daß sie die Folter nicht ertragen und andere Menschen verraten würden, nahmen sie sich das Leben.

Ist ein Mensch berechtigt, sich das Leben zu nehmen, wenn er beispielsweise zutiefst unglücklich ist?

...Nein, dies ist eine Schwäche.

Warum nicht? Glaubt er, daß die Seele des Menschen irgendwie Schaden leiden könnte, oder gibt es einen anderen Grund?

...Sie kann nie zur Erde zurückkehren.

Was hindert sie daran, zu reinkarnieren?

...Er weiß es nicht.

Was geschieht mit den Seelen von Selbstmördern nach dem Tod?

...Sie gehen nie hinter die Wand.

Und jene, die sich aus Rücksicht auf andere das Leben nahmen?

...Diese tun es.

Fragen Sie Jesus jetzt, wie ein Gedanke aussieht: was er sieht, wenn er hellseherisch einen Menschen beobachtet, der gerade über etwas nachdenkt.

...Als würde die Wolke in den umgebenden Raum entfliehen.

Meint er, daß die Wolke verschwindet und sich im umgebenden Raum verliert?

…Ja.

Heißt dies, daß das Gehirn immer wieder eine neue Wolke hervorbringt?

…Ja.

Die folgende Frage richtet sich nun direkt an Sie: Wie sehen Sie Gedanken?

…Genau wie Jesus; als löse sich die Wolke in den umgebenden Raum hinein auf.

Verändert sich die Seele irgendwie?

Nein.

Nun werden Sie wieder verschiedene Kategorien von Menschen beobachten und feststellen, ob ihre Seelen nach dem Tod durch die Wand dringen. Suchen Sie zuerst einige intelligente Verbrecher.

…Sie werden nicht durchkommen.

Unintelligente Menschen, die aber ein sehr ehrliches Leben führen.

…Sehr wenige von ihnen.

Vergleichen Sie Menschen, die aktiv und unternehmerisch sind, mit faulen Menschen.

…Die aktiven Menschen leichter als die faulen.

Ist der Unterschied groß?

…Ja, ziemlich wesentlich.

Vergleichen Sie jene, die im Leben glücklich waren, mit Menschen, die unglücklich waren.

…Kein Unterschied.

Wenn junge Menschen sterben, sagen wir, in einem Alter zwischen zwanzig und fünfundzwanzig, wie viele dringen durch die Wand?

…Einige von ihnen kommen durch, meist Mädchen. Ich würde sagen, ungefähr fünfundachtzig Prozent der Mädchen kommen durch und nur etwa fünfundvierzig Prozent der Jungen.

Worauf beruht der Unterschied?

Ich weiß es nicht.

Suchen Sie einige Menschen, die um das Alter von zwanzig Jahren starben, und stellen Sie fest, wie sich jene, die durch die Wand kamen, von jenen unterschieden, die es nicht schafften.

...Wissen Sie, ich bin nicht sicher, ob es richtig ist, aber mir scheint, das hängt davon ab, wie viele Menschen sie glücklich gemacht haben.

Warum glauben Sie, daß Sie unrecht haben könnten?

Es erscheint mir nicht sehr wahrscheinlich. Aber ich versuchte ihr Leben zu vergleichen und fand keinen anderen Unterschied.

Suchen Sie einige Menschen, die in der Narkose starben.

...Es hängt nicht davon ab.

Vergleichen Sie Menschen, die nach langer Krankheit starben, mit Menschen, die plötzlich starben.

...Es hängt auch nicht davon ab.

Suchen Sie nun einige Nonnen.

...Jene, die in Krankenhäusern waren, kommen leichter durch als jene in Klöstern.

Wie hoch ist der Prozentsatz der Nonnen, die durchkamen?

...Vielleicht etwa zwanzig Prozent.

Nun suchen Sie einige Asketen, vielleicht irgendwo in Indien.

...Ein ziemlich beträchtlicher Prozentsatz von ihnen kommt durch, aber unter Schwierigkeiten.

Sind jene, die durchdringen, intelligenter?

...Ja.

Wie sehen die Wolken und Seelen kleiner Kinder aus – im Vergleich zu jenen von Erwachsenen?

Sie sind weiß. Die Seelen von Kindern sind kleiner. Sie haben dieselbe Größe wie die Körper der Kinder.

Besteht noch irgendein anderer Unterschied?

Ich sehe keinen.

# Einige weitere Experimente

Die obigen Experimente erregten begreiflicherweise unsere Neugier. Allerdings brachten sie bei keinem der untersuchten Probleme die erhoffte Lösung, sondern warfen im Gegenteil neue Fragen auf. Bevor jedoch weitere Arbeit geleistet, mehr Informationen gesammelt und vor allem in den Aussagen verschiedener Versuchspersonen zu denselben Themen mehr erhärtendes Beweismaterial erhalten werden konnte, endeten die Experimente ziemlich abrupt.

Beide Versuchspersonen stellten leider die Mitarbeit ein, und die damalige politische Lage in der Tschechoslowakei machte es ungeheuer schwierig, für Forschungsarbeit dieser Art neue Versuchspersonen zu finden. Seit der kommunistischen Machtübernahme war etwa ein Jahr vergangen, und die allgemeine Reglementierung der Informationsmedien sowie Belästigungen durch die Polizei bildeten Hindernisse, die sich nur schwer überwinden ließen.

Zdenka versuchte die Gründe, aus denen sie aufhörte, nie zu erklären. Bei ihr dürften mehrere Gründe zusammengekommen sein, aber der entscheidende Faktor war offenbar das auf Seite 52 geschilderte Experiment A. In diesem Experiment hatte sie die Verletzung vorausgesagt, die sie sich dann wirklich zuzog. Nach dem Erwachen aus der Hypnose bestand bei ihr stets Amnesie (Erinnerungsverlust) für die gesamte Dauer des Experiments, und sie war seinerzeit über ihre Vorraussage nicht ins Bild gesetzt worden.

Später, bei einer Erörterung vergangener Leistungen, erzählte ihr der Experimentator von diesem Experiment. Es geschah im Rahmen einer Planung weiterer Experimente, und nichts ließ erwarten, daß sie das Geschehene als unfair betrachten würde.

Überraschenderweise zerstörte die Enthüllung des Experiments das Vertrauen der Versuchsperson zum Experimentator und beeinträchtigte so die gegenseitigen Beziehungen. Zdenka wirkte zutiefst schockiert, als sie erfuhr, daß ihr das Wissen von der drohenden

Gefahr verheimlicht worden war. Sie machte dem Experimentator Vorwürfe und sagte, er hätte sie warnen und ihr helfen sollen, die Verletzung zu vermeiden. Bald nach dieser Episode weigerte sie sich, weiter an Experimenten teilzunehmen.

Auch Milena stellte die Mitarbeit ein. Sie entschuldigte sich am Ende des letzten Experiments damit, daß sie künftig keine Zeit mehr für diese Arbeit hätte. Sie war mit der Schule fertig und besuchte anstrengende Chinesischkurse. Wie sie erklärte, mußte sie Chinesisch lernen, um eine Stellung in China antreten zu können. Später ging sie tatsächlich nach China, und seit dieser Zeit hatte ich keinen Kontakt mehr mit ihr.

Das plötzliche Ende der vielversprechenden Experimente war äußerst bedauerlich, und es bestand keine Hoffnung, neue Versuchspersonen zu finden. Etwa sechs Monate später jedoch wurden die Experimente vorübergehend mit einer neuen, durch Zufall entdeckten Versuchsperson fortgesetzt.

*Sonya,* eine sechzehnjährige Schülerin, erfuhr durch ihre Freundin vom Angebot des Experimentators, Versuchspersonen, die an seinen Experimenten mitwirkten, eine kleine Gebühr zu bezahlen. Sie wollte etwas eigenes Geld verdienen, um ihre Eltern mit einem prächtigen Weihnachtsgeschenk überraschen zu können. Es lag ihr sehr viel an der Mitarbeit, aber von Anfang an bestanden Hindernisse. Sie konnte nicht regelmäßig an Experimenten teilnehmen, da sie natürlich ihren Eltern nichts verraten wollte, und ohne eine vernünftige Erklärung ließen die Eltern sie nicht von zu Hause fort. Folglich fand sie selten Zeit und kam sehr unregelmäßig.

Auch von anderen Gesichtspunkten war Sonyas Leistung weniger wertvoll als jene Zdenkas oder Milenas. Wie bei den anderen wurde auch bei Sonya die ASW zuerst anhand einfacher Aufgaben geprüft, die sich leicht verifizieren ließen (z. B. hellseherisches Lesen gedruckter Zahlen oder Briefe, Beschreibung von Möbeln in fernen Zimmern). Leider lag die Qualität der ASW-Leistung, die sie in diesen Tests erbrachte, gewöhnlich unter jener der vorhergehenden Versuchspersonen.

Es bestand jedoch keine Hoffnung, eine besser geeignete Versuchsperson zu finden, und deshalb versuchten wir zumindest an jenen Tagen, an denen sie gut disponiert schien, eine Fortsetzung der

Forschung nach den alten Richtlinien. In einigen Experimenten zwischen September und Oktober 1949 trachteten wir neue Informationen über biblische Gestalten (Abraham, Mose, Jesus usw.) sowie über geheimnisumwitterte Persönlichkeiten wie Rabbi Löw und Doktor Faustus zu erhalten. Diese beiden letzgenannten sind eng mit der Prager Geschichte verknüpft: Noch heute können Touristen das Haus besuchen, das Doktor Faustus bewohnte und aus dem ihn angeblich nach seinem Tod der Teufel forttrug (heute ist es Teil eines Bezirkskrankenhauses). Und das Grab des Rabbi Löw auf dem Alten Jüdischen Friedhof in Prag wird heute noch stolz den Touristen gezeigt.

*Johannes Faustus* (ungefähr 1480–1540) war ein Wanderlehrer der Renaissance, Naturkundiger und Schwarzkünstler. Die Zeit, in der er lebte, war eine Periode heftiger geistiger Gärung, die in der Kunst zu revolutionären Veränderungen führte, auf dem Gebiet der Religion die Reformation bewirkte und die Naturwissenschaften entstehen ließ. (Zu seinen Zeitgenossen zählten unter anderem: Kolumbus, Dürer, Luther, Kopernikus und Paracelsus.)

Da über Faustus' Leben wenig definitiv bekannt ist, rankten sich um seine Person zahlreiche Legenden, die zu vielen dichterischen Werken inspirierten (das berühmteste ist J. W. Goethes *Faust*). Nach der Sagenüberlieferung schloß Faustus einen Pakt mit dem Teufel und versprach diesem seine Seele im Austausch für Wissen und Wohlstand zu Lebzeiten. Als die bewilligte Zeit abgelaufen war, erfaßte der Teufel seinen Leib und tötete ihn.

*Jehuda Löwe ben Bezahel,* genannt der Hohe Rabbi Löw (1520 bis 1609), lebte zu der Zeit, da Prag ein blühendes Zentrum der humanistischen Bildung und der Naturwissenschaften war, gleichzeitig aber eine Goldmine für Alchimisten und Astrologen. Damals beherbergte Prag unter anderem die berühmten Astronomen Tycho de Brahe und Johannes Kepler. Rabbi Löw, ein namhafter jüdischer Gelehrter und Theologe, hatte auch Astronomie, Astrologie, Alchimie und die Kabbala studiert, und man glaubte allgemein, er wisse außergewöhnlich viel über okkulte und magische Kräfte.

Der bekannten Sage zufolge nutzte er sein kabbalistisches Wissen, um sich selbst einen Diener zu schaffen: Der berühmte Golem war angeblich aus Lehm modelliert und durch ein Stück Papier mit einem Zauberwort, das Löw ihm in den Mund gelegt hatte, zum Leben erweckt worden. In der Sage heißt es, Löw habe den Golem am Abend zur Ruhe gebracht, indem er ihm den Zettel aus dem Mund nahm, und ihn am folgenden Morgen durch das erneute Einlegen des Zettels wiederbelebt. Als Löw einmal vergaß, ihn wie gewöhnlich zur Ruhe zu bringen, wurde der Golem zornig und zerstörte Löws Haus. Löw erlangte die Kontrolle über ihn, indem er ihm den magischen Zettel aus dem Mund nahm. Danach erweckte er ihn nie mehr zum Leben.

## **Experiment Nr. 21** (9. September 1949; Versuchsperson: Sonya)

### *Was geschah mit Jesu Leichnam? Bestätigung früherer Aussagen*

Versuchen Sie den Tod Jesu zu finden. (Gleich den anderen Versuchspersonen erhielt Sonya zuerst eingehende Instruktionen, wie sie Jesu Tod mittels des reisenden Hellsehens suchen solle.)

> ...Ja.

Beschreiben Sie genau, was nach seinem Tod mit seinem Leichnam geschah.

> Sein Leichnam wurde von dem Kreuz genommen und ist in einem großen Felsen begraben worden ...Jesus erhebt sich und geht weg ...Jetzt sehe ich ihn auf einem freien Platz stehen und – er bleibt dort stehen ...Ich sehe ihn die ganze Zeit dort stehen.

Welcher Konfession gehören Sie an?

> Der römisch-katholischen.

Versuchen Sie nun, ihm näherzukommen und ihn mit der Hand zu berühren.

> Er verschwindet.

Wissen Sie, ich befürchte, daß Ihre religiöse Überzeugung suggestiv beeinflußt haben könnte, was Sie sahen. Ich meine besonders, was Sie von seiner Auferstehung von den Toten hörten. Meine Suggestion vorhin, Sie sollten versuchen, ihn zu berühren, war als eine Art Kontrolle Ihres Gesichtssinns durch den Tastsinn gedacht. Die Tatsache, daß Sie ihn nicht fühlten und er sogar aus Ihrem Gesichtsfeld verschwand, könnte darauf hindeuten, daß das, was Sie sahen, lediglich eine Halluzination war. Wir werden es jetzt prüfen. Versuchen Sie, sich nicht von Ihrem persönlichen Glauben beeinflussen zu lassen, versuchen Sie, sich auch nicht von dem beeinflussen zu lassen, was ich Ihnen gesagt habe, sondern beobachten Sie die ganze Szene noch einmal und erteilen Sie sich lediglich den Befehl, daß Sie wirklich nur die historische Wahrheit sehen wollen.

...Sein Körper wurde in ein Grab gelegt. Dieses Grab ist in einem großen Felsen, es ist eine Öffnung da, wie eine Höhle, und sein Leichnam wurde dort hinein gelegt, und alles wurde mit einem großen Stein verschlossen.

Sehen Sie seinen Körper sogar in der Dunkelheit?

Ja.

Was geschah dann?

Ich sehe seinen Leichnam noch in diesem Felsen, ich kann ihn berühren (die Versuchsperson verifizierte spontan ihre visuellen Impressionen, wie sie es kurz zuvor gelernt hatte) – und dann sehe ich nichts.

Ich möchte, daß Sie dem Körper die nächsten paar Jahre in die Zukunft folgen, um festzustellen, ob er wirklich zerfiel.

Er ist nicht mehr da.

Versuchen Sie zu finden, wo der Körper ist. Sie müssen das Grab für einige Tage oder Wochen nach der Beerdigung sorgfältig beobachten und dürfen nichts Wichtiges übersehen.

...Ich sehe etwa zwei Wochen lang nichts Besonderes, ich sehe Jesu Leichnam noch in dem Grab. Ich kann ihn berühren, ich bin die ganze Zeit bei dem Körper.

Folgen Sie ihm noch weiter in die Zukunft.

...Die nächsten zwei oder drei Monate sehe ich den Körper noch in dem Grab. Ich sehe, wie er zerfällt.

Schauen Sie genau, ob es noch dasselbe Grab ist, das Sie sahen.

Nein.

Wie kann das sein? Was geschah mit dem Leichnam?

Ungefähr am zehnten Tag nach dem Begräbnis haben ihn drei Männer weggetragen und in einem anderen Grab begraben.

Suchen Sie den Mann, der ihr Anführer war.

Ja.

Gehörte er zu den Jüngern?

Ja, er gehörte dazu.

Ist er nach Jesu Tod viel gereist?

...Ja, er reiste ziemlich viel.

Versuchen Sie herauszufinden, wie er starb und wie alt er war, als er starb.

...Ich sehe seinen Tod noch nicht. Er ist schon sehr alt   Er kann etwa fünfundsiebzig sein.

Folgen Sie ihm weiter und finden Sie heraus, wie er starb.

...Nach etwa fünf Jahren ist er noch am Leben ...Jetzt ist er krank. Er verläßt sein Bett nicht ... Er starb in seinem Bett.

Vielleicht könnten Sie diesen Mann finden, wenn er einen Brief schreibt. Versuchen Sie besonders, seine Unterschrift zu finden.

Ich sehe einen Brief, aber er ist in einer fremden Sprache; es ist so eine ornamentale Schrift. Aber ich sehe sie verschwommen. Ich kann sie nicht schärfer machen.

Vielleicht könnten Sie hören, wie ihn jemand mit seinem Namen anspricht, und Sie könnten es wiederholen.

...Ich sehe sie die Münder bewegen, aber ich höre sie nicht sprechen.

In der Zeit, als der Mann reiste, hat er da einmal auf dem Meer Schiffbruch erlitten?

...Ja.

Hat er Wunder gewirkt, nachdem er gerettet worden ist?

Ich sehe, wie er eine Frau heilte.

Können Sie ein weiteres Wunder finden?

Ich sehe sonst nichts.

Können Sie ihn an einem Hof finden, bevor er segelt? Natürlich müssen Sie die ganze Zeit achtgeben, damit meine Fragen Sie nicht fehlleiten.

Ja, ich fand ihn.

Zu einer noch früheren Zeit könnten Sie ihn finden, wie er zusammen mit einem anderen Mann gesteinigt wird.

Ja, es war weniger als ein Jahr früher.

Ist der andere Mann gestorben?

Ja.

Und was geschah diesem Mann?

Er war einige Zeit krank, dann sehe ich ihn an dem Hof. Und kurz danach segelte er aufs Meer hinaus.

Warum haben sie ihn nicht getötet?

Er lief weg. Als sie den anderen Mann töteten, scharten sie sich um den, und der eine nutzte das aus und lief ein paar Meter weg. Dann warfen sie keine Steine mehr auf ihn. Vielleicht stand er auf den Stufen eines Tempels oder einer anderen heiligen Stelle.

Und nun suchen Sie Jesus, als er in der Wüste fastete.

...Ja.

(Die Versuchsperson wurde kurz über die Experimente informiert, in denen Milena behauptet hatte, telepathischen Kontakt mit Jesus zu haben, während er in der Wüste weilte. Sonya wurde dann aufgefordert, ebenfalls mit Jesus telepathisch Verbindung aufzunehmen.) Fragen Sie ihn zuerst, ob er Sie hört.

Ja.

Hören Sie seine Antwort?

Nein, sie kommt nur als Gedanke in meinen Geist.

Fragen Sie ihn, ob er sich an ein anderes Mädchen erinnert, mit dem er sprach wie jetzt mit Ihnen.

Ja.

Fragen Sie ihn, ob es ein höheres Wesen gebe oder etwas, das dem entspräche, was wir Gott nennen; und wenn ja, fragen Sie ihn, ob er sich in unserem Universum oder außerhalb desselben befindet.

Außerhalb unserer Welt.

Beeinflußt er unsere Welt irgendwie?

Nein.

Es sieht also so aus, als habe er sie nur geschaffen und befasse sich nicht länger mit ihr?

...Er beeinflußt unsere Welt nicht.

Bitten Sie ihn, Gott zu beschreiben.

Es gibt keine Beschreibung. Er kann nicht als irgendein Wesen geschildert werden.

Fragen Sie ihn: Wiederholen sich Ereignisse im Universum nach sehr langen Zeitabschnitten?

Ja, sie tun es, und in allen Einzelheiten.

Woher weiß er das?

Das ganze Universum ist schon mehrere Male verwandelt worden.

Gibt es nur ein Universum oder mehrere?

Nur eines.

Wie ist dieses Universum entstanden?

Durch die Verwandlung des Universums, das vor Millionen Jahren hier war.

**Experiment Nr. 22** (14. September 1949; Versuchsperson: Sonya)

## *Die Taten der Apostel*

Suchen Sie nun die Apostel einige Zeit nach Jesu Tod, als sie alle zusammen in einem Gefängnis waren (Apostelgeschichte 5, 18–21).

Ja.

Finden Sie heraus, wie sie aus diesem Gefängnis kamen.

Jemand ließ sie frei.

Gab es irgendein Wunder?

Nein.

Was geschah?

Ein Mann steht vor dem Gefängnis, und es kann sein, daß der Apostel ihn hypnotisiert.

Wie?

Er sieht ihn nur an. Aber der Mann ist kein Apostel, er war nicht bei ihnen.

Was geschah dann?

Dieser Mann war der, der das Gefängnis öffnete.

Beobachten Sie den Apostel, der den Mann hypnotisierte. In irgendeiner späteren Zeit könnten Sie ihn im Streit mit einem Mann finden. Sie stritten vermutlich um Geld, und der andere Mann starb kurz danach (Apostelgeschichte 5, 2–10).

Ich sehe den Apostel, der Mann kommt zu ihm, und sie zanken sich um irgend etwas. Der Mann ist sehr erregt. Und wirklich, kurz nachdem er den Apostel verließ, starb der Mann plötzlich.

Könnte es ein Schlaganfall gewesen sein?

Ja, das war es.

Suchen Sie die Frau dieses Mannes. Sie starb wahrscheinlich auch plötzlich.

...Ich kann sie nicht finden ...Nein, ich sehe sie nicht.

(Der Versuchsperson wurde nun eine Karte des alten Palästina gezeigt, auf der die Stadt Joppa angegeben war.)

Bitte suchen Sie diesen Apostel, als er in dieser Stadt weilte. Sie können ihn finden, wie er dort eine tote Frau wieder zum Leben erweckt (Apostelgeschichte 9, 36–40).

Ich sehe den Apostel in dieser Stadt... Ich sah ihn Menschen heilen, aber ich habe ihn nicht gesehen, wie er jemanden wieder lebendig machte.

Wie hat er sie geheilt?

Er berührte die Person mit der Hand.

Hat es geholfen?

Es hat, ziemlich oft.

**Experiment Nr. 23** (5. Oktober 1949; Versuchsperson: Sonya)

## *Einige Beobachtungen im alten Ägypten. Doktor Faustus*

Wir werden jetzt versuchen, Informationen darüber zu erhalten, ob die alten Ägypter die Hypnose kannten. Versuchen Sie einen ägyptischen Priester ungefähr zu der Zeit zu finden, da Jesus lebte.

...Ja.

Beobachten Sie ihn und schauen Sie, ob er die Hypnose kannte. Er könnte entweder andere Menschen hypnotisieren oder sich selbst in Trance versetzen.

...Ich sehe ihn mehrmals andere Menschen hypnotisieren, aber nie sich selbst.

Suchen Sie ihn, wenn er einen gebildeten Menschen hypnotisiert.

...Ja, ich sehe ihn einen älteren Mann hypnotisieren, der gebildet scheint.

Wonach beurteilen Sie, daß er gebildet ist?

Er erschien mir sofort, als ich einen gebildeten Menschen zu sehen wünschte.

Was für Experimente machen sie?

Sie sprechen miteinander. Ich sehe sie die Münder bewegen.

Und nun versuchen Sie, mit diesem schlafenden Mann Verbindung aufzunehmen wie früher mit Jesus, und fragen Sie ihn, wer er ist, wer der Hypnotiseur ist und wie der Herrscher seiner Zeit heißt.

. Der Mann antwortet nicht.

Fragen Sie ihn noch einmal und konzentrieren Sie sich intensiv auf Ihre Frage.

Er antwortet nicht. Er schläft, hat die Augen geschlossen und antwortet nicht.

Suchen Sie eine andere hypnotisierte Person.

...Ja, es ist wieder ein Mann, er ist jünger als der vorige. Ich sehe sie wieder miteinander sprechen.

Fragen Sie ihn, wer er ist, wer der Hypnotiseur und wer der Herrscher ist.

..Er sagt, er sei der jüngere Bruder des Mannes, der ihn hypnotisiere, und dieser Mann sei ein Hohepriester.

Fragen Sie ihn nach den Namen, und lassen Sie ihn die Namen sehr langsam aussprechen, damit Sie sie richtig hören. (Beachten Sie die wiederholten Bemühungen, historisch verifizierbare Angaben zu erhalten – wie den Namen des Herrschers.)

.. Sein Name ist Akhu-Darba – und der Name des Hohepriesters ist Me... Maliop... Malioptes.

Fragen Sie ihn nach dem Namen des Herrschers.

...Ich sehe ihn etwas sprechen, aber ich kann ihn nicht verstehen.

Gehen Sie nun aufs Land hinaus und schauen Sie, ob die Pyramiden damals erbaut wurden.

...Nein, sie stehen bereits da.

Gehen Sie nun zurück in die Vergangenheit, in die Zeit, da die Pyramiden erbaut wurden.

...Ja

Versuchen Sie in dieser Zeit einen Priester zu finden, der jemanden hypnotisiert.

...Ich kann niemanden finden.

Suchen Sie einen großen Tempel zu dieser Zeit und beobachten Sie einen Hohepriester in diesem Tempel.

...Ich sehe nicht, daß er jemanden hypnotisiert.

Suchen Sie einen anderen Tempel und dort einen Hohepriester.

...Wieder sehe ich nicht, daß er jemanden hypnotisiert.

Suchen Sie den Mann, der den Bau der Pyramiden leitete.

...Ja.

Beschreiben Sie ihn. War er ein Herrscher oder ein Priester?

Ich glaube, er ist nur ein reicher Mann jener Zeiten. Er ist nicht der Herrscher.

Können Sie ihn jemanden hypnotisieren sehen?

...Nein, ich habe nichts dergleichen gesehen.

Und nun versuchen Sie einfach, sich den Befehl zu geben, daß Sie den ersten Menschen sehen möchten, der die Hypnose kannte.

...Ja, ich sehe einen Mann, der einen anderen hypnotisiert.

Fragen Sie den hypnotisierten Mann nach seinem Namen, dem Namen des Hypnotiseurs und dem des Herrschers.

...Ich höre nichts.

Können Sie abschätzen, wie viele Jahre nach dem Bau der ersten Pyramide diese beiden Männer lebten?

Etwa dreihundert Jahre. Ich versuchte es an den Veränderungen ihrer Gebäude zu schätzen.

Und nun versuchen Sie die Zeit zu finden, da Mose die Juden aus Ägypten wegführte. Schätzen Sie die Zeitspanne zwischen Mose und diesen beiden Männern.

..Ich glaube, es können etwa vierhundert Jahre sein. (Wir konnten feststellen, daß die Versuchsperson dazu neigte, die Zeitschätzungen ziemlich gering zu halten. Der Bau der ersten Pyramiden erfolgte um das Jahr 2500 v. Chr. oder davor. Der Auszug der Israeliten aus Ägypten wird von den Historikern etwa in das Jahr 1250 v. Chr. gelegt. Die Spanne von rund 1300 Jahren wurde also von der Versuchsperson nur als Spanne von siebenhundert Jahren geschätzt Dies ist beispielhaft für die allgemeine Tendenz von Versuchspersonen, bei Experimenten in reisendem Hellsehen die Zeitintervalle zu unterschätzen.)

Kehren Sie nun nach Prag zurück. (Die Versuchsperson wurde aufgefordert, dort das Haus zu suchen, in welchem der Sage zufolge

Doktor Faustus gelebt hatte.) Wir werden nun nach Doktor Faustus Ausschau halten. Folgen Sie diesem Haus zurück in die Vergangenheit. Sie finden darin vielleicht einen seltsamen, exzentrischen Mann, der sich mit verschiedenen eigenartigen Experimenten befaßte und viele Bücher las.

...Ja, es ist rund zweihundertfünfzig Jahre her. (Nach der historischen Überlieferung starb er um 1540; Sonyas Zeitschätzung ist also auch hier zu kurz.)

Beschreiben Sie diesen Mann.

Er verläßt sein Haus tagelang nicht, er bleibt dort unter seinen Büchern. Sein Aussehen ist unangenehm, er ist gebeugt, grauhaarig, etwa fünfzig Jahre alt.

Beschreiben Sie seine Experimente.

Ich sehe ihn etwas mit einigen Blumen tun, und – wissen Sie, ich kann nicht leicht sagen, was er tut. Er hat so viele Dinge dort, und er mischt sie zusammen.

Konnten Sie ihn auch irgendwann im Hypnosezustand sehen, oder hat er vielleicht andere Menschen hypnotisiert?

Ich sehe ihn andere Menschen hypnotisieren.

Was für Experimente hat er mit diesen hypnotisierten Personen gemacht?

Ich sehe eine von ihnen in der Luft schweben.

Fragen Sie die hypnotisierte Person, wie die beiden das machen!

...Er sagt, daß er ihn lange genug in diesem Schlaf läßt, und dann, wenn er hinreichend müde ist, hebt er seinen Körper durch seinen starken Willen.

Muß der Hypnotisierte irgendwelche besonderen Regeln hinsichtlich des Essens einhalten?

Ja. Er darf drei oder vier Stunden vor ihrem Experiment nichts essen.

Und sonst kann er essen, was er will?

Ja.

Fragen Sie ihn, ob der Hypnotiseur ihm irgendwelche besonderen Anweisungen gab, was er tun solle.

...Nein, aber – am Anfang der Experimente gab er ihm ein Getränk, das ihn apathisch und schläfrig machte.

Hat Faustus ihm gesagt, was das Getränk enthielt?

...Nein, aber nach einigen Experimenten war es nicht mehr nötig. Dann hat er ihm nichts mehr gegeben.

Hat er nur mit diesem Mann experimentiert oder auch mit anderen Menschen?

Auch mit anderen.

Und nun suchen Sie, wie Doktor Faustus starb.

...Ich sehe ihn normal sterben, eines natürlichen Todes. Ich glaube nicht, daß er sehr krank war. Mir scheint, er starb eher an Hunger, in großer Armut und nicht sehr alt. Er befand sich wirklich in großer Not.

**Experiment Nr. 24** (12. Oktober 1949; Versuchsperson: Sonya)

## *Abraham*

(Eine neue Aufgabe wurde der Versuchsperson erklärt:) Versuchen Sie Abraham zu finden. (Sonya erhielt Anweisung, zuerst zu versuchen, irgendwann vor Mose einen Mann zu finden, der mit seiner Familie von Ur nach Haran reiste. Auf einer Karte von Mesopotamien bekam sie die ungefähre Lage der beiden Städte und des dazwischen verlaufenden Flusses Euphrat gezeigt. Sonya wurde instruiert, sich zuallererst geistig in die Zeit vor Mose zu versetzen und die Stadt Ur zu suchen.) Und nun wünschen Sie sich, einen Mann zu sehen, der aus dieser Stadt nach Haran reiste. (Der reisende Mann war Terach, dem Alten Testament zufolge Abrahams Vater – Genesis 11,31.)

...Ich sah die Stadt Ur. Als ich den reisenden Mann zu sehen wünschte, erschien mir sofort ein Mann, und er reiste an diesem Fluß entlang.

Können Sie einen anderen Mann finden, der vielleicht dieselbe Reise unternimmt?

...Nein, ich kann niemanden finden.

Hat dieser Mann Haran erreicht?

...Ja.

Wer war bei ihm?

Er reiste nur mit seiner Frau.

Niemandem sonst?

Nein.

Wie alt ist er?

Etwa vierzig oder mehr.

Hatte er Kinder dabei?

Nein.

Schätzen Sie nun, wie lange vor Mose dies war.

Ich würde sagen, etwa zweihundertfünfzig bis dreihundertfünfzig Jahre.

Als der Mann in Haran eintraf, hatte er da Kinder?

Nein.

Schauen Sie sich nun den Ort an, wo er lebte. Hat irgend jemand bei ihm gelebt, der zu seiner Familie gehören könnte?

Es sind einige andere Menschen dort, aber ich glaube nicht, daß sie zu seiner Familie gehören.

Wer sind sie?

Drei Männer, ungefähr neunzehn, zwanzig und fünfundzwanzig Jahre alt.

Sind sie mit ihm gereist?

Nein.

Sie lebten also schon in dieser Stadt, als er ankam?

Ja.

Hatte der Mann Kinder, als er starb?

Ich sehe ihn nicht mit irgendwelchen Kindern.

Wurde dieser Mann je hypnotisiert?

...Ich sehe nichts dergleichen.

Ist er in der Stadt gestorben, in die er zog?

Ja.

Haben Sie je von der Zerstörung Sodoms und Gomorrhas gehört?

Irgendwo in der Bibel erwähnt, aber ich weiß keine Einzelheiten darüber.

Versuchen Sie die Zerstörung der beiden Städte zu finden

...Tut mir leid, ich kann sie nicht finden; sie erscheint mir nicht.

Finden Sie heraus, ob die drei jungen Männer nach dem Tod des alten Mannes nach Ägypten gelangten.

...Ja, der jüngste.

Reist er allein oder in Gesellschaft?

Allein.

Suchen Sie ihn kurz vor seiner Ankunft in Ägypten.

Ja.

War er noch immer allein?

Nein. Eine Frau reist mit ihm. Und diese sind vermutlich seine Kinder. Er hat zwei Jungen, ungefähr vierzehn und sechzehn.

Wie alt ist er zu dieser Zeit?

Etwa vierzig.

Und seine Frau?

Sie ist etwa fünf Jahre jünger.

Ist dieser Mann in Ägypten mit dem Pharao zusammengetroffen?

...Nein, das tat er nicht.

Stellen Sie die Beziehung dieses Mannes zu dem Mann fest, der in Haran starb. Laut der Bibel müßte er dessen Sohn gewesen sein.

Der tote Mann wurde nach seiner Ankunft in Haran mit ihm bekannt. Vielleicht adoptierte er ihn.

Und finden Sie heraus, ob die beiden Jungen, die ihn nach Ägypten begleiteten, seine Söhne waren.

Ja, sie beide sind seine Söhne.

Noch einmal, finden Sie heraus, ob dieser Mann bei irgendeiner Gelegenheit dem Pharao begegnete.

...Es war irgendein Magnat, nicht der Pharao. Aber das war ziemlich lange nach seiner Ankunft in Ägypten.

Hat dieser Magnat oder irgend jemand anderer Schwierigkeiten für seine Frau verursacht?

Ja, seine Frau wurde eine Geliebte dieses Magnaten. (Genesis 12, 15–17.)

Freiwillig oder wurde sie gezwungen?

Sie wurde gezwungen.

Was hat ihr Mann getan? Hat er versucht, sie irgendwie zu verteidigen?

Seine Frau sagte es ihm, als er zurückkam, und er wollte sich irgendwie rächen; aber er hatte Angst, daß er bestraft würde.

Hat er sich gerächt?

Nein, er hat ihm nichts getan.

War seine Frau später nochmals die Geliebte des Magnaten?

Nicht mehr.

Wie lange danach hat Abraham Ägypten verlassen?

Nach etwa acht oder zehn Jahren.

Sehen Sie ihn und die Seinen mit anderen oder mit Vieh reisen?

Nein, sie sind wieder allein.

Hat er weitere Kinder außer den beiden Söhnen?

Nein.

Wie alt sind seine Söhne jetzt?

Zwischen dreißig und fünfunddreißig.

Sehen sie reich aus?

Nun, ziemlich reich. Sie reisen in einem Wagen.

Haben sie Vieh?

Ich sehe kein Vieh dort.

Folgen Sie nun den Söhnen und schauen Sie, ob die beiden Zeugen irgendeiner Naturkatastrophe wurden. (Genesis 19 – siehe auch Seite 199.)

...Nein.

In der Bibel steht eine Geschichte über Mose (Exodus 2, 3–10), worin es heißt, als er ein Kind gewesen sei, habe ihn seine Mutter in einer Art kleinem Boot den Fluß hinabfahren lassen und er sei gefunden und gerettet worden. Suchen Sie Mose, als er die Juden aus Ägypten wegführte, folgen Sie dann seinem Leben zurück in seine Kindheit und sagen Sie mir, was geschah.

...Ich glaube, dies ist nur eine Sage. Ich sehe nichts dergleichen.

## **Experiment Nr. 25** (26. Oktober 1949; Versuchsperson: Sonya)

### *Rabbi Jehuda Löw*

(Die Versuchsperson wurde in ihrer Imagination zum Grab von Rabbi Jehuda Löw auf dem Alten Jüdischen Friedhof in Prag geführt und erhielt die Anweisung, diesem Grab in die Vergangenheit zu folgen, bis sie fand, daß jemand dort beerdigt wurde. Als sie erklärte, daß sie die Beerdigung sehe, wurde sie angewiesen, die beerdigte Person zu beobachten.)

Er ist ein alter Mann.

Beschreiben Sie genau, wie er vor seinem Tod aussah.

Er war ziemlich groß, kräftig, mit weißem Haar, einer auffallend gebogenen Nase, ohne Bart. Er starb um das Alter von sechzig Jahren oder mehr.

Welcher Beschäftigung ging er nach?

Er scheint ein hochgebildeter Mensch zu sein.

Über diesen Mann gibt es eine Sage, daß er einen Diener hatte, den er selbst erschuf. Er formte ihn aus Lehm und verlieh ihm Leben. Dieser Diener war angeblich sehr stark. Können Sie ihn finden?

...Ja, er hatte einen Diener, der viel jünger war als er. Als der ältere Mann etwa dreißig war, fand er ihn als Baby in seinem Garten. Er zog ihn auf, und der Junge diente ihm dann.

Ich frage mich, ob Sie den Diener zornig oder in Wut finden könnten. In der Sage heißt es, eines Tages habe er angefangen, alles um sich zu zerschlagen und zu zerstören.

...Ich sehe nichts dergleichen. Im Gegenteil, der Diener ist sehr bescheiden und dankbar. Ich sehe ihn nie zornig.

Hat der Diener dem alten Mann bis zu dessen Tod gedient?

...Nein. Der Diener ging von ihm fort.

Bekamen sie Streit?

Es war eine kleine Szene. Mir scheint, daß der alte Mann ihn fortgeschickt hat.

Wissen Sie, warum?

Ich schließe nur, daß er fortgeschickt wurde. Aus ihren Gesten. Aber ich höre sie nicht sprechen.

Finden Sie heraus, ob der Diener etwas Unrechtes tat.

...Nein.

## Schluß

*Sonya bricht die Mitarbeit ab. Probleme auf dem Weg. Mögen andere weitermachen*

Sonyas Beitrag war nur eine kleine Ergänzung zum unvollständigen Werk. Kurz nach Weihnachten 1949 zog ihre Familie aus Prag weg, was ihre weitere Mitarbeit unmöglich machte. Andere Versuchspersonen ließen sich nicht finden.

Einige Jahre später, als die Experimente wieder aufgegriffen wurden, machten neue Bedingungen eine Gewichtsverlagerung erforderlich. Die vorausgegangenen Experimente hatten zwar aufregende, interessante Feststellungen erbracht, aber sie waren zweifellos verfrüht gewesen. Zu der Zeit, da die Wissenschaftlergemeinde überhaupt die Existenz der ASW bezweifelte, klangen Behauptungen, sie ließe sich als neuer Sinn und neue Methode der historischen und religiösen Forschung einsetzen, allzu phantastisch.

Überall auf der Welt war die Skepsis der Wissenschaftler gegenüber der ASW groß, in der Tschechoslowakei aber dürfte sie damals größer gewesen sein als anderswo sonst. Wollte man die Wissenschaftler von der Wirklichkeit der ASW überzeugen, mußte man Experimente mit sehr einfachen Zielobjekten durchführen, die leicht verifiziert, genau kontrolliert und statistisch ausgewertet werden konnten: Experimente, die einfach und überzeugend waren und die ASW so klar demonstrierten, daß kein Raum mehr für Zweifel blieb.

Deshalb beschränkte sich die Forschung künftig fast ausschließlich auf quantitative Experimente, die einfache Aufgaben für die Versuchspersonen umfaßten, beispielsweise das Benennen der Farbe von Karten in undurchsichtigen Umschlägen.

Mehr als ein Jahrzehnt dieser Experimente brachte uns neues Wissen über den ASW-Prozeß und half die Methode zum Training der ASW mittels Hypnose zu verbessern. Mit dieser Methode gelang es schließlich, mehrere ASW-Versuchspersonen zu trainieren, die – vermutlich zum erstenmal in der Geschichte der Parapsychologie – ASW beliebig und wiederholt, unter Laborbedingungen und bei genauer Kontrolle zu demonstrieren vermochten. (Diese Experimente sind in dem Buch *Hellsehen und andere parapsychische Phänomene in Hypnose** desselben Autors beschrieben.)

Leider blieb die frühe Forschungsarbeit dadurch unvollendet. Viele weitere Experimente mit verschiedenen Versuchspersonen werden erforderlich sein, um die hier geschilderten bruchstückhaften Beobachtungen unabhängig zu bestätigen und auszuweiten. Den-

* Erschienen im Ariston Verlag, Genf 1972

noch veranschaulichen die vorstehenden Aufzeichnungen klar die großen Anwendungsmöglichkeiten der ASW bei der historischen und religiösen Forschung.

Fast ein Vierteljahrhundert ist seit den Experimenten verstrichen. Mittlerweile hat sich die Einstellung der Wissenschaftler zur ASW geändert. Immer mehr Wissenschaftler ziehen ernstlich die Möglichkeit in Betracht, daß die ASW in Zukunft auf verschiedenen Gebieten der Wissenschaft und des täglichen Lebens umfassende praktische Anwendung finden könnte.

Heute wirken die obigen Experimente viel weniger unglaublich als noch vor zwei Jahrzehnten. Es bestehen viel größere Aussichten, daß ihre Veröffentlichung zu ernsthaften Wiederholungsversuchen anregt. Wir hoffen deshalb, daß einige Leser bessere Gelegenheit finden, die Experimente fortzuführen, damit sie die in diesem Buch beschriebenen Beobachtungen unabhängig verifizieren und auf dem interessanten Gebiet neue, eigene Entdeckungen machen können.

# Anhang

## *Aussichten für die Zukunft – Theorie des Bewußtseins*

Wir haben bereits früher angedeutet, daß die in diesem Buch geschilderten Experimente eher die Beschreibung einer neuen Forschungsmethode als eine Enthüllung erwiesener Tatsachen darstellen. Bevor sich endgültige Schlußfolgerungen ziehen lassen, müssen viele weitere Experimente gemacht werden.

Die ASW vermag jedoch, wie wir eingangs erklärten, wertvolle Informationen zu liefern, wenn bestimmte Bedingungen erfüllt werden. In den obigen Experimenten wurden die erforderlichen Bedingungen erfüllt, die ASW-Fähigkeit der Versuchspersonen wurde in verifizierbaren, kontrollierten Experimenten geprüft und als vorhanden (wenn auch nicht immer unfehlbar) befunden.

In einigen Fällen bestand die Möglichkeit, die Aussage einer Versuchsperson durch unabhängige Feststellungen anderer Versuchspersonen zu verifizieren. Rufen wir uns nur die sehr ähnlichen unabhängigen Beschreibungen der äußeren Erscheinung Jesu ins Gedächtnis. Und bei anderen Gelegenheiten lieferten die Versuchspersonen unabhängig voneinander im wesentlichen dieselbe Information. Die Versuchspersonen H. P. und Milena beispielsweise beschrieben zwei unsichtbare Komponenten der menschlichen Persönlichkeit verblüffend ähnlich. Drei Versuchspersonen (Zdenka, Milena und Sonya) gaben ähnliche Berichte darüber, was nach Jesu Tod mit seinem Leichnam geschah. Auch von anderen biblischen Ereignissen, wie Jesu Wandeln auf dem Wasser, der Stillung des Seesturms, der Verwandlung von Wasser in Wein, der Begegnung mit den von Dämonen Besessenen usw., gaben die Versuchspersonen, die einander nicht kannten, ähnliche Beschreibungen.

Außerdem haben wir ein weiteres Merkmal, das indirekt die Glaubwürdigkeit des Ganzen steigert. Das aus den Aussagen der

Versuchspersonen entstehende Bild liefert eine sehr rationale Darstellung von Geschehnissen in der fernen Vergangenheit. Wir finden darin keine weit hergeholten Behauptungen, Phantasien oder Geheimnisse, sondern haben es mit einer nüchternen, sachlichen Schilderung von Ereignissen zu tun, von denen wir uns durchaus vorstellen können, daß sie sich zutrugen wie beschrieben.

Nehmen wir die Aussagen der Versuchspersonen für bare Münze, erscheint die Bibel im allgemeinen als erstaunlich genauer Bericht vergangener Ereignisse. Bei einem Geschehen, das jahrhundertelang nur in mündlicher Überlieferung von einer Generation an die nächste weiterging, muß man mit Verzerrungen, Gewichtsverlagerungen, Fehldeutungen und Übertreibungen rechnen – aber allem Anschein nach blieben die Verzerrungen in der Bibel viel geringer, als zu erwarten steht, und der biblische Bericht über die jüdische Geschichte kommt der historischen Wahrheit näher als die Sagen und frühen Geschichtsdarstellungen vieler anderer Völker.

Die frühen biblischen Ereignisse erscheinen in realistischem Licht gesehen als politisches Geschehen, das genauso beschrieben wird, wie es sich abgespielt haben dürfte, bedenkt man die damalige Sachlage. Elijas Tod beispielsweise wird als Entführung und Mord dargestellt – was in der Tat verständlich ist, wenn wir uns die Berichte in der Bibel ( 1 Könige 18, 22 und 2 Könige 9, 10) ins Gedächtnis rufen, worin zum Ausdruck kommt, daß die Zeiten politisch sehr unsicher waren und Elija notgedrungen viele Feinde haben mußte.

Mose wird als gewandter Politiker, fester Führer und Legislator geschildert, der unnachsichtig seine Ziele verfolgte. Er muß beträchtliche wissenschaftliche Kenntnisse besessen und unter anderem die Selbst- und Fremdhypnose beherrscht haben. Aber er erscheint vor allem als starke, pragmatische politische Persönlichkeit: zuerst als geschickter Verhandler beim Pharao und gleichzeitig als resoluter Guerillaführer, der sich später zu einem energischen Anführer auswuchs, als welcher er es fertigbrachte, bei seinem Volk sogar in schweren Zeiten Disziplin und Entschlossenheit aufrechtzuerhalten. So betrachtet, erlauben uns seine Taten, wie sie im Alten Testament beschrieben sind, ihn als Führerpersönlichkeit mit tiefem psychologischem Einblick zu sehen, die ihr Scharfblick dazu führte, ein System von Überzeugungen und Verhaltensregeln zu kodifizieren, welches die Juden zu einem Volk zusammenschmiedete und ihnen das Gefühl nationaler und religiöser Identität verlieh.

Was die Versuchspersonen über die Ereignisse in der fernen Vergangenheit berichten, könnte genausogut, vielleicht nur in leicht abgeänderter Form, auch in unserer Zeit geschehen, wie jeder Beobachter der Gegenwartspolitik zugeben wird. Politische Entführungen, Morde, geschickte Propaganda, die Nutzung wissenschaftlicher Entdeckungen in der Machtpolitik, die künstliche Schaffung eines bestimmten öffentlichen Images von Führern – dies alles war offensichtlich schon vor Jahrtausenden bekannt und kaum weniger üblich als heute.

Verständlicherweise bildete in jenen Zeiten die Religion einen unlösbaren Bestandteil der Politik – sie stellte sogar bis vor kurzem eine starke politische Kraft dar. Die Angst vor dem Zorn und vor Strafen mächtiger übernatürlicher Wesen war ungezählte Jahrhunderte lang ein mäßigender Faktor in der Gesellschaft; sie hielt überall dort die Menschen von unerwünschten Taten ab und half die Disziplin sichern, wo die bestehende gesellschaftliche Ordnung als von Gott sanktioniert präsentiert wurde.

Auch die Persönlichkeit Jesu taucht aus dem Nebel der mythischen übernatürlichen Aura auf, in die sie jahrhundertelang gehüllt war. In natürlichem Licht betrachtet, wird Jesus irdischer. Doch seine Vermenschlichung schmälert seine Größe keineswegs.

In den Aussagen der Versuchspersonen sehen wir ihn als fesselnden Prediger und Lehrer neuer ethischer Grundsätze, dessen Auffassung seiner Zeit weit voraus war. Von Kindheit an begabt, durchlief er offenbar irgendein Spezialtraining, das die Meditation und die Entwicklung außersinnlicher Kräfte umfaßte (aber nicht unbedingt darauf beschränkt gewesen sein muß). Hier haben wir eine natürliche Erklärung für die „stummen Jahre Jesu" – für sein Tun während seiner Jünglings- und frühen Mannesjahre, bevor er nach der Meditation in der Wüste zu lehren begann. Die Versuchung durch den Teufel (Matthäusevangelium 4) deutet an, daß er sich wohl bewußt war, welche Macht er durch die Beherrschung außersinnlicher Kräfte erlangen konnte. Doch er scheint sie nicht übermäßig eingesetzt zu haben – seine „Wunder" basierten hauptsächlich auf der Suggestionskraft.

In diesem Zusammenhang ist die Persönlichkeit Johannes des Täufers von besonderer Bedeutung. Wenn er wirklich der geistige Lehrer Jesu war, erlangen viele Passagen des Neuen Testaments einen neuen, natürlichen Sinn. Sie erklären das Zeugnis, das Johannes der Täufer über Jesu künftige Mission ablegte (Johannesevangelium 1, 30 und 32), und Jesu Hinweise auf ihn (Matthäusevangelium 11, 9–11).

Dieser Teil der Aussagen der Versuchspersonen steht völlig im Einklang mit dem, was die Handschriftenfunde am Toten Meer (die zur Zeit der obigen Experimente keinem der an dieser Forschung Beteiligten bekannt waren) und anderes historisches Material über die Ursprünge des Christentums enthüllen.* Wir wissen jetzt, daß zu der Zeit, da Jesus lebte, im Gebiet des heutigen Palästina zahlreiche religiöse Sekten existierten. Neben den meist einflußreichen Pharisäern und Sadduzäern gab es Sekten wie die Essener, die mehr oder weniger abgeschieden von der übrigen Bevölkerung lebten, strenge Moralgrundsätze einhielten (z. B. Verzicht auf Privatbesitz) und Bewahrer einer esoterischen Tradition der Religion und Gelehrsamkeit waren. Der jüdische Historiker Josephus schrieb vom Brauch der Essener, talentierte Kinder auszuwählen, zu adoptieren und dann in ihrer Philosophie und ihren Praktiken zu unterweisen. Heute mehren sich die Beweise, daß die Philosophie der Essener ein unmittelbarer Vorläufer des christlichen Glaubens war.

---

* 1947 und in den Jahren danach wurden in den Höhlen des Gebirgsabfalls zum Toten Meer in Kumran (eigentlich Chirbet Qumran) zahlreiche Handschriften in hebräischer, zum Teil auch aramäischer und griechischer Sprache sowie Tausende von Handschriftenfragmenten entdeckt, die von den Essenern, einer jüdischen religiösen Gemeinschaft mit ordensähnlicher Verfassung, stammten. Die Funde förderten eine ganze Bibliothek zutage, sie leiteten eine neue Epoche in der textkritischen Beschäftigung mit der Heiligen Schrift ein und warfen ein völlig neues Licht auf die Geschichte des Judentums sowie die Voraussetzungen des Urchristentums.
Interessant ist in diesem Zusammenhang die Tatsache, daß ein anderes Medium, der große Seher Edgar Cayce, lange vor den Funden von Kumran, bereits 1937, in seinen Readings ausführlich über die damals den christlichen Quellen unbekannten Essener berichtete und Jesus in ihrer sozialen und religiösen Umwelt aufwachsen sah. Näheres finden Sie in Mary E. Carters *Das Neue Zeitalter – Authentische Visionen des Edgar Cayce,* Ariston Verlag, Genf.

Deshalb ist gut denkbar, daß Jesus von einer Sekte in ihr geistiges Wissen eingeführt wurde, ihren Lehren eigene Beiträge hinzufügte und sich entschloß, breiten Volksschichten etwas zu predigen, das bis zu dieser Zeit als mehr oder weniger esoterisch gegolten hatte. Seine öffentliche Aktivität führte zwangsläufig zu sozialen und politischen Konflikten sowie zu Antagonismen, die ihn dann schließlich vernichteten.

Aber Jesu Botschaft an die Nachwelt blieb. Sie ist einfach, stark und so ewig wahr, daß sie heute noch genau solche Gültigkeit besitzt wie vor zweitausend Jahren: „Suchet vielmehr zuerst das Reich und seine Gerechtigkeit, und all das (andere) wird euch dreingegeben werden" (Matthäusevangelium 6, 33). Mit dem Reich meinte er das Ideal der gerechten und rechtschaffenen Ordnung in der menschlichen Gesellschaft der Zukunft. Und er zeigte auch den Weg, auf dem sie zu erlangen war: „Du sollst deinen Nächsten lieben wie dich selbst" (Matthäusevangelium 22, 39), und: „Alles nun, was ihr wollt, daß euch die Leute tun, das sollt auch ihr ihnen tun" (Matthäusevangelium 7, 12).

Jesus scheint eher ein suggestiver Prediger und eifriger Agitator für seine neuen, revolutionären Wahrheiten gewesen zu sein als ein Stratege des organisierten Kampfes um eine politische Veränderung auf der Welt. Der Kampf für sein Reich sollte außerhalb der Sphäre der Machtpolitik geführt werden, in der Natur des Menschen: durch die Herstellung neuer Beziehungen unter den Menschen, Beziehungen auf der Basis einer Brüderschaft der Liebe, des Verständnisses, der Gnade und der Versöhnlichkeit.

Seine Anhänger jedoch waren weltlich gesinnte Organisatoren, die sich das Ziel setzten, seine erhabenen Lehren durch eine mächtige Organisation, die über nationale Grenzen hinausging, zu verbreiten und praktisch anzuwenden. Sie schufen den Jesus-Mythos als Fundament einer neuen Religion und einer neuen Kirche, die eine massive, wachsende politische Macht werden sollte. Es könnte gut sein, daß die Vergöttlichung von Jesus Christus und der Glaube an seine Auferstehung (die beide so vorherrschend im Christentum und sehr wichtig für sein Wachstum waren) in der von den Versuchspersonen beschriebenen Weise initiiert wurden. Ein solcher Glaube, verbunden mit der Verheißung übernatürlicher Belohnungen für

Gläubige, stellte zweifellos ein sehr starkes Motiv zur Gewinnung neuer Anhänger für die entstehende Kirche dar.

In der Doktrin der neuen Kirche (die sich während mehrerer Jahrhunderte im Wettstreit mit anderen Religionen entwickelte) wurden Jesu Lehren mit bestimmten früheren heidnischen Überzeugungen und Riten kombiniert und – mittels weiterer Veränderungen durch spätere Kirchenführer – zu einem Lehrsystem von internationalem Gewicht entwickelt. Die Lehren besaßen genügend Attraktivität für die Völker des gesamten Römischen Reiches und erwiesen sich später auch als geeignet für die Weitergabe an die Heiden. Dieser Glaube vermittelte den Gläubigen ein vereinheitlichtes, tröstliches Bild von der Welt und kodifizierte ein System ethischen Verhaltens, das zur Konsolidierung der Gesellschaft beitrug. Die Kirche wurde eine weltliche Macht, und da sie ein Bildungszentrum mit einem Erziehungsmonopol war, beeinflußte sie Jahrhunderte hindurch viele aufeinanderfolgende Generationen.

* * *

Nachdem wir die Glanzpunkte unserer Untersuchungen zusammengefaßt haben, müssen wir erneut die wichtige Frage stellen, wie zuverlässig und vertrauenswürdig die durch ASW gemachten Entdeckungen sind. Wir stehen hier vor einem komplizierten Problem, das derzeit unsere primäre Aufmerksamkeit verdient.

In den obigen Experimenten wurde die ASW als zusätzlicher Sinn benutzt, deshalb werden wir das Problem am besten angehen, indem wir die Vertrauenswürdigkeit unserer anderen Sinne analysieren. Wir werden dabei versuchen, die Ergebnisse jahrtausendelanger Spekulationen großer Philosophen und jahrhundertelanger Untersuchungen der namhaftesten Wissenschaftler – Psychologen, Physiologen und Physiker – in einigen wenigen Absätzen zusammenzufassen.

Unser ganzes Wissen von der Außenwelt basiert auf Angaben, die wir durch unsere Sinne erhalten. Instrumente wie das Mikroskop oder das Teleskop können die Wirksamkeit unserer Sinne erhöhen, und unsere rationale Aktivität ordnet die erhaltenen Sinnesangaben in ein System nützlichen Wissens. Aber im wesentlichen erhalten wir unser gesamtes Wissen durch die Sinneskanäle. (Auch indirektes, durch Lernen erworbenes Wissen läuft über die Sinne.)

Uns ist nicht immer bewußt, daß unsere Sinne enge Grenzen haben. Die moderne Physik beispielsweise hat uns gelehrt, daß Materie sich in Wirklichkeit stark von der Art unterscheidet, in der wir sie wahrnehmen. (Wir vermögen Atome, Moleküle, Elektronen usw. oder die großen leeren Räume zwischen ihnen nicht zu sehen.) Doch davon ganz abgesehen, wir können nur einen sehr beschränkten Bereich von Signalen aus der Außenwelt wahrnehmen. Wir hören keine hohen Töne, wir sehen infrarotes oder ultraviolettes Licht nicht, wir nehmen das Magnetfeld nicht wahr usw.

Aber unsere Sinne sind auch noch in anderer Hinsicht unvollkommen. Wir wollen dies am Beispiel des Gesichtssinns aufzeigen. Irrtümer und Unzulänglichkeiten des Gesichtssinns können aus einer Fehlfunktion des Auges resultieren: Paßt sich die Linse Ihres Auges nicht richtig an, werden Sie kurz- oder weitsichtig; ist die Netzhaut in bestimmten empfindlichen Elementen beschädigt, können Sie farbenblind sein. Dies sind nur drei der Defekte, die auf Krankheiten oder Verformungen des Auges zurückgehen.

Vom Auge laufen die visuellen Signale zum Gehirn, wo sie verarbeitet und in das visuelle Erlebnis verwandelt werden. Hier, in der zweiten Stufe des Prozesses, liegt der *Ursprung einer anderen Art Verzerrung* des Sinneserlebnisses: der „normalen" oder schon krankhaften Sinnestäuschung. Bei Halluzinationen hat man ein Sinneserlebnis, dem kein Ereignis in der Außenwelt entspricht. Etwas, das in Wirklichkeit gar nicht existiert, wird gesehen. Halluzinationen können in der Hypnose produziert bzw. induziert werden. (Die hypnotisierte Person sieht zum Beispiel eine ihr suggerierte, nicht existierende Rose.) Aber im gewöhnlichen täglichen Leben beschränken sich Halluzinationen mehr oder weniger auf pathologische Situationen. Demgegenüber hat jedermann schon oft erlebt, daß man irgendeinen Gegenstand oder ein Ereignis falsch erlebt. Stellen Sie sich beispielsweise vor, Sie würden nachts in einen Wald gehen. Im matten Mondschein sehen Sie undeutlich einen fernen Busch oder einen Schatten, und Sie glauben, Sie sähen einen Menschen, der sich im Dunkeln versteckt. Die folgende Illustration gibt Ihnen ein weiteres Beispiel für optische Täuschungen.

# Sinnestäuschungen

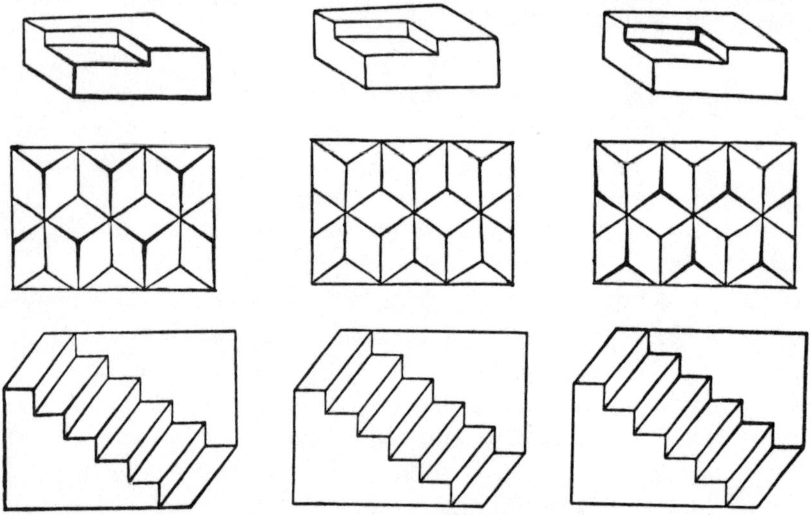

Betrachten Sie die mittleren Abbildungen. Sehen Sie sie genauso wie die Abbildungen links oder rechts? (Man kann dasselbe Bild auf zwei verschiedene Arten sehen.)

Schließlich traten neben den Irrtümern in dem, was man sieht, auch Irrtümer in der Deutung des Gesehenen auf. Die Gefahren der Fehldeutung sind besonders groß, wenn man zuwenig Sinnesangaben oder nicht genügend relevantes Wissen besitzt. Man kann Ihnen beispielsweise ein kurzes Stück aus einer Filmszene zeigen, und Sie bestimmen den Titel des Films falsch. Oder ein Archäologe, der Ausgrabungen macht, findet einen ungewöhnlichen Gegenstand und vermag seinen wirklichen Verwendungszweck nicht zu erkennen.

Der bekannte Philosoph Francis Bacon (1561–1626) analysierte die Quellen solcher Fehler, welche wir in dem Bemühen machen, die Welt zu verstehen, und formulierte seine berühmten „Vier Idole (= Trugbilder) des menschlichen Geistes“:

*Idole des Stammes:* verzerrende Tendenzen, die der menschlichen Natur innewohnen; als Beispiel kann die Unfähigkeit des menschlichen Auges dienen, Bakterien wahrzunehmen oder infrarotes und ultraviolettes Licht zu sehen; ein weiteres Beispiel sind die anthropomorphen Ideen von Göttern in Menschengestalt und mit menschlichen Tugenden sowie Untugenden.

*Idole der Höhle:* verzerrende Tendenzen, die dem Individuum innewohnen; zum Beispiel bei einer Person, deren Auge teilgeschädigt ist, ein Defekt des Gesichtssinns wie Farbenblindheit; oder ein anderes Beispiel – wieder aus der Sphäre der Religion – liefert die Beharrlichkeit, mit der sogar zutiefst religiöse Menschen die Bibel ausschließlich vom Standpunkt ihrer eigenen religiösen Orientierung auslegen.

*Idole des Marktes:* verzerrende Tendenzen infolge von Unzulänglichkeiten in der Kommunikation und Ungenauigkeit der Sprache; Beispiel: Wenn Sie von „erhöhtem Bewußtsein", „geistigem Wachstum" oder „psychischer Entwicklung" sprechen, sind Sie sicher, daß Sie dasselbe meinen wie Ihr Zuhörer? Und doch sind solche Aussprüche sehr beliebt und werden mitunter höchst sinnvoll gebraucht. Oder erinnern wir uns nur daran, wie ungenau manche Menschen den Ausdruck ASW benutzen! Wir verstehen ihn als Wahrnehmungsprozeß, der uns gültige Informationen liefern soll. Für andere umfaßt der Ausdruck jedes seltsame Erlebnis, mithin sogar ein Erlebnis von unkontrolliert halluzinatorischer Natur. Und für wieder andere ist ASW gleichbedeutend mit jeder neuen geistigen Eigenschaft: mit absichtlichen Veränderungen von Persönlichkeitszügen durch Autohypnose, mit der Kontrolle der Körperfunktionen, gesteigertem Gedächtnis, verbesserter Aufmerksamkeitskraft und allen Dingen, die man oft so ungenau als „psychische Fähigkeiten" bezeichnet.

*Idole des Theaters:* die den suggestiven Einfluß von Autoritäten und akzeptierten Traditionen umfassen.

Wir müssen folglich schließen, daß das auf normaler Sinneswahrnehmung basierende Wissen verschiedene Irrtümer enthalten kann. Vor ihnen müssen wir stets auf der Hut sein, wenn wir wirklich gültiges Wissen erlangen wollen – das im Gegensatz steht zu selbstzufriedenem Pseudowissen (wie es beispielsweise aus den Argumentationen der alten griechischen Sophisten oder den Disputen der mittelalterlichen scholastischen Philosophen sprach) und auch zu der unreifen Pseudoklugheit moderner okkulter Philosophen von eigenen Gnaden, deren Zahl mit dem neu auflebenden allgemeinen Interesse am Okkulten sprunghaft gestiegen ist.

Wir haben die ASW als neuen Sinn akzeptiert und müssen deshalb bei ihrer Anwendung ähnliche Schwierigkeiten wie die obenerwähnten erwarten. Genau wie bei der normalen Sinneswahrnehmung unterscheiden wir auch bei der ASW zwei Hauptphasen, und in beiden haben wir mit Verzerrungen zu rechnen. In der ersten Phase können Irrtümer auftreten, wenn die ASW-Information im Organismus auf unterbewußter Ebene verzeichnet wird. Diese Phase ist noch weitgehend in Dunkel gehüllt, und wir wissen wenig über die Art der Irrtümer, die hier geschehen können. Andere Irrtümer kommen in der zweiten Phase vor, wenn die ASW-Information ins bewußte Erleben der erlebenden Person auftaucht. Sie sind etwas besser erforscht und hängen, wie man feststellte, von der psychologischen Struktur des einzelnen ab.

Bei ASW-Experimenten mit hypnotisierten Versuchspersonen wurden bis jetzt die folgenden wichtigsten *Fehlerquellen* beobachtet:

1. Sehr häufige Fehler haben ihren Ursprung in der Suggestion des Hypnotiseurs. Eine derartige Suggestion wird manchmal unabsichtlich gegeben, wenn die Versuchsperson (aus einer zufälligen Bemerkung oder einer Suggestivfrage) erfährt, was nach der Erwartung des Experimentators geschieht.
2. Der Einfluß von Autosuggestion und von Vermutungen, Wünschen, Befürchtungen oder Überzeugungen der Versuchsperson.
3. Undeutliche Visionen: wenn das beobachtete Ereignis undeutlich erblickt wird, kann die Versuchsperson Einzelheiten, die ihrer Aufmerksamkeit entgehen, übersehen, oder sie kann – ganz im Gegenteil – inkorrekte Einzelheiten einfügen.
4. Sinnestäuschungen, ja geradezu Halluzinationen, wie sie jenen bei normaler Sinneswahrnehmung entsprechen.
5. Der Einfluß von Müdigkeit und Indisposition: Wenn die Versuchsperson müde oder wegen Krankheit, Unaufmerksamkeit oder Abneigung gegen das Experiment indisponiert ist, treten häufig Fehler auf, und die Hellsehfähigkeit kann sogar verlorengehen.

6. Fehler bei der Interpretation: Die Versuchsperson kann eine Szene richtig sehen, aber ihre Bedeutung falsch interpretieren.
7. Fehler bei der Wiedergabe: Die Versuchsperson kann eine Szene richtig sehen, aber wenn sie die Szene in schwer verständlicher Weise beschreibt, kann der Experimentator sie mißverstehen und falsche Schlüsse ziehen.
8. Fehler in der Schätzung der Zeit: Die Versuchsperson kann Zeitintervalle unrichtig bewerten, wobei gewöhnlich eine Tendenz zur Unterschätzung besteht.
9. Der fragmentarische Charakter von Impressionen: Die Versuchspersonen sind oft nicht in der Lage, umfassendere Szenen oder längere Episoden zu sehen, ohne einige Einzelheiten auszulassen. Im allgemeinen sehen sie solche Szenen in Bruchstücken und finden es dann oft schwer, sie im richtigen Zeit-Raum-Kontext zu lokalisieren.
10. Der Experimentator kann die Versuchsperson durch unrichtige Kommentare oder Fragen in die Irre führen. Dasselbe kann geschehen, wenn er die Versuchsperson antreibt und ihr nicht genügend Zeit läßt, Aufträge mit der nötigen Sorgfalt auszuführen. Er zwingt sie so, übereilte Erklärungen über Fakten abzugeben, derer sie sich nicht ganz sicher ist.
11. Unkontrolliertes Verschmelzen von Impressionen, die zu verschiedenen Episoden oder Szenen gehören, aber als zusammengehörig wahrgenommen werden.
12. Telepathischer Einfluß, der von anderen Menschen kommt.
13. Symbolische Verzerrung, wenn das Erlebnis die Wirklichkeit nur ungefähr, in dramatisch veränderter Form widerspiegelt. Die Einzelheiten dieser dramatischen Phantasie hängen von vergangenen Erlebnissen der Versuchsperson, von ihren Wünschen, Ängsten und Charakterzügen ab. (Diese Fehlerart wurde bei hypnotisierten Versuchspersonen selten beobachtet, häufiger bei Sensitiven und hellsehenden spiritistischen Medien. Doch auch sie muß hier in Betracht gezogen werden.)

Bei einer Beurteilung der Bedeutung dieser Fehlerquellen könnten wir sagen, daß sie sich in Experimenten verhältnismäßig leicht kontrollieren lassen, die historische Ereignisse behandeln, bei denen es im Grunde nur um das Verhalten von Personen und um Geschehnisse geht, mit denen wir aus den täglichen Sinneserlebnissen vertraut sind.

Leider aber stehen wir hier vor Problemen, die aus der eigentlichen Natur der ASW resultieren. Nehmen wir beispielsweise unseren vorhin angeführten Fall, in dem zwei Versuchspersonen unabhängig voneinander die körperlichen Merkmale Jesu fast übereinstimmend beschrieben. Normalerweise würden wir einen solchen Fall als ziemlich überzeugend ansehen. Die Versuchspersonen kannten sich nicht und gaben unabhängig ähnliche Beschreibungen, die vom traditionellen Bild abwichen. Wir könnten sagen, wir hätten hier einen Fall unabhängiger Bestätigung. Es bestand kein denkbares Informationsleck, und die Aussagen der einen Versuchsperson bestätigten die Aussagen der anderen.

Wenn jedoch die ASW ins Spiel kommt, wird die Situation sofort viel komplizierter. Was unabhängig schien, ist es nicht mehr. Die Versuchspersonen kannten sich nicht, das ist richtig; aber sie konnten durch ASW voneinander wissen. Zdenka erfuhr auf normalem Weg nichts von Milenas vorausgegangenen Aussagen; aber sie konnte das Wissen telepathisch erhalten, indem sie entweder Milenas Gedanken las oder aus dem Wissen des Experimentators schöpfte. Das zeigt uns, daß wir uns vor falschen Schlüssen hüten und sie ausschalten müssen, bevor wir eine ASW-Aussage als gültige Bestätigung akzeptieren dürfen.

Oder nehmen wir Milenas angeblichen telepathischen Kontakt mit Jesus. Was war es? Wirklich der telepathische Kontakt, als der er erschien, oder etwas anderes?

Wir können uns beispielsweise gut vorstellen, daß Milena durch ihre ASW direkt etwas Wissen erlangte und daß dieses Wissen (als es ins bewußte Erleben auftauchte) symbolisch verzerrt und dramatisiert wurde zu dem Kommunikationserlebnis über die Zeitbarriere hinweg. Das wäre dem ähnlich, was in spiritistischen Séancen geschieht, wenn das Erlebnis des Mediums in die Form einer Kommunikation mit körperlosen Geistern dramatisiert wird.

In den Aussagen der Versuchspersonen finden wir einiges – besonders in den früheren Experimenten mit Milena (so die mangelnde Vertrautheit mit dem Begriff des freien Willens, Seite 131) oder in manchen Antworten auf Fragen aus dem Bereich der

Physik und Astronomie (z. B. das Nichtverstehen des Begriffes Zeit, Seite 150) –, was typische Bildungsmeinungen der alten Zeiten zu widerspiegeln scheint. Dies stellt ein Argument zugunsten einer wirklichen Kommunikation dar. Außerdem künden viele Antworten von tiefem Einblick in verschiedene Probleme, und sie gehen ganz offensichtlich über das Ausmaß an Einblick hinaus, das man von einer jungen Versuchsperson erwarten kann. Die Versuchspersonen antworteten (bis auf gelegentliche Ausnahmen bei H. P.) immer auf Fragen, die der Experimentator vorbereitet hatte und ihnen stellte. Sie wußten nicht, welche Themen im kommenden Experiment behandelt werden sollten, und konnten sich folglich ihre Antworten nicht vorher zurechtlegen. Doch das ist kein schlüssiger Beweis für eine Kommunikation. Das alles konnte natürlich auch durch direkte ASW erreicht worden sein.

Andererseits sprechen einige Dinge, besonders in späteren Experimenten (z. B. das verdächtige Fehlen eines sinnvollen Inhalts in Experiment Nr. 13), eher für eine unterbewußte Dramatisierung. Wir haben also keine definitive Antwort. Der Versuch eines Beweises des Kont

Es ist schon schwierig genug, bei der Untersuchung historischer Ereignisse (und anderer Ereignisse aus Bereichen, die der Sinnesbeobachtung zugänglich sind) mittels ASW zur letzten Wahrheit vorzudringen. Noch viel schwieriger aber ist es, wenn wir zu Ereignissen kommen, die durch die klassischen Sinne nicht verifizierbar sind. Hier bewegen wir uns auf einem völlig neuen Forschungsgebiet und laufen praktisch bei jedem Schritt Gefahr, uns zu täuschen oder falsche Schlüsse zu ziehen.

Wir sind es gewöhnt („Idole des Stammes"), die Welt vom Standpunkt unserer Sinneserfahrung zu betrachten. Als Folge unserer körperlichen Konstitution und gesellschaftlicher Kontakte im täglichen Leben sind wir darauf ausgerichtet, die Welt so zu sehen, wie unsere Sinne sie offenbaren.

Doch die Sinne vermitteln nicht immer ein richtiges Bild der Wirklichkeit. Sie sind beispielsweise im Bereich der subatomaren Teilchen unzulänglich. Dem Physikstudenten liefert die Geschichte der Theorien der Atomstruktur ein Beispiel dafür, wie stark die Wirklichkeit von dem sinnlich wahrgenommenen Bild abweichen kann

Im Altertum sah man Atome als kleine starre Teilchen an. Die moderne Physik entdeckte mit zunehmendem Wissen, daß Atome komplexe Gebilde sind, die aus dem Kern und den Elektronen bestehen. Das Planetarmodell eines Atoms wurde entworfen, und es war sinnenmäßig noch verständlich: Man glaubte, die Elektronen würden sich um den Kern drehen wie die Planeten um die Sonne. Doch dieses Modell erklärte nicht alle erhaltenen Daten. Das Bohrsche Modell stellte dann Atome dar, die aus Elektronenschichten um den Kern bestanden. Später schaffte es die Wellenmechanik, jedes sinnenmäßige Verstehen völlig auszuschalten. Was man früher als starre Teilchen angesehen hatte, löste sich in eine probabilistische Wolke auf oder, besser gesagt, verwandelte sich in kaum mehr als eine mathematische Formel, die ihr Verhalten beschrieb. Die moderne Physik entwickelte eine mathematische Sicht der Welt, die für das Sinnenverständnis unfaßbar, aber dennoch zutreffender als die Sinnenansicht ist, wie der von ihr ermöglichte technische Fortschritt beweist.

Ein Abgehen von unserem täglichen Sinnenverständnis wurde erforderlich, als die Physiker die winzigsten Teilchen der Materie zu verstehen versuchten – jener Materie, die unseren Sinnen noch zugänglich ist. Nun jedoch bereiten wir uns auf einen neuen, größeren Schritt vor: Die ASW verspricht, uns in einen Realitätenbereich zu bringen, der unseren Sinnen völlig unzugänglich ist. Angesichts der Schwierigkeiten beim Verständnis der Atomphysik müssen wir natürlich damit rechnen, daß die Sinnenansicht der Welt auch hier unzulänglich ist. Vielleicht wird sich sogar die mathematische Sicht als unzulänglich erweisen. Werden wir eine neue „außersinnliche" oder „übersinnliche" Sicht der Welt benötigen?

Dies wird wahrscheinlich der Fall sein, wenn die ASW als Methode der religiösen Forschung Anwendung findet. Bei der Schaffung einer solchen „übersinnlichen Sicht der Welt" werden wir uns von allen „Idolen des menschlichen Denkens" befreien müssen – genau wie sich die mathematische Sicht vom einfachen Sinneserlebnis löste.

Wir können die Möglichkeit nicht ganz ausschließen, daß alles, was die Versuchspersonen sahen, als sie die zwei unsichtbaren Komponenten der menschlichen Persönlichkeit beschrieben, lediglich Halluzination war. (Das ist jedoch unwahrscheinlich, da A. U., H. P. und Milena einander im wesentlichen bestätigten; in ihren Aussagen muß zumindest ein ASW-Element vorhanden gewesen sein.)

Wenn wir einräumen, daß es sich bei dem, was die Versuchspersonen sahen, wirklich um außersinnliche Eindrücke einer echten Realität handelte, müssen wir damit rechnen, daß das Wahrgenommene nur ihre symbolische Darstellung ist; vielleicht ist die übersinnliche Realität in ihrer wirklichen Natur mit unseren alltäglichen menschlichen Ausdrücken nicht zu erfassen. Auf symbolische Verzerrung deutet die Tatsache hin, daß die Beschreibungen der Versuchspersonen (obwohl im wesentlichen ähnlich) in einigen Details voneinander abweichen. In H. P.s Impressionen beispielsweise herrschten abstrakte Ideen vor, und die visuelle Impression wurde als „Glanz" geschildert, während Milena deutlichere visuelle Bilder erlebte. Aber die Ähnlichkeiten in den Aussagen erzeugen den Eindruck, daß sich darin die echte Realität zumindest widerspiegelte; und vielleicht hatten auch die alten Seher dieselbe Realität erlebt. In diesem Zusammenhang möchten wir darauf hinweisen, wie nahe die Beschreibungen der Versuchspersonen den Heiligenscheinen kommen. Bedeutsam erscheint auch, daß die wichtigsten Religionssysteme immer drei Aspekte Gottes hervorgehoben haben (entsprechen sie vielleicht „Körper", „Wolke" und „Seele"?).

Möglicherweise ist eine solche symbolische Darstellung übersinnlicher Realitäten das Äußerste, was wir heute zu erreichen vermögen. Es kann sein, daß die ASW auf ihrer gegenwärtigen Entwicklungsstufe nicht fähig ist, ein adäquateres Bild zu liefern. Das wäre verständlich – genau wie die Tatsache, daß die primitiven Instrumente der Entdeckerin des Radiums, Madame Curie, keine Mesonen und andere subatomare Teilchen aufspüren konnten.

Es ist vielleicht verfrüht, solche Fragen aufzuwerfen. Aber sei dies, wie es wolle, die Überwindung von Schwierigkeiten und Zeitbarrieren bereitet den Weg für wissenschaftliche Entdeckungen der Zukunft.

Wir können nun fragen, welche vermutliche künftige Entwicklung die Anwendung von ASW nach den durch die obigen Untersuchungen angeratenen Richtlinien nehmen wird. Sehr wahrscheinlich werden die Anfänge entsprechender Forschungen ähnlich sein wie jene, die wir in diesem Buch versuchten. Zuerst wird die ASW einzelner, besonders begabter Personen zur Erlangung neuen Wissens eingesetzt werden, und jene unter uns, die keine entwickelte ASW haben, werden sich auf deren Behauptungen verlassen müssen; genau wie wir uns auf die Entdeckungen beispielsweise der Astronomen verlassen, obwohl wir selbst keine Teleskope besitzen.

Einige Verbesserungen dürften durch Spezialisierung erreicht werden. Wir können uns zum Beispiel hellsehende Ärzte, Physiker, Historiker, Archäologen usw. vorstellen, die zusammenarbeiten, um Probleme auf ihren Spezialgebieten zu lösen. Es besteht die Hoffnung, daß in Zukunft Verfahren (oder Instrumente?) entdeckt werden, mit denen sich die Zuverlässigkeit von ASW-Leistungen steigern läßt. Vielleicht wird man sogar Wege finden, um ASW-Feststellungen für ständig aufzuzeichnen – wie ein Photograph visuell wahrgenommene Gegenstände für dauernd festhalten oder ein Tonband Töne aufzeichnen kann.

Die wahrscheinlichste Tendenz auf lange Sicht dürfte in der Entwicklung der ASW bei einer so überwiegenden Mehrheit der Menschen bestehen, so daß jedermann fähig sein wird, sie im täglichen Leben als neuen Sinn einzusetzen und sie auch zur direkten Beobachtung von Realitäten zu nutzen, die wir uns heute nur vorstellen können.

Die alten Initiationsriten (wie die Taufe mit dem Heiligen Geist in den frühchristlichen Gemeinden) dienten vermutlich folgendem Hauptzweck: Der Adept wurde in einen ekstatischen Zustand gebracht, der seine ASW aktivierte und ihm half, die Wahrheit der religiösen Lehren selbst zu beobachten (siehe z. B. Apostelgeschichte 8, 17 und 19, 6).

Kehren wir nun zu dem zurück, was unsere Versuchspersonen über die unsichtbaren Komponenten der menschlichen Persönlichkeit berichteten, und wiederholen wir unsere Behauptung, daß – trotz vieler und großer Schwierigkeiten – die ASW auf diesem Gebiet gültige Informationen zu liefern vermag. Auch wenn wir einräumen, daß sich die Versuchspersonen in der einen oder anderen Hinsicht getäuscht haben mögen, dürfen wir mit gutem Grund glauben, daß ihre Aussagen zumindest einige korrekte Elemente enthalten. Wir werden jetzt mehrere Aussagen daraufhin analysieren, ob sie zum besseren Verständnis der parapsychischen Aktivität beitragen können.

Die wesentlichen Feststellungen der Versuchspersonen lassen sich folgendermaßen zusammenfassen:

- *Das aktive Gehirn erzeugt ständig die „Wolke", und die Erzeugungsrate scheint der Intensität der bewußten Aktivität zu entsprechen* (im Schlaf ist die Wolke dünner).
- *Die Wolke übt bei der Erinnerung Rückwirkungen auf das Gehirn aus.* Dies bedeutet, daß sie irgendeine innere Struktur haben muß, die für verschiedene Begriffsbedeutungen verantwortlich ist. Es bedeutet ferner, daß sie die Fähigkeit haben muß, die Gehirnaktivität zu stimulieren und so die Aktivitätsmuster entsprechend der in Erinnerung gerufenen Erlebnisse zu reproduzieren. Natürlich schließt die Behauptung, aktives Erinnern hänge von der Funktion der Wolke ab, die Möglichkeit nicht aus, daß andere Gedächtniszweige ausschließlich auf dem Gehirn basieren.
- *Die Wolke kann physikalische Effekte erzeugen und ist so für Psychokinese (PK) verantwortlich.* Das setzt ihre Interaktion mit anderen physikalischen Körpern voraus.
- *Die Wolke kann auch den Körper verlassen und an einen fernen Ort versetzt werden, wo sie als Informationsempfänger zu agieren vermag.* Sie funktioniert hier als Sinnesorgan der ASW. *Sie bringt dann die Information zum Gehirn und ermöglicht durch Stimulierung der entsprechenden Gehirnaktivität, daß die Information erlebt wird.* Der Prozeß ist ähnlich wie das Erinnern, und die Form, in welcher die Information erlebt wird, hängt vom Zustand des Gehirns der Versuchsperson ab – oder, wie wir auch sagen können, vom Ausmaß der psychologischen Bereitschaft der Versuchsperson.

Die vorstehend zusammengefaßten Aussagen der Versuchspersonen können die Grundlage für eine neue Theorie der bewußten Aktivität und der ASW liefern. Dieser Theorie zufolge wäre das Bewußtsein identisch mit (physikalisch ausgedrückt) dem *Zeitgradienten der Dichte* dessen, was die Versuchspersonen als „Wolke" bezeichneten. Verschiedene Erlebensformen würden dann in verschiedenen Mustern der inneren Struktur der „Wolke" bewahrt.

Wenn sie durch genügend intensive Gedanken gebildet würde, könnte die Wolke in ausreichendem Maß organisiert werden, um ein Organ für die Hervorrufung von ASW oder PK zu bilden. (Fragende Gedanken würden ASW-Organe produzieren; befehlende Gedanken würden PK-Organe produzieren – aber der Effekt würde nur erscheinen, wenn die jeweiligen Gedanken stark oder beharrlich genug wären, um eine Wolke ausreichender Dichte und Organisation zu erzeugen.)

Natürlich lassen sich viele wesentliche Einzelheiten dieser Theorie bis jetzt nicht erklären. Wir können zahlreiche Fragen stellen, auf die es noch keine Antwort gibt:

- Wie wird die Wolke erzeugt? Zweifellos durch irgendeine Art biochemischen oder elektrochemischen Prozeß im Gehirn, aber bis heute haben wir nicht die leiseste Ahnung, wo wir nach dem biochemischen Gegenstück dieses Prozesses suchen sollen.
- Welches ist die Natur der Wolke? Kann sie vermittels physikalischer Konstanten oder Begriffe beschrieben oder definiert werden? (Wir müssen beispielsweise damit rechnen, daß sie durch die Zeit nicht in solchem Ausmaß eingeengt wird wie die physikalischen Teilchen.)
- Wie kann sie gemessen werden, und wie lassen sich Einheiten ihrer Charakteristika definieren?
- Wie ist ihre innere Struktur? Und wie entspricht ihre innere Anordnung dem semantischen Inhalt einzelner Gedanken?
- Wie verändert sie ihre Position in Raum und Zeit?
- Wie fängt sie ASW-Informationen auf? (Oder, allgemeiner gesagt, wie tritt sie in Interaktion mit materiellen Gegenständen und mit den Wolken anderer Menschen?)
- Wie übermittelt sie die Information?
- Wie übt sie ihre stimulierende Wirkung auf das Gehirn aus?
- Ist sie von Dauer, oder löst sie sich auf (zerfällt sie) im Lauf der Zeit?

Das hier geschaffene Bild von der Funktion der Wolke ist, obwohl fragmentarisch, innerlich konsistent; und es steht im Einklang mit allen existierenden Entdeckungen der Gehirnphysiologie, der Psychologie und der Parapsychologie. In der Wissenschaft ist nichts bekannt, was ihm widersprechen würde.

Eine andere Frage ist, ob es uns gelingt, unabhängige Daten zu finden, die es untermauern. Wir können die Theorie nicht widerlegen, also ist sie möglich; aber können wir dann demonstrieren, daß sie wirklich richtig ist? Bis jetzt basiert die Theorie lediglich auf ASW-Entdeckungen unserer Versuchspersonen, und wir haben zuvor gesehen, daß wir sehr vorsichtig sein müssen, wenn wir unsere Schlußfolgerungen ausschließlich aufgrund der ASW ziehen. Gibt es andere Daten, welche die Theorie zumindest stützen würden?

Zuerst einmal dürfen wir den Hinweis nicht versäumen, daß die Beschreibung der Wolke und ihrer Funktionen, wie die Versuchspersonen sie sahen, uns verblüffend an den alten okkulten Begriff des „Astralleibs" erinnert. Wir können dies als eine Art unabhängigen Beweis aus derselben Quelle deuten, der anzeigt, daß vermutlich einige alte Seher ihre ASW unabhängig einsetzten und im wesentlichen dasselbe Bild erhielten. Es würde die Existenz dessen bestätigen, was gewöhnlich „Astralleib" genannt wird (wenn auch nicht unbedingt mit allen Merkmalen, die ihm von verschiedenen okkulten Lehren zugeschrieben werden).

In der Parapsychologie finden wir aus verschiedenen Quellen stammende Fragmente stützender Beweise für die obige Theorie. So wiesen Sensitive und auch Parapsychologen (am klarsten meines Wissens der niederländische Parapsychologe W. H. C. Tenhaeff) wiederholt darauf hin, daß das Auftauchen von ASW-Informationen ins Bewußtsein subjektiv als Sicherinnern erlebt wird; die Folge davon ist die Ähnlichkeit von ASW und Erinnerung. Dieser Schluß ergibt sich auch aus der obigen Theorie.

Doch den vermutlich stärksten Beweis dafür, daß ein intensiver Gedanke wirklich eine objektiv existierende Spur hinterläßt (die der „Wolke" entspricht), lieferte die Entdeckung der *geistigen Imprägnation.* Der besondere Wert dieses Beweises liegt darin, daß er *experimentell* und völlig unabhängig gefunden wurde.

Die geistige Imprägnation entdeckten wir fast zwanzig Jahre nach den hier geschilderten Forschungen in Experimenten mit Herrn P. S. Diese Versuchsperson wurde geschult, mittels ASW die Farben von Karten in undurchsichtigen Umschlägen zu unterscheiden; die Experimente waren quantitativer Art und wurden statistisch ausgewertet.

Herr P. S. erbrachte eine konstante und wiederholbare Leistung – wenn seine ASW auch nicht absolut vollkommen war. (Sie funktionierte ungefähr auf dem Zuverlässigkeitsniveau, das der Gesichtssinn bei sehr schlechter Beleuchtung, einbrechender Dunkelheit oder anderweitig beeinträchtigten Beobachtungsbedingungen erreichen würde.)

Glücklicherweise führten uns die Fehler in seiner Leistung zu einer neuen Entdeckung. Wie es oft auch anderswo geschah, lieferten die Fehlleistungen mehr Informationen über den Prozeß, als es die korrekten Leistungen konnten. Legte man der Versuchsperson denselben Umschlag mit der Karte immer wieder vor, neigte sie dazu, wiederholt dieselbe Farbe für die Karte zu nennen, ob diese stimmte oder nicht. (Natürlich führten wir die Experimente so durch, daß die Versuchsperson keinen Hinweis darauf erhielt, was sie zuvor gesagt hatte.) Dies bedeutet, daß sie, wenn sie einmal einen Fehler gemacht hatte, dazu tendierte, denselben Fehler bei nachfolgenden Gelegenheiten zu wiederholen.

Das war eine überraschende, ungewöhnliche Beobachtung. Wir versuchten die Natur dieses seltsamen Phänomens zu erklären, indem wir die Erfolgsquote der Versuchsperson in Verbindung mit ihren vorausgegangenen Aussagen über die einzelnen Umschläge analysierten. Diese Forschungen* erbrachten folgende interessante Feststellungen:

1. Die „geistige Imprägnation" wurde durch konsekutive identische Gedanken verstärkt und durch gegenteilige Gedanken zerstört. Das heißt, daß später auftretende neue Gedanken ebenfalls ihre Spur hinterließen und die Wirkung der vorausgegangenen Gedanken entweder intensivierten oder schwächten.
2. Die geistige Imprägnation schien für die ASW der Versuchsperson ein stärkerer Stimulus zu sein als die wirkliche Farbe. Während die Versuchsperson bei der Benennung der wirklichen Farbe der Zielkarte ungefähr einen Durchschnitt von sechzig Prozent richtiger Antworten erreichte (bei einer Zufallserwartung von fünfzig Prozent), kam sie bei der Unterscheidung der

* Ausführlich beschrieben in *Hellsehen und andere parapsychische Phänomene in Hypnose,* erschienen im Ariston Verlag, Genf, 4. Auflage 1989.

geistigen Imprägnation mühelos auf achtzig oder mehr Prozent richtige Antworten.

3. In späteren Experimenten gelang es P. S., zumindest in bestimmtem Maß, seine Aufmerksamkeit willentlich darauf auszurichten, entweder die wirkliche Farbe der Karte oder die Imprägnation zu bestimmen.
4. In wieder anderen Experimenten schaffte es die Versuchsperson, von leeren Karten Begriffe abzulesen, die ihnen durch geistige Imprägnation aufgedrückt worden waren – nicht nur Farben, sondern auch abstrakte Begriffe wie „Liebe“, „Mord“, „Multiplikation“, „Addition“ usw. Offensichtlich hinterließen Gedanken mit allen Arten semantischen Inhalts Spuren geistiger Imprägnation.

Die Erforschung der geistigen Imprägnation war die erste experimentelle Demonstration der objektiven Existenz irgendeiner Spur eines geistigen Prozesses (eines Gedankens), die mit keinen bekannten physikalischen Mitteln nachweisbar ist, dennoch aber objektiv existiert und mittels ASW nachgewiesen werden kann. Gleichzeitig war sie die erste experimentelle Demonstration einer nichtphysikalischen Realität (wir können auch sagen, „nichtmateriellen“, wenn wir Materie in ihrem physikalischen Sinn – im Gegensatz zur philosophischen Bedeutung – definieren), – einer Realität, die objektiv existiert und experimentell nachweisbar ist.

# SACHBÜCHER AKTUELLER ESOTERIK

*in Balacron mit Goldprägung und cellophaniertem, farbigem Schutzumschlag*

---

## DAS SETH-MATERIAL – EIN STANDARDWERK ESOTERISCHEN WISSENS

*Von Jane Roberts*

Das Seth-Material, das erste von Jane Roberts' »Seth-Büchern«, zeigt den Weg auf, den eine Intellektuelle über Ärzte, Psychologen und Parapsychologen bis zur freien Entfaltung ihrer psychischen Gaben und deren Anerkennung ging. R. van Over, Professor für Parapsychologie an der New York University, erklärte: »Seth ist die Trancepersönlichkeit einer zuhöchst ASW-begabten Sensitiven.« Und das US »Library Journal« schrieb: »Seth vermittelt faszinierende Wissenserfahrung und philosophische Erkenntnis ... höchst lesenswert.« Dieses Buch ist eine Fundgrube esoterischen Wissens und innerer Erfahrung über Gesundheit und Krankheit, über Bewußtsein, Träume, die Seele, die multidimensionale Persönlichkeit und höherdimensionale Wirklichkeiten. 448 Seiten, geb., ISBN 3-7205-1339-4.

---

## DIE NATUR DER PERSÖNLICHEN REALITÄT – EIN NEUES BEWUSSTSEIN ALS QUELLE DER KREATIVITÄT

*Von Jane Roberts*

Nach den »Gesprächen mit Seth«, die »als das aufregendste Buch des Jahres« bezeichnet wurden (ORF), legt die Bestseller-Autorin wiederum ein höchst subtiles Werk vor. Es führt Ihnen die Quelle aller Kreativität und Energie vor Augen und läßt erkennen, welch entscheidende Rolle unsere zu Glaubenssätzen verdichteten Überzeugungen für die Eigenart und Entfaltung unserer Persönlichkeit und für unser Leben spielen. Sie lernen Methoden kennen, wie Sie solche Glaubenssätze bewußt ergründen und auch aufgrund innerer Wahrnehmung – intuitiv, paranormal und im Traum – entdecken können. Wie immer Ihre Lebensumstände sein mögen, Sie können sie ändern und alle Kanäle Ihres Seins neuen, erwünschten und wünschenswerten Erfahrungen öffnen. 504 Seiten, geb., ISBN 3-7205-1299-1.

---

## TRÄUME, »EVOLUTION« UND WERTERFÜLLUNG BAND 1 UND BAND 2

*Von Jane Roberts*

Dieses die Seth-Lehren gültig zusammenfassende Hauptwerk stellt das Vermächtnis der 1984 verstorbenen Autorin und somit auch Seths Vermächtnis dar. In Band 1 erleben wir das Erwachen des nach sinnvoller Verwirklichung und Werterfüllung strebenden Bewußtseins in dem von ihm kreierten Universum und unser eigenes Erwachen – wie auch das aller anderen Lebensformen – im existentiellen Sein dieser unserer Welt. Aus Band 2 wird deutlich, daß es kein geistig-seelisches und kein körperlich-materielles Geschehen gibt, das nicht im multidimensional verflochtenen Bewußtsein eines jeden Individuums, sogar aller Lebensformen des Universums seine Folgen zeitigt. In der Verflochtenheit seines Selbst im multidimensionalen Netzwerk realer und wahrscheinlicher Wirklichkeiten hat der Mensch die Wahl der Verwirklichung der von ihm angestrebten Werterfüllung in seinem Dasein. Band 1: 310 Seiten, geb., ISBN 3-7205-1613-X; Band 2: 280 Seiten, geb., ISBN 3-7205-1615-6.